CORNWALL

SOMERSET • DEVON • DORSET

DUMONT REISE-TASCHENBUCH

Caroline Görnandt

CORNWALL

SOMERSET • DEVON • DORSET

Inhalt

LAND & LEUTE

Englands wilder Westen

KULTUR UND LEBEN

TIPPS FÜR IHREN URLAUB

UNTERWEGS IM WEST COUNTRY

BATH & BRISTOL

SOMERSET

Inhalt

FH324
FH529
FH189

LAND & LEUTE

»Ich liebe es, hier in
Cornwall zu sein –
so friedlich,
so fern der Welt.«

D. H. Lawrence

Cadgwith, Cornwall

Englands wilder Westen

Land's End

ZWISCHEN STILLER LÄNDLICHKEIT UND WILDER NATUR

The West Country oder The West, wie es auf Autobahnschildern prosaisch heißt, bezeichnet streng genommen jene Grafschaften *(counties)* die im Westen Englands an den Atlantik grenzen: Somerset, Devon und Cornwall, dazu die City of Bristol.
Die Grafschaft Dorset zählt man gelegentlich dazu, da sie die Mitte der englischen Südküste einnimmt. In Dorset verbindet sich die Geschäftigkeit und Kultiviertheit des Südostens von England mit der stillen Ländlichkeit und der aufregenden Natur des Westens.

Devon bildet als größte südenglische Grafschaft das Zentrum des West Country. Seine Größe sowie die wirtschaftliche und historische Bedeutung Devons erklären, warum es häufig als Synonym für das West Country gebraucht wird. Unfair vielleicht, wenn man an die sagenhafte Geschichte, keltische Kultur und wirtschaftliche Blütezeit Cornwalls denkt, an den lieblichen Obstgarten namens Somerset und an die Kreativität im High-Tech-Zentrum Bristol. Devon ist der Inbegriff all dessen, wofür das West Country steht: ein Leben reich an Natur, Kultur und Geschichte.

Moore, Meer und Marschland, Landleben zwischen Klippen und Küstenland, Gärten, Kulturlandschaft und *country houses* fern ab von den Taktschlägen der Metropole London –spätestens hinter den Hügeln von Bath oder im Grün der Hecken von Dorset spürt man den Puls der schnelllebigen Hauptstadt nicht mehr. Mindestens ab hier beginnt das Paradies für den, der Land, Natur und das reiche kulturelle Erbe schätzt, genießt und schweigt. Und zahlt, denn Devons Lebenshaltungskosten sind um 20 % höher als die anderer englischer Grafschaften. Naturschutz, der Erhalt ländlicher Infrastruktur und kontinuierliche Pflege der Küsten- und Kulturlandschaft: das authentische England hat seinen Preis.

Cornwall ist nicht England – hinter der natürlichen Grenze des Tamar beginnt das Land der Kelten: Ungezähmter, rauer als die lieblichen Grafschaften der Angelsachsen und mit einer ganz eigenen Geschichte. Cornwalls Isolation ist auch sein Reiz: unberührte Flora und Fauna, zu drei Seiten das Meer und das Gefühl, dass die Menschen sich hier eine gewisse gesellschaftliche Unabhängigkeit bewahrt haben. Die Natur steht den Menschen in Cornwall näher als das Königshaus.

Royalistisch sind die Einwohner des Herzogtums der Prinzen von Wales trotzdem. Doch in Cornwall ticken die Uhren anders: Die Jahrhunderte vor der normannischen Eroberung sind ebenso lebendig wie das Hier und Heute. Das Rauschen des Meeres, die Felsen, der Wind, der Himmel ... Diese Dinge haben sich schließlich auch nicht verändert. Vielleicht ist es das, was der Reisende spürt, sobald er den Fuß auf cornischen Granit setzt: Zeitlosigkeit.

STECKBRIEF WEST COUNTRY

Lage und Größe: Zum West Country rechnet man die vier Grafschaften *(counties)* im Südwesten Englands, Cornwall (incl. Isles of Scilly 3563 km^2), Dorset (2542 km^2), Devon (6564 km^2) und Somerset (3825 km^2). Sie nehmen zusammen mit den seit 1998 verwaltungsmäßig davon abgetrennten *unitary authorities* Bristol, Bournemouth, Poole, Plymouth, Bath und Torbay 17 202 km^2 ein.

Küstenlänge: 1022 km, davon sind 400 km als Heritage Coast ausgewiesen.

Höchste Erhebungen: High Willhays im Dartmoor (622 m), Dunkery Beacon im Exmoor (520 m) und Brown Willy im Bodmin Moor (421 m)

Nationalparks: Dartmoor National Park (945 km^2) und Exmoor National Park (686 km^2) nehmen zusammen 9,5 % der Fläche des West Country ein

Bevölkerung: Ca. 3,5 Mio. Menschen leben im West Country (2002), die durchschnittliche Bevölkerungsdichte liegt unter dem gesamtbritischen Durchschnitt, bei 208 Einw./km^2 (zum Vergleich, in Deutschland: 230). Die größten Städte sind Bristol (382 000 Einw.), Plymouth (239 000 Einw.), Bournemouth (164 000 Einw.), Poole (138 000 Einw.) und Torbay (131 000 Einw.)

Staat und Verwaltung: Das Vereinigte Königreich (United Kingdom, UK) von Großbritannien und Nordirland ist eine parlamentarisch-demokratische Monarchie. Staatsoberhaupt ist die Königin, seit 1953 Elisabeth II. Das Parlament besteht aus zwei Kammern, Unterhaus (House of Commons) und Oberhaus (House of Lords). Der Prime Minister, seit 1997 Tony Blair, leitet die Regierung. Die größten Parteien sind die Labour Party, die Konservativen (Tories) und die Liberal-Demokraten.

Wirtschaft: Den größten Anteil an der Bruttowertschöpfung in Südwestengland haben (2001) die Immobilienwirtschaft mit über. 20 %, die Industrie mit 19,4 %. Daneben spielen Landwirtschaft, Forsten und Fischerei (2 %) sowie Bergbau (0,6 %) nur noch eine geringe Rolle.

Tourismus: Das West Country ist für Besucher aus dem Vereinigten Königreich die Nummer eins. Unter den Inlandsreisezielen entfallen etwa 15% auf diese Region – besonders zwischen Juni und September wird es eng an der Küste. Auch ausländische Touristen zieht es hierher, vor allem US-Amerikaner, Deutsche, Franzosen und Niederländer. Hauptattraktionen sind die Roman Baths (Bath), Land's End (Cornwall), Clovelly Village (Devon), Bristol Zoo und die Wookey Hole Caves (Somerset).

LANDSCHAFTEN UND NATURRAUM

Küste, Moor und sattes Grün

Eigenwillig gekrümmt, als wolle sie sich vom Rest des Landes fortbewegen, ragt die südwestenglische Halbinsel 257 km in den Atlantik. Scheinbar endlos windet sich die zerklüftete südliche Küstenlinie, bis sie im westlichsten Zipfel Land's End mit der cornischen Nordküste zusammentrifft. Doch ist Land's End nicht das Ende: 42 km südwestlich liegen die Isles of Scilly verstreut, als habe jemand eine Hand voll Steine ins flache Wasser geschleudert. Anders als weite Teile Englands ist der Südwesten kein Kreideplateau, sondern eine riesige Granitformation, aus der sechs Massive erwachsen: die Quantock Hills, das Dartmoor, das Bodmin Moor, die Höhen um St. Austell, Penwith und Scilly. An deren höchsten Punkten erheben sich High Willhays im Dartmoor auf 622 m und Brown Willy im Bodmin Moor auf 421 m. Um diese Gipfel erstrecken sich weite wilde Hochlandflächen. Sie bergen mineralogische Reichtümer wie Zinn, Kupfer, Tonerde – einzigartig in Europa, hat das üppige Vorkommen an Bodenschätzen den hiesigen Lebensrhythmus geprägt.

Das Exmoor setzt einen Kontrapunkt: Seine höchste Stelle, der Dunkery Beacon, erhebt sich 520 m aus dem Meeresspiegel. Sandstein und Schiefer bilden hier den Sockel für die sanften Hügel des Hochlandes. Das Gras ist grüner, die Erde fruchtbarer als im Dartmoor. Die typische historische Hügellandschaft mit ihren Hecken und weiten Ausblicken über dünn besiedelte Landstriche findet man im Osten Devons und den hier angrenzenden Grafschaften Somerset und Dorset, um das Exe-Tal, die östlichen Blackdowns, die Quantock Hills an Devons nordöstlicher Grenze und um die Mendip Hills in Somerset.

Pflanzen und Tiere

Vom Klima verwöhnt

Zu den typischsten Bildern der englischen Landschaft gehören gelbe Narzissen, die ab März für gut sechs Wochen wie ein gelber Teppich das ganze Land bedecken, eine einsam auf einem Hügel stehende Eiche und heckengesäumte Felder und Wiesen. Das ohnehin milde südenglische Klima ist hier noch milder. Die Frühlingsblüte vieler Pflanzen und Blumen beginnt häufig schon im Februar. Auch die Tiere haben einen anderen Rhythmus: Kaltblüter, die in anderen Teilen des Landes noch ihren Winterschlaf halten, sind in den südwestlichen Gefilden schon früher zu sehen.

Neben dem milden Klima bieten die unterschiedliche Beschaffenheit des Bodens, die vielen natürlichen Reservate an Flussmündungen und die Schlupfwinkel der Täler und Heckensäume Pflanzen und Tieren ideale Lebensbedingungen.

Die Küstenvegetation

Auffällig ist die intakte Heidelandschaft in vielen Teilen der Küstenregionen und Moore. Die Halbinsel Lizard gilt als die Gegend mit der reichsten Heideflora. Ihr Plateau besteht aus dem ältesten Gestein des Südwestens. Die Mineralstoffe im Boden haben einen besonderen Effekt auf den säurehaltigen Boden. So überleben hier seltene Arten der hellen, lilafarbenen cornischen Heide. Zum festen Bestand neben unzähligen Wildblumen und Gräsern gehören das dunklere Moorgras, der kleinwüchsige Stechginster und die schwarzen Schilfgewächse. Auch finden sich hier 17 von 20 englischen Kleesorten. Aufgrund seines einmaligen Artenreichtums wurde Lizard 1976 zum ›National Nature Reserve‹ erklärt. Die dem raueren Klima ausgesetzte Nordküste Cornwalls bietet neben reicher Heidevegetation zahlreichen Moosgewächsen Lebensraum. Bäche und Sümpfe in den kleinen Tälern zwischen den nordcornischen Klippen sind mit Farnen, Schilf und Sumpfgräsern bedeckt. Lurche wie Kröten und Frösche finden hier ihr Paradies.

Seevögel und Robben

An den tosenden Schluchten der Steilküste kann man zusehen, wie die riesigen Möwen sich immer wieder an derselben Stelle in den Wind fallen lassen und sich dann auf einer Böe zum Ausgangspunkt tragen lassen. Seeschwalben, Austernfischer und Basstölpel bekommt man gelegentlich zu Gesicht, selten auch den Papageientaucher.

Die dschungelartige Vegetation zwischen Exmouth und Lyme Regis gilt als reiches Naturreservat für Seevögel, Pflanzen und Insekten. Der typische Kalkstein ist mit kurzen, struppigen Gräsern und süß duftendem Thymian bedeckt, wilde Klematis und Orchideen, Sternhyazinthen und Anemonen wachsen neben Wiesenkräutern und den typischen Schlüsselblumen. Auch die geschützten Mündungen der Flüsse bieten idealen Lebensraum. Zu den größten und reichsten Wildvogelreservaten gehört die Exe-Mündung. Neben Enten- und Gänsearten leben hier Wasserhühner, Krähenscharben und Kormorane. An den naturbelassenen Flussufern etwas weiter landeinwärts haben sich sogar wieder Fischotter angesiedelt. Viele europäische Vogelarten finden an der englischen Südküste ein mildes Winterquartier – zur Freude der zahlreichen *Birdwatchers*, die bewegungslos mit ihren Ferngläsern zur Vogelbeobachtung auf der Lauer liegen.

Geduldige Beobachter sichten in südenglischen Gewässern Robben und Seehunde, gelegentlich Delfine und Tümmler, selten Wale. Wenn alle Jahre einmal ein Wal an der englischen Südküste strandet, ist die aufwendige Rettungsaktion stets ein großes Presseereignis.

In den stillen Felsbecken der umspülten Steilküsten herrscht auch bei Ebbe reges Leben: Seesterne, diverse Muschel- und Schneckenarten sowie Nesseltiere wie die hübschen See-Anemonen finden sich hier; Jakobsmuscheln und andere Meerestiere spült das Wasser an den Strand.

Grüne Hecken und wilde Ponys

Auch das Binnenland birgt eine vielfältige Flora und Fauna. Bemerkenswert für britische Verhältnisse ist der große Bestand an Rotwild im Exmoor. In den einsamen Moorgebieten von Exmoor und Dartmoor grasen Schafe, Rinder oder die berühmten wilden Ponys. Die Moore, Hochebenen und Hecken bieten außerdem einen attraktiven Lebensraum für eine Vielfalt an Vögeln: ob Bussard, Rabe oder Eisvogel, Zaunkönig oder Grasmücke.

Große Kiefern, Eschen und Eichen, dichte Hasel- und Weißdornsträucher säumen die Wege. Man sieht vielleicht sogar in der Dämmerung, wie sich Fuchs und Hase gute Nacht sagen, mit Glück sichtet man Dachs oder Wiesel.

So früh im West Country das Frühjahr beginnt, so spät endet der Herbst. Mehr als zu allen anderen Jahreszeiten offenbart sich in jenen Monaten Reichtum und Artenvielfalt der Region. Sobald man sich in die Natur begibt, erlebt man ein wahres Konzert an unterschiedlichsten Vogelrufen, Gezwitscher und Rascheln im Unterholz. Ob am Wasser oder in den Mooren: Die Pflanzen- und Tierwelt ist zu jeder Jahreszeit aktiv und für Besucher deutlich spürbar.

Ein artenreicher Lebensraum: Küste bei Morwenstow im Norden Cornwalls

WIRTSCHAFT UND UMWELT

Die traditionellen Erwerbszweige im West Country – Landwirtschaft, Fischerei, Bergbau – beschäftigen heute nur noch einen kleinen Teil der Menschen, doch sie liegen nach wie vor über dem gesamtbritischen Durchschnitt. Zu den wichtigsten Erwerbsquellen des West Country zählen heute Dienstleistung und Tourismus, mittelständische Betriebe im Schiffs- und Maschinenbau, außerdem die High-Tech- und Elektroindustrie.

Tourismus

Das West Country ist bei den Briten das beliebteste Inlands-Reiseziel, dazu kommen Touristen u. a. aus den USA, Australien, Deutschland, Frankreich und den Niederlanden.

Steigende Ansprüche der Besucher bringen stets neue Herausforderungen für Anbieter von Freizeitaktivitäten, Gastronomie, Gärten und Naturparks. Die Tourist Boards wollen Identität und Entwicklung der Reiseregion immer weniger dem Zufall überlassen. Vielerorts tüftelt man an Marketingkonzepten, die das Land unter besten Bedingungen an die favorisierten Besucher bringen sollen. Doch der Ausverkauf eines englischen Traums, wie man ihn befürchten könnte, fand bisher nicht statt: Dazu arbeiten Engländer nicht systematisch genug – eine willkommene Untugend. Viele wirkliche Attraktionen bleiben im Verborgenen, müssen selbst entdeckt werden. Dieser einerseits wünschenswerte Zustand hat andererseits zur Folge, dass nicht alle Standards kontrolliert werden. Nicht jede Unterkunft hält, was sie verspricht, nicht alles, was als spektakulär, attraktiv, sehenswert angepriesen wird, ist es auch. Ein Preis, den vermutlich die meisten gern bezahlen – denn dafür gibt es unendlich viel Liebenswertes zu entdecken, was noch niemand vermarket hat.

Umweltschutz

Der Schutz der englischen Landschaften beruht seit Jahrhunderten weitgehend auf *Common Sense*, gesundem Menschenverstand. Das reicht nicht mehr ganz. Seit den 1990er Jahren machen sich Umweltorganisationen für den Erhalt einer intakten Natur stark, wie die Vogelschutzgesellschaft ›Royal Society for the Protection of Birds‹ (RSPB) oder der Wildlife Trust mit seinen Lokalgruppen. Diese richten etwa Beobachtungshütten oder Infostellen ein, wichtige Anlaufpunkte für an Natur interessierte Touristen.

Etwas zu weit, glauben viele Landbewohner des West Country, gehe der Tierschutz – hier sieht man die sonst eher zurückhaltenden Angelsachsen in leidenschaftlicher Diskussion über die Fuchsjagd und andere Themen. Speziell die Gastronomie des Exmoor hängt stark von der Jagd ab. Hier ist man verärgert, wenn Tierschützer durch das angestrebte Jagdverbot die Einkommensquelle gefährden.

GESCHICHTE IM ÜBERBLICK

Die römische Provinz Britannia (55 v. Chr.–410 n. Chr.)

55 v. Chr.	Cäsar landet mit einem Expeditionstrupp: erster Versuch, das keltisch besiedelte Britannien ins römische Reich einzubeziehen.
43 n. Chr.	Eroberung durch Claudius. Der Südosten der Insel wird römische Provinz.
410	Invasion von Pikten und Skoten im Norden des Landes.

Die angelsächsische Zeit (um 450–1066)

um 450–500	Beginn der Eroberung der Insel durch Angeln, Sachsen und Jüten
um 500	Schlacht am Badon Hill; spätere Chroniken schreiben Artus den Sieg zu
596	Papst Gregor beauftragt den Mönch Augustin mit der Missionierung der Angelsachsen.
664	Synode von Whitby: Orientierung an der römischen Kirche
793–850	Wikinger-Einfälle; Dänen siedeln im Norden und Osten Englands
871–899	Alfred der Große, angelsächsischer König, kämpft gegen die Dänen.
959–975	König Edgar regiert ganz England und übt Hoheit über das keltische Britannien aus.
978–1016	Ethelred II., Rachezüge der Dänen. Der König muss ›Danegeld‹ zur Tributzahlung an die Dänen erheben.
1016–1042	England unter dänischer Herrschaft
1042–1066	Eduard der Bekenner, angelsächsischer König

Die normannische Zeit (1066–1154)

1066	Herzog Wilhelm von der Normandie, der ›Eroberer‹, landet mit seinem Heer in England; Schlacht bei Hastings; Krönung in Westminster zum englischen König.
1066–1087	Der Eroberer wird Wilhelm I., Herrschaft über die Angelsachsen. Das Domesday Book entsteht; es verzeichnet sämtlichen Besitz: Haus und Hof, Dienerschaft, Vieh, Mühlen, Flüsse, Teiche.
1087–1100	Wilhelm II. Rufus
1100–1135	Heinrich I., Schatzamt (Exchequer) als oberste Finanzbehörde wird eingerichtet.
1135–1154	Stephan von Blois

Haus Anjou-Plantagenet (1154–1399)

1154–1189	Heinrich II. vereint durch Heirat mit Eleonore von Aquitanien große Teile Frankreichs mit der englischen Krone.
1189–1199	Richard I. Löwenherz

1199–1216 Johann Ohneland (John Lackland); Verlust aller Besitzungen auf dem Kontinent

1215 Die Magna Charta räumt Baronen und Städten Mitspracherecht ein; ebnet den Weg für den Parlamentarismus.

1216–1272 Heinrich III., Aufstand der Barone: Erweiterung des Parlaments; Ritter, Städte und Gemeinden haben Mitspracherecht.

1272–1307 Eduard I., Eroberung von Wales

1290 Eduard I. vertreibt auf Forderung des Parlaments die Juden aus England, die mit Wilhelm dem Eroberer ins Land gekommen waren (Cromwell holt 350 jahre später Juden wieder ins Land).

1295 Erweiterung der parlamentarischen Rechte: Grundlage des modernen Parlamentarismus entsteht.

1307–1327 Eduard II.

1327–1377 Eduard III., endgültiger Verlust aller französischen Besitzungen im Hundertjährigen Krieg

1337–1453 Hundertjähriger Krieg zwischen Frankreich und England; Zugeständnisse an das Parlament; Trennung von Oberhaus und Unterhaus; House of Lords wird oberstes Reichsgericht.

1349–1350 Die Pest vermindert die Bevölkerung von ca. 4 Mio auf 2,5 Mio.

1370 Haus Stuart in Schottland; ständiger Krieg mit England

1377–1379 Richard II.

1379–1381 Bauernaufstand; Protest gegen Kopfsteuer

Haus Lancaster und York (1399–1485)

1399–1413 Heinrich IV. (Lancaster); die Tuchindustrie erstarkt mit Heinrichs Unterstützung.

1413–1422 Heinrich V.

1422–1461 Heinrich VI.

1455–1485 Rosenkriege zwischen Haus York (weiße Rose) und Haus Lancaster (rote Rose)

Haus York, Nebenlinie der Plantagenets (1461–1485)

1461–1483 Eduard IV. (York); Einfall in Frankreich, dann Frieden mit seinem französischen Schwager Ludwig XI.; seitdem Übergang in insulare Politik der Tudors

1483–1485 Richard III.

Haus Tudor (1485–1603)

1485–1509 Heinrich VII. Tudor (Lancaster) besiegt Richard III. (York). Ehe mit Elisabeth von York; Ende der Rosenkriege

1509–1547 Heinrich VIII., Bruch mit Rom; Gründung der anglikanischen Kirche;

	Einziehung und Verkauf des Kirchenbesitzes zugunsten des Kronschatzes; Verfolgung der Katholiken
1542	Heinrich VIII. wird König von Irland.
1547–1553	Eduard VI.
1553–1558	Maria I. ›die Katholische‹; Verfolgung der Protestanten
1558–1603	Elisabeth I.; Wiedereinführung der anglikanischen Kirche; Entwicklung höfischer Kultur; Elisabethanisches Zeitalter
1587/88	Sir Francis Drake (1540–96) siegt über die spanische Armada

Haus Stuart (1603–1714)

1603–1625	Jakob I. vereinigt die Kronen von England, Schottland und Irland zu Großbritannien.
1625–1649	Karl I. erstrebt Absolutismus, begünstigt Katholiken; Puritaner wandern nach Amerika aus.
1628	Petition of Rights: keine Steuern ohne Parlamentsbewilligung, keine rechtswidrigen Verhaftungen
1642–1648	Bürgerkriege (Civil Wars)
1649	Karl I. hingerichtet
1649–1660	England ist Republik, ›Commonwealth and Free State‹, Staatsrat von 41 Männern
1653–1658	Oliver Cromwell, Lord Protector
1658–1659	Irland wird durch Cromwell unterworfen.
1660–1685	Karl II., ca. ein Drittel der Bevölkerung, die streng puritanisch ist, wandert in die Kolonien aus.
1689	Unterzeichnung der Bill of Rights durch Wilhelm III. (mit Maria II. bis 1684): Grundlage des Parlamentarismus
1702–1714	Anna (Queen Anne)

Haus Hannover (1714–1901) in England

1714–1727	Georg I., Personalunion mit Hannover
1727–1760	Georg II., Aufstieg Englands zur größten Kolonialmacht
1760–1820	Georg III.
um 1760	Beginn der Industriellen Revolution: Übergang zur Industriewirtschaft; Fortschritte: Dampfmaschine, Spinnmaschine, mechanischer Webstuhl, Kohleförderung
21. 5. 1805	In der Seeschlacht von Trafalgar besiegt die britische Flotte unter Admiral Nelson die Flotten von Spanien und Frankreich.
1815	In der Schlacht bei Waterloo unterliegt Napoleon dem Duke of Wellington und General Blücher.
1820–1830	Georg IV.
ab 1824	Bildung der Gewerkschaften; Auswanderungswelle nach Kanada, Australien, Neuseeland

1839–1837 Wilhelm IV.

1837–1901 Viktoria; Viktorianisches Zeitalter, gekennzeichnet durch Strukturwandel, Massenelend und Wohlstand, Behauptung als Seemacht, Liberalismus

1886 Wahlrecht für Land- und Bergarbeiter

Haus Hannover-Sachsen-Coburg-Gotha/Windsor (seit 1901)

1901–1910 Eduard VII., Entstehung und Gründung der Labour-Party

1910–1936 Georg V., Erhöhung der Erbschaftssteuern; das Oberhaus verliert das Vetorecht (1911).

1914–1918 Erster Weltkrieg

1917 Frauenwahlrecht. Umbenennung des Königshauses in Haus Windsor

1931 Die Weltwirtschaftskrise trifft Großbritannien hart.

3. 9. 1939 Nach Ablauf des von Churchill gestellten Ultimatums an Hitler: Kriegszustand mit Deutschland

1940–1941 The Blitz: Deutsche Luftwaffe bombardiert Großbritannien.

1946 Ende des Zweiten Weltkrieges: 386 000 Tote (62 000 Zivilisten)

1953 Elisabeth II.

1973 Großbritannien wird Mitglied der EG.

1979 Die Konservative Partei gewinnt die Unterhauswahlen; Margaret Thatcher wird Premierministerin.

1982 Der Falkland-Krieg ist nach wenigen Wochen mit der Kapitulation Argentiniens beendet.

1990 John Major wird Premierminister.

1991 Großbritannien tritt in den Golfkrieg ein.

1994 Der Eurotunnel wird eröffnet.

1997 Tony Blair besiegt mit ›New Labour‹ die Konservative Partei.

1999 Bei den Europawahlen verliert Tony Blair gegen die Tories, die antieuropäische UK Independence Party gewinnt erstmals drei Mandate.

2000 Aus Protest gegen die höchsten Benzinpreise Europas besetzen LKW-Fahrer britische Raffinerien und legen das Land lahm.

2001 Die Maul- und Klauenseuche breitet sich im Rekordtempo aus. Sie führt zu einer schweren Krise in der bereits durch den BSE-Skandal geschwächten Landwirtschaft. Schwere Verluste für viele Betriebe. Am 7. Juni gewinnt Tony Blair erneut die Unterhauswahlen.

2003 An der Seite der USA beteiligt sich Großbritannien am Irakkrieg; große Teile der Labour Party und der Bevölkerung ist dagegen, es kommt zu Antikriegsdemonstrationen in England.

2004 Tony Blairs Popularität schwindet zusehends, u. a. als Folge der britischen Beteiligung am Irakkrieg.

Kultur und Leben

Fassade der Kathedrale von Exeter

LEBENSART IM WEST COUNTRY

Go West

Mit dem Leben im Südwesten erfüllen sich viele Engländer einen ganz besonderen Traum. Neben den seit Generationen ansässigen Familien lebt hier eine große Zahl ›Zugereister‹. Nach dem Studium, einigen Jahren Arbeit in London, in den ehemaligen Kolonien oder sonstwo in der Welt finden sich die Weitgereisten irgendwann dort ein, wo England England ist. Und da die Briten weniger dem einzelnen Wohnort, sondern ›England‹ ihr Heimatgefühl entgegenbringen, überrascht dies nicht. Viele Einwohner machen es umgekehrt: Sie ziehen in jungen Jahren aus, um Geld zu verdienen und anschließend stilvoll auf dem Lande ihr ›wirkliches‹ Leben zu leben.

Die Bevölkerung des West Country blickt bisweilen mit Argwohn nach London, fürchtet Reglementierungen durch das Parlament einerseits, durch Europa andererseits. Wird die Jagd verboten? Bleibt das West Country bei den geltenden europäischen Standards als Reiseregion konkurrenzfähig? Was wird aus britischem Rindfleisch? Die Angst vor Fremdbestimmung drückt die Abhängigkeit aus, die einzelne Regionen Englands von der Metropole erfahren. Nicht erst seit der BSE-Krise bringen viele Höfe zu wenig Ertrag; viele landwirtschaftliche Betriebe suchen neue Einkommensquellen. Die Bauern der Region lernen um; dies kostet Kraft und Einsicht, doch immer mehr erkennen die Chance, die sich ihnen bietet: eine Umgebung mitzugestalten, die potenziell zu den begehrtesten, vielfältigsten und ertragreichsten in Europa gehört.

Country Life – Vom Leben auf dem Lande

Die Liebe zu Land, Natur und zu allem, was unter freiem Himmel stattfindet, hat in England Tradition. Sie zeigt sich in der Liebe zu Pferd und Hund, zum Picknick, zum Cricket, zum Wandern und zur Gartenarbeit, zu *classic cars* ohne Dach und *classic or pop music*: Hauptsache draußen. In England konzentriert sich das Kulturleben auf London und wenige Städte. Ansonsten inszeniert man gern unter freiem Himmel. Es bleibt ein steter Reiz, aus dem Wetter ein Glücksspiel zu machen.

In den stadtfernen Grafschaften findet überall reges Gesellschaftsleben statt: hinter den Türen der *private country homes,* der Schlösser und Landhotels, bei der Jagd, beim Golf, bei der Schafschau und auf den Bauernmärkten. Man befindet sich zwar auf dem Land, aber nicht in der Provinz. In grünen *Wellingtons* (Gummistiefeln) über die Wiesen und Felder zu laufen, mit dem Bauern nebenan ein Schwätzchen zu halten und sich an den Belangen des Landlebens zu beteiligen, zeugt von Lebensstil und *well, class.* Dieses Ideal wird von der jungen gesellschaftlichen Elite weiter gepflegt. Heute zählen auch Kreative, Rockstars, Banker, Schauspieler und Unternehmer zur

ENGLISCH WOHNEN

Das englische *Country House* bildet den Mittelpunkt kulturgeschichtlichen Reichtums in England. Bis heute ist es das Geschmacksvorbild kultivierten Wohnens schlechthin – selbst in der urbanen Metropolenlandschaft.

Ein Grund für seinen Einfluss sind die besonderen politischen Machtverhältnisse Englands. Bis Mitte des 19. Jh. wurde das Land weitgehend von den über das ganze Land verteilten Landsitzen der *gentry* aus regiert. Nur ihren zweiten Wohnsitz hatten die Lords in London – ihr wirkliches Heim lag auf dem Land. Seit der ›Glorious Revolution‹ im 17. Jh. konnte sich der Adel ganz auf den Ausbau seiner Landsitze konzentrieren. Nirgends in Europa gab es im 18. Jh. eine wohlhabendere Oberschicht als in England. Schlösser und Villen im klassizistischen Stil entstanden, mittelalterliche Tudorbauten wurden im Stil der Zeit modernisiert.

Mit dem Strukturwandel in der Mitte des 19. Jh. begann eine neureiche Schicht, ebenfalls Landsitze zu bauen. Selbstverständlich konnten die viktorianischen Backstein-Imitationen jüngster Industriebarone nicht mit den ererbten Gütern jahrhundertealter Familien konkurrieren. Immerhin aber bestätigten sie, was gemeinhin als schön empfunden wurde und bis heute als Orientierung dient. Erst im späten 20.Jh. emanzipieren sich die modernen Architekten, und ganz gelegentlich gelingt es einem privaten Bauherren, für seinen modernen Wohntraum eine Baugenehmigung zu bekommen.

Im englischen Wohnhaus zeigt sich, wie stark ländliche Regionen von der gebildeten Ober- und Mittelklasse geprägt sind. Der englische Lifestyle ist die kultivierte Balance zwischen beiden Extremen. Fast immer finden sich einerseits die Komfort-Elemente des Landhauses in den städtischen Wohnungen: Kamin, Ohrensessel, gemütliche Wohnküche, Erker, ein noch so kleiner Garten ... Andererseits entdeckt man oft selbst bei entlegensten Bed & Breakfast-Gastgebern kleine Raffinessen, Antiquitäten, exzentrischen Witz, Unmengen von Büchern, feines Silber, Porzellan und andere Indizien für Bildung und gepflegten gesellschaftlichen Umgang.

Country-Fraktion. Es empfiehlt sich, zu den Spitzenverdienern zu gehören, denn dieser Lifestyle verlangt auch einen Wohnsitz in London. Das echte *home* aber liegt irgendwo zwischen jahrhundertealten Hecken. Großbritannien ist zwar ein zentralistisch ausgerichteter Staat, doch auch die dünn besiedelten Regionen sind von jenen bewohnt, die im Land den Ton angeben. Angehörige der *upper class* mischen sich gern ins ländliche Geschehen. Und auch innerhalb der stets aufs Aufsteigen bedachten *middle classes,* ungefähr jene 80 %, die weder zur *working class* noch zum Adel gehören, bemüht man sich redlich um Teilhabe am *country life* – nicht zu verwechseln mit dem bäuerlichen Selbstversorger-Leben vieler Aussteiger auf dem Kontinent.

Lifestyle-Modell 18. Jh.

Das in England spätestens seit dem 18. Jh. herrschende Geschmacksideal geht aus dem gepflegten Leben eines Landedelmanns, der *landed gentry,* hervor: müßig, naturverbunden, selbstverständlich. Jagen und Fischen waren bevorzugte Aktivitäten – und wie heute der Golfsport verbinden diese sich bestens mit gesellschaftlichem Leben. Seit jeher ist der elitäre Ethos der *gentry* im Süden stärker entwickelt als im industrialisierten Norden.

Apropos Landleben: Eine Ikone englischer Country-Identität ist die alle Klassen representierende Radio-Soap-Opera ›The Archers‹ (tgl. 14 Uhr, Radio 4) – ein Dauerbrenner seit Jahrzehnten.

Untrennbar verknüpft: Kulturland und Besitz

Im Süden Englands prägen die Besitzverhältnisse stellenweise seit tausend Jahren oder länger die ländlichen Strukturen, formen die Grenzverläufe der Anwesen, bestimmen die Kultivierung der Landstriche. Die Reichtümer des Empires, erobert von den Häfen Devons, flossen in den englischen Süden. Die Parks mit ihren gepflegten Zedern und Buchen, jahrhundertealten Eichenalleen und Hecken bleiben dauerhaft Zeugen gewachsener Strukturen. Heute noch geben sie den Rahmen für die landschaftliche Entwicklung vor.

Die kompakten Dörfer und Marktstädtchen Somersets werden in Devon von Streusiedlungen abgelöst, in denen drei oder vier Höfe zusammenliegen und einzelne Güter sich über die Hügel verteilen. Riesige Bäume umsäumen die einfachen alten Kirchen. Manchmal stehen sie neben einem *barton* – ein der Gemeinde vorstehendes Gut. Die *bartons* wurden zur Entstehungszeit des ›Domesday Book‹ im 11. Jh. Sitze der neuen normannischen Landherren und sind vielerorts bis heute als Landsitz in Betrieb. Dass Dorset immer noch so aussieht, wie Thomas Hardy es beschreibt, ist typisch für den Südwesten. Diese Kontinuität erklärt sich aus der Strategie der normannischen Eroberer: Wilhelm gab seinen einflussreichsten Gefolgsleuten kein zusammenhängendes Land. Sie erhielten Güter, die über das ganze Land verteilt waren. Territorialfürstentümer konnten daher nie entstehen. Die kleineren Güter, Ländereien und der breit gestreute Grundbesitz des niederen Landadels sind bis heute weitgehend überlebensfähig.

Den Gemeinden selbst gehört daher kaum Grund und Boden. Seit spätestens dem 18. Jh. ist das meiste in privater Hand: Lediglich 2 % der Bevölkerung – die *nobility* – besitzen 80 % des Grund und Bodens. Durch die hohen Erbschaftssteuern ist manche Familie seit dem frühen 20. Jh. dazu gezwungen, ihre Besitzungen für das zahlende Publikum zu öffnen, um Einnahmen zu erwirtschaften (s. S. 33).

Dass in Südwestengland seit jeher mehr Viehzucht als Ackerbau betrieben wurde, begünstigt den Erhalt der Landschaft. Angesichts der idyllischen Weiden verwundert es nicht, dass das

Land seit Ende des 18. Jh. bis zum heutigen Tag von der Getreideeinfuhr abhängig ist. Begrenzt wird die Flur durch die *hedges* – mit den gut 500 000 km Heckenpflanzung in Südengland könnte man knapp 15 mal die Erde umspannen. Jagdgebiete wurden schon vor 1000 Jahren mit Hecken gesäumt, doch der Enclosures Act sorgte im 17. und 18. Jh. dafür, dass auch Privatbesitz umpflanzt wird. Heute bereiten die natürlichen Zäune den Landwirten Mühsal: Mit den modernen Maschinen lassen sich die kleinen Felder nicht bewirtschaften und so fallen seit dem Zweiten Weltkrieg jedes Jahr mehrere tausend Kilometer Hecken der Flurbereinigung zum Opfer – Tendenz gegenläufig, denn zu Rettung, Aufbau und Pflege des landschaftlichen Wahrzeichens gibt es neuerdings wieder staatliche Zuschüsse.

Feste und Veranstaltungen

Vor allem im Sommer mangelt es nicht an Festivitäten und Events überall im Westen Englands: Fast jedes Seebad von Bournemouth bis Torquay feiert irgendwann im Juli oder August seinen Carnival, mit bunten Show-Umzügen, Musik und nächtlichem Feuerwerk, während in den ländlichen Gebieten des West Country traditionelle Feste überlebt haben und Einblick geben in uraltes Brauchtum. Dazu kommen Events wie Dampfmaschinen-Shows oder landwirtschaftliche Leistungsschauen wie die Devon County Show. Unzählige Musik- und Theater-Festivals mit international bekannten Künstlern, vom berühmt-berüchtigten Glastonbury Festival mit seinem Woodstock-Flair bis zu Aufführungen im Minack Freilicht-Theater vor der grandiosen Szenerie an Cornwalls Küste.

März

Ende Februar/Anfang März – Literatur- und Shakespearefestival in Bath mit Theater und Lesungen (www.bathlitfest.org.uk)

Ende März – Exeter Food Festival mit Vorstellung regionaler Produkte wie Bier, Apfelwein und Gastronomieprogramm

April

Ende April/Anfang Mai – Dehwelans Festival: eine Woche lang cornische Musik und Tanz an wechselnden Orten in Cornwall (2004 in Newquay; www.dehwelans.com)

Mai

1. Mai – Paddy ‘Obby ‘Oss, traditionelles Frühlingsfest in Padstow, bei dem zwei als *hobby horses* Maskierte durch den Ort ziehen (s. S. 174)

dritte Woche – Devon County Show in Exeter

Mai–Sept.– Minack Theatre Festival, Porthcurno: Aufführungen im Freilichttheater Minack Theatre (Programm unter www.minack.com, s. auch S. 181)

Mai/Juni – Internationales Musikfestival in Bath (www.bathmusicfest.org.uk)

Ende Mai–Mitte Juni – Fringe Festival in Bath (www.bathfringe.co.uk)

Juni

zweite Junihälfte – Glastonbury Festival: drei Tage und Nächte lang Rock-Musik und Alternativkultur (www.glastonburyfestivals.co.uk) sowie zahlreiche weitere Veranstaltungen für Esoterik-Fans. Höhepunkt ist die Sommersonnenwende *(Summer Solstice)* am 21. Juni

Ende Juni – traditionelles Golowan Festival in Penzance; Festival in Polperro

Ende Juni/Anfang Juli – Exeter Festival: zwei Wochen lang, u. a. Konzerte in der Kathedrale, Ballett, Jazz und Comedy

Juli

Anfang Juli – St. Paul's Carnival in Bristol mit indisch-karibischem Touch

erste Hälfte – Frome-Festival (www.fromefestival.co.uk)

erste drei Juliwochen – Exeter Festival, Jazz, Blues, Klassik, Cabaret, Programme bei Exeter Tourist Information.

im Juli – Torbay Carnival, Sommerkarneval nach Seebadmanier (www.torbaycarnival.co.uk)

Ende Juli/Anfang Aug. – Hafenfestival Bristol

Juli/Aug. – ›Shakespeare in the Garden‹, Freilichttheater in Rougemont Gardens, Exeter

August

Anfang Aug. – Sidmouth International Folk Festival (eine Woche lang; www.sidmouthfestival.com)

Anfang/Mitte Aug. – Dartmoor Folk

Eindrucksvolle Freilicht-Aufführungen erlebt man im Minack Theatre, Porthcurno

Festival mit traditioneller keltischer Musik, Stepdance und Broomdance (South Zeal, bei Okehampton; www.dartmoorfolkfestival.co.uk); Weymouth Carnival mit Umzügen und Feuerwerk

Mitte Aug. – Internationale Ballonfiesta in Bristol

Bank Holiday-Wochenende – Navy Days, HM Naval Base, Plymouth, mit Vorführungen von Schiffen der britischen Marine (www.navydays.com)

zweite Hälfte – West of England Steam rally, Dampfmaschinen-Treffen in St. Agnes, Cornwall (www.weses.co.uk/rally.html)

Ende Aug. – Feuerwerk in Bournemouth

Ende Aug./Anfang Sept. (Woche nach Bank Holiday) – Dorset Steam Fair, Tarrant Hinton bei Blandford Forum, fünftägige größte Dampfmaschinen-Show Europas (www.steam-fair.co.uk)

September

erste oder zweite Woche – Widecombe Fair, Widecombe-in-the-Moor, Devon

zweite Hälfte – Jane-Austen-Festival in Bath (www.janeaustenfestival.com)

Oktober

Ende Okt. – Bath Film Festival (www.bathfilmfestival.org.uk)

November

5. Nov. (Guy Fawkes Day) – auf großen Feuern verbrennt man Guy Fawkes-Strohpuppen. *Tar Barrels,* eine besonders spektakuläre Variante wird in Ottery St. Mary gefeiert: dabei werden brennende Teerfässer durch den Ort getragen.

Musik und Tanz

Traditionelle Folkmusik

Mit dem Celtic Revival, jenem Aufbruch zu uralten Wurzeln, der in den 1970er Jahren die Britischen Inseln erfasste, kam auch die schon ausgestorben geglaubte traditionelle cornische Kultur wieder zu ihrem Recht. Ganz ausdrücklich widmet sich das Dehwelans-Festival jedes Frühjahr an anderem Ort in Cornwall der cornischen Kultur, Sprache, Kunst, Musik und Tanz. Der Name ist Programm: ›Dehwelans‹ ist cornisch und bedeutet ›Heimkehr‹. Auch beim Dartmoor Folk Festival gibt es Musik und althergebrachte Volkstänze wie Stepdance und Broomdance.

Bristol Sound

Aber auch die internationale Popmusik hat aus Englands Westen Impulse erhalten: In Bristol ist eine spannende Musikszene entstanden, und hier wurde in den frühen 1990ern der ›Bristol Sound‹ aus der Taufe gehoben (s. S. 73). Zu den Bands, die diese Stadt in den letzten Jahrzehnten hervorbrachte, zählen Massive Attack, Tricky, Portishead mit seiner *sixties-cool-music* und neuerdings auch raffinierten Jungle-Musikern wie Roni Size. Massive Attack und Tricky verstehen es meisterhaft, Hip Hop-Rhythmen und Scratching mit Rap-, Reggae- und Soulelementen zu kombinieren.

KUNST UND KULTUR

Architektur und Landschaft

England ist mit seiner historischen Landschaft vielleicht das einzige Land, dessen Natur fast noch mehr Teil seiner ureigenen Kultur ist als seine architektonischen Hinterlassenschaften. Die allgegenwärtigen Hecken aus Weißdorn sind oft älter als die mittelalterlichen Kathedralen. Dem Erhalt dieses landschaftlichen Wahrzeichens haben die Engländer sicher ebenso viel Zeit und Mühen gewidmet wie der Pflege ihrer Kathedralen, der exquisiten Landhäuser und mittelalterlichen Städte, die eingebettet in die Kulturlandschaft Südenglands die kulturellen Anziehungspunkte darstellen.

Prähistorisches England

Noch älter als die Hecken sind die prähistorischen Siedlungen: **Maiden Castle** bei Dorchester ist seit ca. 3000 v. Chr. besiedelt, das cornische Keltendorf **Chysauster** ist vermutlich über 2000 Jahre alt. Deutlich sieht man die Reste der Häuser und Gartenterrassen. Auch Devon und Cornwall sind reich an solchen vorchristlichen Funden und Zeugnissen keltischer Besiedlung. Nach der Besetzung des vorwiegend keltischen England durch die Römer im Jahr 43 n. Chr. wurden **Bath** und **Exeter** zu den größten römischen Siedlungen des West Country. An den Badeanlagen der Stadt Bath lässt sich der Lebensstil der Besatzer am eindrucksvollsten nachvollziehen. Im 5. Jh. fielen Angeln und Sachsen in das bis dahin unter römischem Schutz stehende Land ein. Die Kelten wurden nach Devon und Cornwall zurückgedrängt. Hier entstand der Mythos um den Keltenkönig Artus. In der Felsenburg **Tintagel** soll der Held 473 als Sohn eines cornischen Fürsten zur Welt gekommen sein. Im 12. Jh. haben die Normannen diesem Manifest keltischer Unabhängigkeit ihren Festungsbau übergestülpt.

Auf den Spuren der Normannen

Tintagel ist lediglich ein Beispiel dafür, wie die Normannenherrschaft zum Baudenkmal wird. Besonders eindrucksvoll thront die Trutzburg **Launceston** über dem gleichnamigen mittelalterlichen Städtchen – eine der zahlreichen südenglischen Festungen, die Wilhelm zum Zeichen seiner Eroberung bauen ließ. Die hundertjährige Dynastie der Normannen hat den englischen Kirchenbau mit schlichter Ornamentik, massiven Säulen und Rundpfeilern geprägt. Eindrucksvoll und gut erhalten sind die normannischen Rundbögen mit Zickzackornamenten und die schmucklosen Darstellungen von Tier und Mensch in der Dorfkirche des nordcornischen **Morwenstow.** Im Kathedralenbau herrscht der normannische Baustil vorwiegend in den älteren Teilen vor, nämlich in der Krypta oder den Türmen. Chor und Schiffe sind fast

NATIONAL TRUST – DER GRÖSSTE LANDBESITZER DER INSEL

Ob man sich den Küstenwind um die Nase wehen lässt oder sich dem Kulturerbe britischer Wohnkultur widmet: Früher oder später begegnet jeder Englandreisende dem National Trust (NT). Hinter dieser Bezeichnung (offizieller Name: National Trust for Places of Historic Interest or Natural Beauty) verbirgt sich eine 1895 gegründete Stiftung, der es um die Erhaltung eben jenes historischen und landschaftlichen Erbes zu tun ist, das wir vor uns sehen, wenn wir ›England‹ denken. Auch Wales und Nordirland gehören zum Zielgebiet der Stiftung, während man in Schottland 1931 einen National Trust for Scotland gründete.

Der National Trust besitzt mehr als 240 000 ha Land – eine Fläche von etwa der Größe des Saarlands. Er ist somit Großbritanniens größter privater Landbesitzer. Im West Country schöpfte man aus dem Vollen: Hier gehören der Stiftung fast 1000 km zauberhaftes Küstenland und die beiden National Parks Dartmoor und Exmoor, außerdem – Tendenz steigend – gut 200 Schlösser, Burgen, historische Häuser, 650 archäologische Denkmäler, 40 Kirchen und Kapellen, 50 Dörfer, 1200 Bauernhöfe, 160 Gärten und Parks – und um die 20 Taubenschläge. Zu den sehr bekannten Objekten in Trust-Besitz, denen Sie auf Ihrer Reise vermutlich begegnen werden, zählen der St. Michael's Mount und Stonehenge.

Getragen wird der National Trust hauptsächlich durch Spenden und Erbschaften. Wer als erbenloser oder erbenfeindlicher Erblasser keinen Landsitz hinterlässt, kann dem Trust immerhin seine Barschaft überschreiben und sich mit der Gewissheit verabschieden, dass er etwas zum Erhalt der Schönheit seines Landes beiträgt. Bei Überschreibung von Haus und Hof spielt indes die drastische Erhöhung der Erbschaftssteuer eine Rolle: Spätestens nach dem Zweiten Weltkrieg konnte kaum eine landbesitzende Familie ihren Besitz ungeteilt erhalten. Und auch der Trust, der mit der Pflege der schönen Besitztümer betraut ist, muss sich Gedanken um ihre Finanzierung machen. Mitgliedsbeiträge, Eintrittsgelder und Erlöse aus dem Souvenirverkauf sind bei fast drei Millionen Mitgliedern und knapp zehn Millionen Besuchern pro Jahr ernst zu nehmender Umsatz, Unterhalt und Grundsteuern jedoch kein Pappenstiel. Beiträge des Staates (Denkmalpflege) belaufen sich auf etwa 20 %. Trotz seiner ca. 2800 fest angestellten Mitarbeiter kann der National Trust nicht auf das Engagement seiner über 26 000 freiwilligen Helfer, die jedes Jahr über eine Million Stunden ihrer Freizeit opfern, verzichten.

Mitglieder des National Trust haben freien Eintritt in alle Besitzungen der Organisation.Wer einen Kultururlaub plant und mehr als acht Gärten und Herrenhäuser des NT besichtigen will, für den lohnt sich eine Jahresmitgliedschaft. Sie kann vor Ort in allen Besitzungen des Trust erworben werden oder bereits vor Reiseantritt (s. S. 217).

ausschließlich im gotischen Stil erbaut. Die berühmte Kathedrale von **Exeter** ist ein Beispiel für diese Entwicklung: Die massiven normannischen Türme stammen aus dem 12. Jh., die feingliedrige Westfassade in reiner Hochgotik entstand um das Jahr 1480.

Kathedralen

Die mittelalterlichen Kathedralen bilden die Essenz englischer Baukunst. **Wells** gilt neben Exeter als Höhepunkt für den prachtvollen Kathedralenbau im West Country. Als eine der wenigen englischen Kathedralen wurde sie nicht vom normannischen Baustil geprägt. Ihr Bau begann 1180 mit der Frühgotik. In ihrer Westfassade deutet sich bereits eine spätgotische Stilrichtung an, die für die englische Baukunst typisch werden sollte: der *Perpendicular Style*. Er bezeichnet die Aneinanderreihung immer gleicher Bausegmente. So wird der Blick des Betrachters nicht wie bei französischen oder deutschen Kathedralen in die Höhe gelenkt, sondern die Blickrichtung verläuft horizontal. Um den Effekt zu steigern, stehen englische Kathedralen häufig völlig frei auf einem Rasenstück und gewähren den Blick auf das gesamte Bauwerk. Typisch für den *Perpendicular Style* sind daneben die überaus zarten und komplizierten Fächergewölbe.

Ein Stilprinzip macht Karriere

Das Prinzip der Reihung wird nicht nur beim Kathedralenbau zum rein englischen Stilmerkmal, sondern dominiert schließlich auch in der Landhausfassade, in den Reihenhäusern und den eleganten *crescents* der städtischen Bauweise des 18. Jh. In **Bath** sind diese bogenförmig angelegten Reihen von Bürgerhäusern sehr gut erhalten. In ihrer Aneinanderreihung wirken sie wie eine Schlossfassade. Eines der großartigsten Beispiele für diesen Effekt ist der Royal York Crescent in **Bristols** noblem Stadtteil Clifton.

Vom Tudor-England zur urbanen Architektur

Der *Tudor Style*, der von 1520 bis Anfang des 17. Jh. vorherrscht, ist eine Kombination aus spätgotischen Zügen, die sich mit italienischen und deutschen Stilelementen der Renaissance mischen. Güter und Landsitze im Tudor Style strahlen Strenge und Eleganz aus. Zu den Landsitzen, in denen sich trotz späterer Umbauten noch Tudor-Elemente erhalten haben, gehören **Athelhampton House** und **Mapperton House** in Dorset sowie **Cotehele House** bei Plymouth.

Die größte Umwälzung erfuhr Tudor-England mit der Auflösung der Klöster und Kathedralen: Unter Heinrich VIII., der sich von Rom losgesagt hatte, wurden sie enteignet, geplündert, zerstört. Drei Viertel des kirchlichen Besitzes flossen in private Hände. Nach dieser in der englischen Geschichte einmaligen Umwälzung der Besitzverhältnisse entstand eine ganz neue Schicht reicher Grundbesitzer. Dass Heinrich mit seinem auf solche Weise erworbenen Reichtum eine Flotte bauen ließ, war der erste Schritt Englands zur See-

Perpendicular Style: das Fächergewölbe von Sherborne Abbey, Dorset

macht. Unter Elisabeth I. (1558–1603) genoss das Land Ansehen und Macht. Im West Country blühte die Nation der Seefahrer auf: **Plymouth** erlangte als einer der wichtigsten Häfen Englands in Handel und Kriegsführung seine Bedeutung. Noch heute ist das militärisch wirkende Stadtbild von der langen Residenz der ruhmreichen Royal Artillery und der prestigeträchtigen Präsenz der Royal Navy geprägt.

Die Architekten Südenglands

Zwei Namen bestimmen die englische Architektur des 17. und 18. Jh. ganz besonders, nämlich Andrea Palladio und Inigo Jones. Die Bauten des italienischen Architekten der Hochrenaissance, **Andrea Palladio** (1508–1580), zeichnen sich aus durch strenge Klarheit und Harmonie, rhythmisch bewegt von Säulen und Pilastern, die meist mehrere Geschosse durchlaufen. Palladio wurde zum unbedingten Vorbild für den Architekten **Inigo Jones** (1573–1652), der in England über zwei bis drei Generationen eine eigene Anhängerschaft nach sich zog. Vor allem der Landhausbau des frühen 18. Jh. ist so deutlich von Palladio beeinflusst, dass man diese Phase das *Palladian movement* nennt.

Der neoklassizistische *Georgian Style* des späteren 18. und frühen 19. Jh. ist mit dem Namen des Architekten **Robert Adam** (1728–1792) verbunden. Er entwickelte sich aus strengem Klassizismus, gepaart mit großzügiger Wohnlichkeit, und wurde zur vorherrschenden bürgerlichen Stadtbauweise. Die Häuser von Bath, von **Vater und Sohn John Wood** († 1754 bzw. 1781) geplant und gebaut, sind bestes Beispiel für diese städtische Bauweise. An jener Blütezeit der Baukunst, des gesellschaftlichen Lebens und der unerschütterlichen Macht des Empires möchten manche zeitgenössischen Architekten heute wieder anschließen.

Mit *red brick* ins 20. Jh.

Die Industrialisierung und der damit verbundene Bau von öffentlichen Gebäuden, Arbeitersiedlungen und Reihenhäusern im typisch viktorianischen roten Ziegel ist dem West Country weitgehend erspart geblieben. Mit der Industrialisierung hatten sich Ende des 19. Jh., nachdem die ersten Generationen Massenelend und unmenschliche Arbeitsbedingungen erleben mussten, eine neue Ästhetik entwickelt: die Strenge des georgianischen Baustils galt nicht mehr als elegant, sondern als langweilig. Stark ornamentiert und pompös sind die viktorianischen Fassaden, und es scheint, als sollten samtschwere Vorhängen und die dunklen überladenen Möbelstücke Elend und Verzweiflung der englischen Unterschicht überdecken.

Die Labour-Regierung erkämpfte Anfang des 20. Jh. ein paar Urlaubstage, und allmählich wurden die Küstenorte und Seebäder Südenglands Urlaubsziel der Arbeiterklasse. Man kann diese Entwicklung sehr schön in den Städten **Bournemouth** und **Torquay** nachvollziehen. Damals war ein Gang am Pier mit seinen Jahrmarktattraktionen eine Sensation: artistische Darbietungen, Ballwerfen und Kuriositäten unter Begleitung von Blasmusik. Heute sehen wir Hamburgerbuden, Süsswarenstände und Glücksspielhallen – die Musik kommt aus der Konserve. Seit den 1990er Jahren wird das einst der *working class* vorbehaltene Badevergnügen etwas aufgewertet: Eine wachsende Zahl an Tagestouristen macht Restaurants, Antiquitäten- und Buchläden zur lohnenden Einnahmequelle. Die *working class* indes findet ihr Strandvergnügen heute ebenso preiswert am Mittelmeer. Manch einer kauft sich indes ein *mobile home*, eine Art trostloser Container, den er sich in eine Siedlung in Dorsets Dünen stellt.

ESSEN UND TRINKEN

Besser als ihr Ruf: Die englische Küche

»Wer in England gut essen will, muss dreimal am Tag frühstücken«. Diesen rat von William Somerset Maugham (1874–1965) brauchen Sie nicht zu befolgen. Die Gastronomie hat sich sehr entwickelt und ist heute heißes Thema. Zur Freude aller Beteiligten haben die Engländer von anderen Küchen gelernt: Asiatisches, insbesondere indisches Essen, die italienische und andere kontinentale Küchen haben sich mit steigender Tendenz durchgesetzt. Unterdessen hat die ›englische Küche‹ sich in den 1990er Jahren gundsätzlich erneuert. ›Traditional English‹ und ›New English‹ sind heute in der ländlichen Gastromomie gleichermaßen präsent. Letztere macht sich Transparenz und Frische der Zutaten zur Pflicht, ist teurer, selbstbewusst und häufig sehr schmackhaft.

Old English – New English: Was kommt auf den Tisch?

Zur traditionellen englischen Küche gehören ›Roast & 2 Veg‹ (Braten mit zwei Gemüsen), ein typisch englisches Sonntagsessen. Der *Roast* ist Lamm, Rind oder Schwein, die *2 Veg* sind Karotten, Erbsen, Bohnen, Rosenkohl, *parsnips* (Pastinaken) oder Kohl. Diese werden außer zu Braten auch zu gebackenem Huhn, Fasan oder Wild gereicht. Zum Roastbeef gibt es den traditionellen *Yorkshire-Pudding* – ein pikanter Eierkuchenteig, der mit Rindernierenfett in der Pfanne gebacken wird. Wie man in England jahrzehntelang Gemüse zubereitete, ist vielleicht bekannt: wässrig, weich,salzlos. Die *New English Cuisine* serviert das Grünzeug knackig: Blattspinat, Bohnen oder Zuckerschoten kommen kurz gedünstet, gebuttert und gewürzt auf den Tisch, die Karotten werden glasiert. Sogar den beliebten *bangers and mash* (Würstchen mit Kartoffelpüree) gewinnt die neue englische Küche eine noch schmackhaftere Variante ab.

Fisch

In der Auswahl des lokalen Fischs setzt die neue Küche andere Akzente: so werden *dover sole* (Seezunge), *cod* (Kabeljau), *smoked haddock* (geräucherter Schellfisch), *kippered mackerel* (geräucherte Makrele), *jellied eel* (Aal in Aspik) und *fish pie* (Fischauflauf) in Kombination mit *chips* (Pommes frites) oder Kartoffeln und Erbsen von delikater zubereiteten Edelfischen und Schalentieren abgelöst: *scallops* (Jakobsmuscheln), *salmon* (Lachs), *oysters* (Austern), *lobster* (Hummer), *crab* (Krebs). Beliebt ist außerdem *squid* (Tintenfisch) Pürierte Erbsen mit frischer Minze können hier als Soße dienen, Sellerie- oder Kürbispüree als Beilage.

Fleisch

Die neue Küche zeigt sich bei Fleischgerichten einfallsreich und traditionell:

Ochsenschwanz, Kalbsleber, Hasenrücken, Entenbrust: bei klassischer Garungsart tauchen zahlreiche Geschmacksvariationen auf. Kombinationen mit Salbei, Ingwer, Minze, Kräutern und anderen prägnanten Zutaten sind beliebt, Beilagen und Gemüse variieren. Soßen basieren auf *gravy,* Bratensaft, und sind leichter als die der deutschen oder französischen Küche. Vorzüglich sind alle Arten von *chutneys,* die ihren Weg aus der indischen in die englische Küche gefunden haben. Das indische *curry* hat übrigens den Status eines englischen Nationalgerichts.

Desserts

Eine Stärke liegt in klassischen Desserts, die in aktueller Version feiner schmecken, weil sie mit hochwertigen Zutaten und deutlich mehr Fett bereitet sind. *Bread and Butter Pudding*, eine Speise aus Weißbrot, Ei, Butter und Milch, kann köstlich sein. *Summer Pudding,* eine Art Rote Grütze in einem fruchtdurchtränkten Weißbrotmantel, ist ebenfalls ein Klassiker. *Trifle*, die englische Antwort auf Tiramisu, scheint aus der Mode zu kommen, denn ihm fehlt die schlichte Transparenz kulinarischer Moderne: in Fruchtgelee getränkter Biscuit wird mit alkoholisierten Früchten, *custard* (Vanillecreme) und Sahne geschichtet. Hausgemacht schmeckt diese Nachspeise absolut umwerfend.

Frühstück: Kalorien zählen nicht

Zum englischen Frühstück, dem *cooked breakfast,* gibt es neben Rührei, Würstchen, Speck, gegrillter Tomate, Champignons und *black pudding* (eine Art Blutwurst) auch Toast, Orangenmarmelade und gesalzene Butter. Tipp: Beim Rührei vorher fragen, ob es aus der Mikrowelle kommt. So absurd es klingt, es ist oft der Fall, und absolut ungenießbar.

Tee zum Nachmittag

Der traditionelle englische *Afternoon Tea* ist ein Genuss, der zivilisierte Langsamkeit verlangt. Hier gibt es kleine, nach nichts schmeckende Sandwiches mit Gurken, geräuchertem Lachs und Mayonnaise-Ei, außerdem Törtchen und *fruitcake*. Krönung ist der *cream tea,* Devons Spezialität. Dazu gehören *scones* (süße, feste Soda-Brötchen) mit *clotted cream* (dicker Sahne) und Erdbeermarmelade. Der *Cream Tea* ist nach einer Wanderung in Wind und Wetter ein regeneratives Muss. Vom Kaloriengehalt her ist er eine Hauptmahlzeit.

Getränke

In Pubs werden die traditionellen Biere und *Ales* ausgeschenkt. Etwas Besonderes sind *Real Ales,* die nach natürlicher Gärung im Fass ohne Gas-Zusatz gezapft werden, sie fallen jahreszeitlich verschieden aus und sind manchmal naturtrüb – etwas für Bierliebhaber.

Maßeinheit ist *pint* (0,47 Liter) bzw. *half pint*. Bier wird meist schaumlos und zimmerwarm getrunken – nicht jedermanns Sache. Am besten lässt man sich vom Barkeeper ein *traditional ale* empfehlen. *Cider,* Apfelwein wird zwar

DIE KULINARISCHE REVOLUTION DER ENGLISCHEN GASTRONOMIE

Die lieblose Standardversorgung mit Fertigprodukten aus dem brauereieigenen Tiefkühlservice hat in vielen Country-Pubs ein Ende gefunden: Denn im letzten Jahrzehnt des 20. Jh. fand in Englands Küchen eine Revolution statt, und im ganzen Land erwachte die Lust am Essen, an Küche und Kochen. Gerade in südenglischen Grafschaften wird inzwischen gediegen gespeist, mit höchsten Ansprüchen an Atmosphäre und Qualität. Vor allem die Pubs haben sich von Grund auf gewandelt: Früher war das Pub – *public house* – ein von Reisenden zur Übernachtung genutztes Gasthaus, dessen Bar zugleich als Treffpunkt der Ortsansässigen diente. Im Vordergrund stand die reiche Auswahl an Biersorten örtlicher und überregionaler Brauereien. Etwa die Hälfte aller Pubs waren direktes oder indirektes Eigentum einer Brauerei. Essen war Nebensache. Eine bürgerliche Küche in kontinentaleuropäischem Sinne gab es nicht – wohl aber die Landküche der Oberschicht. Doch fand diese in den privaten Häusern ihre Verwirklichung, nicht im *public house,* wo der Alkohol im Vordergrund stand.

Im nachrevolutionären England ist ernüchterndes Essen out. Pubs mauserten sich zu Restaurants, in guten Pubs findet man heute einen Stilmix zwischen *traditional* und *New English,* nicht selten mit asiatischen Einflüssen: Pikant angerichtete Klassiker wie Rumpsteak, Entenbrust oder Lamm, *lamb and apricot pie* ebenso wie den üblichen *steak and kidney pie* (ein Schmortopf aus Rind und Nieren mit Kartoffelpüree oder Blätterteig), *wild boar and apple sausages* (Wildschwein-Apfel-Würstchen), jede Menge gegrillten Fisch und besonders gute Suppen: Kürbis oder Lauch, Stilton oder frische Erbsen mit Minze dienen als Basis. Man experimentiert mit Gewürzen und Kräutern – Ingwer, Chili, Zitronengras und Koriander sind bereits vollständig ins Repertoire integriert. Die Hauptgerichte orientieren sich weitgehend an der hochklassigen Country-Cuisine.

Das Pub verdankt seinen neuen Status nicht allein dem Essen, sondern den veränderten Lebensgewohnheiten der Engländer. Die gut verdienende Mittelschicht ist mehr denn je bereit, ihr Geld nicht nur in *brick and mortar* (Ziegel und Mörtel) zu investieren, sondern für Alltagsluxus auszugeben: für Mode, Möbel, Gesundheit – und vor allem für Essen und Trinken. Interesse für Essen bekam Sexappeal und wurde zum Status-Symbol. Wer sich als küchenkundig erweist, erntet soziale Pluspunkte. So kam es, dass heute nicht nur der Markt für Küche und Kochbuch boomt, sondern auch die Pub-Guides und Restaurant-Besprechungen in der Presse. Essen gehen rangiert mittlerweile als Abendunterhaltung neben Theater und Konzert – besonders in den dünn besiedelten *counties,* deren Unterhaltungsangebot dürftig ist. Es lohnt sich also, nach den besten Pubs der Umgebung zu fragen und vor allem am Wochenende rechtzeitig einen Tisch zu reservieren!

von Mostereien im Südwesten, z. B. in Somerset, produziert, aber lokale Sorten kommen nur in wenigen Pubs zum Ausschank. Der Geschmack ist je nach Sorte variabel, von lieblich über fruchtig-trocken bis hin zum knackig-herben *Scrumpy,* den nur Leute mit einem absolut gesunden Magen vertragen.

Selten gibt es an der Bar eine passable Auswahl an offenen Rot- oder Weißweinen, in Restaurants und zum Essen kann man indes fast überall eine respektable Weinkarte erwarten. Weine der Neuen Welt sind beliebt, gut ausgewählt und oft preiswerter als französische Weine.

Pub oder Restaurant?

Als gastronomische Gattung zwischen Pub und Restaurant hat sich das **Gastro-Pub** entwickelt: ein zum Restaurant gewordenes Pub, das sowohl die Bar im Pub als auch ein Restaurant betreibt. Im Gegensatz zum reinen Pub, in dem traditionell das Essen dem Trinken untergeordnet war, hat sich diese Variante zum beliebtesten Ziel auf dem Land entwickelt. Oft isst man gut, sogar sehr gut: der Einsatz frischer, lokaler Produkte und liebenswerter Service werden zunehmend Standard (s. S. 39). Billig sind Gastro-Pubs nicht, aber bei gleichem ›*value for money*‹ meist preiswerter als Restaurants. Man findet gelegentlich eine Trennung zwischen Restaurantbetrieb und ›Barfood‹. Das bedeutet einfach, dass man auch im Barbereich essen kann. Es gibt die für Pubs typischen kleine Gerichte wie Sandwiches, Ploughman's Lunch (Weißbrot mit Käse und Pickles), Suppen u. a.

Restaurants sind die gediegenere Variante und ungefähr ein Drittel teurer als deutsche Restaurants. Häufig muss man im Voraus buchen, um einen Tisch zu bekommen (das gilt an Wochenenden auch für Pubs).

Für den kleinen Hunger

Wen der Hunger zwischen den oben genannten Öffnungszeiten treibt, kann zu einem kleinen Snack auf eine Hotelbar oder ein Museumscafé ausweichen. Diese sind meist durchgehend geöffnet.

Öffnungszeiten

Restaurants und Pubs sind meist mittags zwischen 12 und 14.30 Uhr und abends von 19 bis 23 Uhr geöffnet. Sonntags haben viele Restaurants geschlossen. An der Bar der Pubs gilt vielerorts immer noch die Sperrstunde ab 23 Uhr, doch Sie werden entdecken, dass zunehmend Lizenzen zu längeren Öffnungszeiten vergeben werden. Besonders an Wochenenden gibt es häufig zwei *seatings*, was bedeutet dass ein Tisch zweimal vergeben wird, z. B. einmal von 19 bis 21 Uhr, dann von 21bis 23 Uhr.

Zur Hauptsaison im Juli und August öffnen manche Restaurants und Pubs ihre Küchen durchgehend.

Tea-Rooms beginnen ihren *Afternoon Tea* um 15.30 Uhr. Um 17 Uhr

In England findet man eine junge Gastro-Szene, nicht nur in Städten wie Bristol

kann man seine letzte Bestellung aufgeben.

Etikette, Zahlen und Trinkgeld

Üblich ist, dass man beim Eintritt ins Restaurant zunächst fragt, ob es einen Tisch gibt – selbst wenn das ganze Lokal leer ist! Dann wartet man, bis der Service einen an den Tisch begleitet. Man kann fast überall mit den üblichen Kreditkarten (ausgenommen EC-Karten!) zahlen. Man prüfe die Rechung auf den Hinweis *service not included*, bzw. *service charge* 12,5%. Ersteres bedeutet, dass Trinkgeld erwartet wird (10–12,5 %), letzteres, dass dies bereits auf die Rechnung gesetzt wurde. Es ist landesüblich, dem Gast das Trinkgeld auf die Rechnung zu setzen. Gelegentlich heißt es *optional service charge*, was dem Gast theoretisch berechtigt, diesen Betrag wieder abzuziehen. Dies tut man in der Praxis nie, es sei denn, man hatte einen ausgesprochenen heftigen Disput mit dem Wirt. Man zahlt immer die gesamte Rechnung, notfalls mit mehreren Karten oder Bargeld. Die in Deutschland übliche Frage: »Zusammen oder getrennt?« existiert nicht, es gibt eine Rechnung pro Tisch.

FY26

Tipps für Ihren Urlaub

Im Hafen von Polperro, Cornwall

REISEZIEL WEST COUNTRY

Nach Südengland kommt man nicht zum Strandurlaub. Wer Europas älteste Kulturlandschaft aufsucht, findet reichlich Natur, Geschichte, Kuriositäten und englischen Lebensstil. Sportliche Aktivitäten stehen hoch im Kurs, neben den Klassikern Reiten, Wandern und Golf kommen Klettern und Surfen an den wilden Küsten und Stränden. Was das West Country ausmacht ist seine kultivierte Ländlichkeit, sein reiches kulturelles Erbe und die authentische *Englishness*. Ruhe und malerische Natur wechseln sich nur sehr gelegentlich mit Trubel und Nachtleben ab: Städte wie Bristol, Bath und Torquay, auch die malerischen Küstenorte sind an lauen Sommernächten äußerst belebt. Doch außerhalb der attraktiven Zentren findet man ländliche Ruhe, herrliche Landschaft und endloses Idyll.

Besondere Highlights

Wer etwa zwei Wochen Zeit hat, den Südwesten zu erkunden, sollte auf jeden Fall einige der folgenden Highlights ansteuern: in Dorset Shaftesbury, Kingston Lacy, an der Küste Durdle Door,

Das West Country steckt voller Überraschungen: in den Lost Gardens of Heligan

Chesil Beach und Abbotsbury. In Devon Exeter, A La Ronde, Dartmouth und Dartmoor National Park. In Cornwall Polperro, The Lost Gardens of Heligan, Eden Project, St. Michael's Mount, Minack Theatre, St. Ives, Tintagel, Padstow, Clovelly. Im Norden Devons und in Somerset Exmoor National Park, Bristol und Bath. Je nach Terminplanung sollte man sich für den Genuss der attraktiven Country Houses und Gärten jeweils einen halben Tag Zeit nehmen.

Pauschal oder Individuell?

Südengland ist ideal für Individualreisende. Wählt man als Unterkunft ein Bed & Breakfast (B&B), findet man schnell Kontakt, Sprachkenntnisse vorausgesetzt, sie erleichtern die Verständigung immens, denn kaum ein Brite spricht eine Fremdsprache, schon gar nicht Deutsch. B&Bs, kleine Hotels und luxuriösere *Lodges* sind Teil individueller Englanderfahrung.

Organisierte Gruppenreisen sind empfehlenswert, wenn man wegen gemeinsamer Aktivitäten (Wandern, Naturerfahrung, Malen etc.) unterwegs ist oder sich zwecks Rundreise nicht auf eigene Fahrkünste, Routenplanung und öffentliche Verkehrsmittel verlassen möchte. Die Unterbringung findet dann meist in mittelpreisigen Hotels statt, die jeden zivilen Komfort bieten, durch ihre Größe aber vielleicht manchmal unpersönlicher sind als B&Bs und ausgewählte Hotels. Dies ist bestens zu verkraften, wenn der Bezugsrahmen die Reisegruppe ist.

Reisen mit öffentlichen Verkehrsmitteln

Kurztrips nach Bath, Bristol, Exeter, Plymouth oder Penzance und Umgebung sind mit Zug und Bus gut zu schaffen. Wer jedoch das Land im Detail erkunden möchte, sollte einen Individualurlaub mit dem Auto planen, denn viele Sehenswürdigkeiten sind mit öffentlichen Verkehrsmitteln kaum zu erreichen, einige Bahnhöfe liegen außerhalb der Ortschaft, und Züge sind streckenweise unpünktlich.

Was noch für das Auto spricht, ist der zivile Fahrstil der Briten und die auffallend vielen landschaftlich schönen Strecken, *scenic drives*, die auf manchen Autokarten gekennzeichnet sind.

Plant man seine Reise mit Bus und Bahn, empfiehlt sich detaillierte Reiseplanung und Buchung der Unterkünfte.

Urlaub mit Kindern

Generell ist England ein familienfreundliches Land. Parks, Country Houses, Zoos, Gärten, National Trust Zentren und andere Sehenswürdigkeiten haben fast immer Attraktionen oder Lernzonen für Kinder eingerichtet. Die Webseite www.childfriendly.co.uk informiert über kinderfreundliche Unterkünfte.

In Pubs und Restaurants ist Kinderbesuch hingegen nicht selbstverständlich. In Pubs mit *Family Rooms & Gardens* gibt es meist Kindergerichte und Spielmöglichkeiten. Allgemein gilt, dass man sich beim jeweiligen Pub / Restaurant erkundigt, ob Kinder erwünscht sind.

Ähnliches gilt für Unterkünfte: Man sollte vorher klären, welche Einrichtungen es gibt. Reist man mit mehreren Kindern, empfiehlt sich Urlaub in einen Holiday Cottage.

Ängstliche Eltern sollten sich überlegen, ob Küstenwanderungen mit ihren Sprösslingen ideal sind: die Wege sind nicht gesichert, und wer an den englischen *common sense* nicht gewöhnt ist, wird sich darüber wundern, dass manche Wanderwege nur wenige Meter am Abgrund entlangführen. Für Eltern mit temperamentvollen Kindern kann dies zum Stress werden.

Urlaubsaktivitäten

Golf

Der Südwesten ist keine ausgesprochene Golf-Region, doch an den Küsten Cornwalls (z. B. in Padstow, St. Mellion, Westward Ho!), im Dartmoor, auf Dorsets Purbeck Isle und in Bath findet man Golfclubs, bei denen Gäste willkommen sind. Das Britain Visitor Centre (Adresse s. S. 214, www.visitbritain.com) hat einen Führer ›Golf in Britain‹ herausgegeben (auch deutschsprachig), in dem die Golfclubs der Region verzeichnet sind. Die lokalen Tourist Information Centres geben Auskunft, ob ein Golfplatz für Gastspieler geöffnet ist. Weitere Infos: www.golfcourses.org, www.uk-golfguide.com.

Radfahren

Das West Country eignet sich fast überall jenseits der wenigen mehr-spurigen Landstraßen zum Radfahren. Der Cyclist Touring Club (Tel. 0870-873 00 60, www.ctc.org.uk) gibt spezielle Landkarten für Radler heraus, wo sowohl Kurzstrecken, Fernradwege und Radverleih gekennzeichnet sind.

Reiten

Für Reiter ist das West Country ein Paradies. Die Reitschulen, die von der AALA (Adventure Activities Licensing Authority) lizenziert sind, bieten Reitferien an. Für das West Country ist die Association of British Riding Schools zuständig:
Queens Chambers, 38–40 Queen Street, Penzance, Cornwall, TR18 4BH, Tel. 01736-36 94 40,
Fax 35 13 90, www.abrs.org

Segeln und Surfen

Besonders die Südküste bietet **Seglern** mehr als andere Regionen Englands. Die Segelhäfen sind vielseitig: Poole Harbour bietet ein breites Angebot an Segelferien und Kurztörns an. In Devon liegen die Seglerparadiese an der ›English Riviera‹ und, etwas abgelegener, in den South Hams. Informationen erteilen die lokalen Tourist Information Centres, z. B. in Torquay.

Die cornische Küste ist gesäumt mit Segelhäfen. Zu den attraktivsten gehören Falmouth, Helford, Penzance, St. Ives und Padstow. Informationen: Cornwall Tourist Board, Tel. 01872-27 40 57, Fax 32 28 95, www.cornwall touristboard.co.uk.

Zum **Surfen** bietet sich Cornwalls Nordküste an: Newquay ist das Wassersportzentrum der Region, denn hier gibt es zahlreiche Strände und vor allem Wellen.

Strände

Über Strömungsverhältnisse und Wasserqualität informiert die Tidy Britain Group, Tel. 01603-48 86 02, www.seasideawards.org.uk. Die Informationen werden ständig aktualisiert, und der Strand-Führer ›The Good Beach Guide‹ der Marine Conservation Society, wird regelmäßig neu aufgelegt. Im Allgemeinen gilt, dass die Strände von Cornwall zu den saubersten in England gehören.

Wandern

Südengland ist ein ideales Gebiet für leichte und mittelschwere Wanderungen. Zu den beliebtesten Gegenden gehören – neben den Küsten – die Hochmoore **Exmoor** und **Dartmoor**, in Somerset die **Mendip Hills** und die **Quantock Hills.** Die Informationszentren der Moore haben jeweils eigene Wanderkarten herausgegeben. In den Mooren empfiehlt es sich, den angebotenen Wanderrouten und Kennzeichnungen zu folgen, da sich Entfernungen und Richtungen schlecht einschätzen lassen.

An den Küsten ist das Wandern denkbar einfach. Der **Somerset & North Devon Coastal Path** verläuft von Minehead nach Hartland Point und wird in Morwenstow zum **North Cornwall Coastal Path.** Von Hartland bis Tintagel bietet er besonders dramatische Abschnitte, bei denen man über die aufragenden Hügel der zerklüfteten Klippen durch die Heide wandert. Der Pfad endet in Penzance und wird zum **Cornwall South Coastal Path,** ab Plymouth zum **Devon South Coastal Path.**

Der Süden Cornwalls bietet die schönsten Strecken zwischen Lizard und Helston und zwischen Falmouth Bay und Mevagissey: leichtes Wanderland mit fantastischen Blicken auf die Südküste. Dorsets Lyme Bay zählt zu

Gärten und Parks

Die meisten Gärten und Parks sind der Öffentlichkeit zugänglich (meist 10–17 Uhr), manche private Gärten sind jedoch nur an einigen Tagen der Woche oder des Jahres geöffnet. Die Eintrittsgelder von Privatgärten, die dem ›National Gardens Scheme‹ angeschlossen sind, fließen wohltätigen Zwecken zu – 2003 öffneten in ganz England für dieses Projekt über 3500 Privatleute ihre Gärten für Besucher. Die Termine erfährt man bei den Tourist Information Centres (TICs). Dort gibt es auch einen Führer mit dem Titel ›B&B for Garden Lovers‹ mit den Bed & Breakfast-Unterkünften der Region, die besonders schöne Gärten haben. Der National Trust hat einen speziellen Gartenführer ›The National Trust's Gardens Handbook‹ herausgegeben, in dem alle NT-Gärten der Region verzeichnet und beschrieben sind.

den besten Küstenwandergebieten Englands. Auf dem **Dorset South Coast Path** zwischen Lyme Regis und Abbotsbury lassen sich Küsten- und Inlandwanderungen besonders gut kombinieren. Das Küstenland ist hier überschaubar. Kartenmaterial ist in jeder Buchhandlung oder Touristeninformation erhältlich.

Bei der Wanderroutenplanung hilft: Ramblers Association, 2nd Floor, Camelford House, 87/90 Albert Embankment, London SE1 7TW, Tel. 020-73 39 85 00, Fax 020-73 39 85 01, www.ramblers.org.uk.

Klima und Reisezeit

Das Klima an Devons und Cornwalls Südküste ist durch den Golfstrom ungewöhnlich mild. Im Sommer wird es selten drückend heiß – der Wind sorgt stets für erträgliche Temperaturen. An der Südküste ist es durchaus nicht ungewöhnlich, im Dezember bei 15 oder 16 °C auf windgeschützter Terrasse in der Sonne Tee zu trinken.

Die feuchte südwestenglische Küste bietet mit durchschnittlich elf Tagen Frost im Jahr ein ideales Klima für Blumen und exotische Pflanzen. Zu jeder Jahreszeit blühen die Gärten und Wildblumen und die Palmen an den Stränden der Torbay wirken keinesfalls deplatziert. Zu der Milde kommt eine Menge Regen. Selten ist das englische Wetter so schlecht wie sein Ruf. Es wechselt ungefähr viermal täglich zwischen Regen, Schauer, bewölktem Himmel und strahlendem Sonnenschein. Die Briten sind vermutlich die einzigen, die das Wetter als eigenständige Institution respektieren. So lautete es in einem Wetterbericht: »Showers in the morning and more organized rain in the afternoon« (Am Morgen nur Schauer, nachmittags regnet es dann endlich vernünftig).

Die beste Reisezeit für Südengland liegt zwischen April und Oktober. April und Mai sind wegen der Blüte die günstigsten Monate für Gartenfreunde. September ist ein herrlicher Wandermonat, wenn das Klima noch mild, die Tage hell und die Ferienzeit vorüber ist. Im späten September beginnt die Jagdsaison – wer ins Exmoor möchte, muss vorzeitig buchen. Meiden sollte man speziell die Küste in den Monaten Juli und August: In dieser Zeit haben die Engländer Sommerferien und strömen zu Tausenden mit Kind und Kegel an die Seaside, bevölkern Strände, Caravan Parks und preiswerte Unterkünfte. Das Preisniveau für Übernachtungen steigt in diesen Monaten um ca. 10%.

Zwar ist das Klima allgemein milder als auf dem Kontinent, aber sobald die Sonne hinter einer Wolke verschwindet, wird's kühl. Temperaturen zwischen 8 und 15° C können einem in die Knochen kriechen, wenn die Luft feucht ist, ein frischer Wind weht oder es regnet. Wichtigste Kleidungsstücke sind daher: wasserfeste Schuhe mit Profilsohle, eine wind- und regenfeste Jacke, mindestens ein Pullover und möglichst eine Kopfbedeckung für Wanderungen an windigen Küsten. Das Licht im Südwesten kann grell sein. Sonnenbrille und Sonnenschutzmittel gehören zur Grundausrüstung.

WANDERERS GLÜCK – THE RIGHT OF WAY

Wer sich in England auf den Weg macht, wird immer wieder einem Phänomen begegnen, das es in Deutschland nicht gibt: dem Common Law, dem uralten, unverbrieften Recht der Gewohnheit. Dies bedeutet, dass durch frühe Gewohnheit und kontinuierlichen Gebrauch entstandene Rechtsvorstellungen ebensoviel Gültigkeit besitzen wie durch das staatliche Rechtssystem festgelegte Regeln. Auch Reisende profitieren vom Common Law: Eine Wanderung über Weiden, Felder und Hügel, an Küsten entlang und durch Moore und Marschland wäre für uns unmöglich, gäbe es nicht das Gewohnheitsrecht, in diesem Fall das Right of Way. Über 80 % des englischen Bodens befinden sich in privater Hand. Das Right of Way besagt schlichtweg, dass ein jeder sich auf privatem Grund und Boden bewegen darf. Allerdings nicht völlig frei: Lediglich auf den Pfaden und Wegen, die seit Jahrhunderten entlang der Wiesen, Felder und Weiden, der Flüsse und Küsten entstanden sind, darf ein Fremder seinen Wanderweg fortsetzen. Und auch nur dies: Nicht überall kann man sich zum Picknick niederlassen – vor allem, wenn besagter Pfad durch das Blickfeld der Residenz des Eigentümers führt. Nur eine *bona fide journey* mit einer angemessenen Verschnaufpause erlaubt das Gesetz.

Nicht mit Paragraphen und Beschilderungen, sondern mit ihrem allgegenwärtigen *Common Sense* erhalten die Engländer ihr landschaftliches Erbe: Großzügigkeit auf der einen, Respekt für fremdes Eigentum auf der anderen Seite machen diese für England charakteristische Offenheit möglich. Das uralte, unverbriefte Right of Way brachte mit der Bürokratie des 20. Jh. erstmals gesetzlich festgelegte Richtlinien mit sich. Fast alle Wege sind durch kleine Public Footpath-Beschilderungen gekennzeichnet, Steighilfen für Zäune und ausgebesserte Pfade sind die Regel. Von Landbesitzern und Bauern erwartet der Staat, dass sie ihre Wege intakt halten. Da die Mittel häufig nicht ausreichen, fanden die Verwaltungen der Grafschaften eine typisch englische Lösung, nämlich den Appell an das Verantwortungsgefühl des Einzelnen. ›Adopt a Path‹ heißt ein Programm, bei dem jeder Landliebende, der sich bei der Ehre gepackt fühlt, die Patenschaft für eine überschaubare Strecke eines Public Footpath übernehmen kann. In einem Kurs lernen die künftigen Paten, wie man Pflanzen pflegt und stutzt und Wege und Zäune repariert.

Wer See- und andere Wildvögel beobachten möchte, sollte ein Fernglas bei sich haben.

Die meisten Restaurants bestehen heute nicht mehr auf einem bestimmten *dress code,* doch es ist nie falsch, ein Jacket und eine Krawatte dabei zu haben. Hosen werden bei Frauen überall toleriert. In luxuriöseren Unterkünften kleidet man sich zum Dinner entweder elegant oder sportlich, immer aber dezent.

UNTERWEGS
M WEST COUNTRY

Ein Leitfaden für die Reise und viele Tipps für unterwegs.

Genaue Beschreibungen von Städten und Dörfern, Sehenswürdigkeiten und Stränden, Ausflugszielen und Reiserouten.

Südwestengland erleben: Ausgesuchte Country Hotels und B&Bs, Pubs und Restaurants, Wanderungen und Bootstouren.

Fähre zum Trelissick Garden bei Falmouth

FERRY

Bath & Bristol

Floating Harbour, Bristol

Reise-Atlas S. 238, B 1

BATH

Das elegante Bath mit seiner seit dem 18. Jh. kaum veränderten Architektur aus einem Guss trägt inzwischen seinen Namen wieder zu Recht: Bath ist wieder Bath, ein Badeort. Die neu eröffnete Therme, eine gelungene Mischung aus Naturwunder, Weltkulturerbe und zeitgenössischer Architektur, macht die Stadt für Einwohner wie Besucher zu einem vollendeten Erlebnis.

Reise-Atlas: S. 238, B 1

Genaugenommen gibt es seit August 2003 zwei Baths: einerseits die historische Kleinstadt und andererseits einen zu neuem Leben und Lebensstil erwachten Badeort. Jahrzehntelang wurde Bath zu einem der beliebtesten Reiseziele stilisiert, dessen Name ebenso Geschichte geworden war wie dessen Architektur. Mittlerweile, nach fünf Jahren Bauarbeiten und 23 Millionen Pfund Investitionen, ist die neue Therme entstanden und hat wieder einen Badeort aus der Stadt gemacht. Dass mit der Modernisierung der alten römischen Bäder ein bedeutender Fortschritt in der Entwicklung der Stadt stattfand, wird angesichts des jahrzehntelangen Stillstands jeglicher Badekultur deutlich. Bis zum Jahr 2003 waren die Römischen Bäder und ihre Geschichte Museum und Ausstellungsgegenstand. Heute liefern die erweiterten Anlagen sowohl Historie als auch Wellness von Kopf bis Fuß (s. Tipp-Kasten S. 55).

Stadtgeschichte

Nach einer keltischen Legende hat der leprakranke Schweinehirt Bladud die Heilquellen von Bath entdeckt. Er beobachtete, dass seine Tiere sich mit Vorliebe an immer derselben Stelle suhlten und so auf rätselhafte Weise Wunden heilten. Dort entdeckte er die Quellen, und ihre Heilkraft machte auch ihn gesund. Nachdem er König geworden war, ließ er später an dieser Stelle einen Tempel bauen. Das keltische Heiligtum war Sitz der Göttin Sul, weshalb es von den Römern später Aquae Sulis genannt wurde. Die Römer widmeten hier der Göttin Minerva einen Tempel; er wurde das Zentrum der römischen Bäder.

Im Jahr 675 entstand unweit der heutigen Bath Abbey ein sächsisches Kloster. In seiner Abteikirche wurde 973 Englands erster König Edgar gekrönt. Bäder und Tempel verfielen jedoch noch vor der normannischen Eroberung im 11. Jh. und wurden erst 1790 vollständig wieder entdeckt und freigelegt.

Im Mittelalter waren viele gebrechliche Menschen in die Stadt gepilgert. Sie erhofften sich vom Wasser des King's Spring in Cross Bath und Hot Bath Heilung ihrer Leiden. Im 17. Jh. klagt der Chronist Samuel Pepys, das Wasser könne wohl kaum sauber sein bei diesen vielen Menschen. Er selbst aber ließ es sich bei Konversation in vornehmer Gesellschaft im Quellenbad recht gut gehen. Immerhin sprudeln hier seit Jahr und Tag eine Million Liter Wasser täglich aus dem Boden. Ende des 17. Jh. kam Queen Anne wiederholt zu Besuch und verlieh der Kurstadt so gesellschaftlichen Status.

Endgültig *fashionable* wurde Bath mit Erscheinen des schmucken Londoner Ex-Offiziers, Dandys und Spielers Richard ›Beau‹ Nash. Er wurde 1704 Baths Zeremonienmeister und gab in Fragen der Mode und Etikette den Ton an. Sein Einfluss auf Architektur und Stadtplanung hat sich beispielsweise im Pump Room niedergeschlagen, dem Kurhaus, wo sich seinerzeit die vornehmste Londoner Gesellschaft blicken ließ. Unter Beau Nashs Geschmacksdiktat war die Stadt zum Saisontreff der Upper Classes aufgeblüht, bevor ihr das viktorianische Brighton den Rang ablief. Besonders scharf beobachtete Jane Austen die ›Szene‹, wie wir das städtische Gesellschaftsleben heute nennen würden. In ihren Romanen ›Northanger Abbey‹ (dt. ›Die Abtei von Northanger‹) und ›Persuasion‹ (dt. ›Überredungskunst‹) beschreibt sie das Bath des späten 18. Jh. mit viel Ironie und Kritik.

Die architektonische Entwicklung des heute 86 000 Einwohner zählenden Bath blieb nach dem Jahre 1830 stehen wie eine Uhr. Seither sind die georgianischen Stadthäuser der Architekten Vater und Sohn John Wood nach dem Vorbild des italienischen Architekten Palladio (1508–1580), verbindliche Stilrichtung. Die Regency Crescents, halbrunde Häuserreihen mit gleichförmigen Fassaden, machten Karriere in ganzen England. Seinen

Wellness-Mekka Bath

Es besteht kein Zweifel, dass das ohnehin schon attraktive Bath mit seinem anspruchsvollen Thermalbad den Durchbruch zu einem Wellness-Mekka geschafft hat. Endlich, sagen viele, denn die natürlichen Quellen liefern der Stadt seit eh und je eine Million Liter 45 °C heißes Heilwasser täglich. Dieser Schatz wird in The Thermae Bath Spa nun in allen erdenklichen Formen genutzt: Flotation Massage, Wasser-Shiatsu und Hydrotherapy gehören neben anderen Verwöhnerlebnissen zum Standard. Innerhalb der eindrucksvollen Anlagen werden außerdem T'ai Chi, Pilates und Yoga angeboten – und das alles in einem der größten europäischen Bäder mit natürlichen Quellen (tgl. 9–22 Uhr, Tel. 01225-47 70 51, www.thermaebathspa.com, The Hetling Pump Room, Hot Bath Street – gleich gegenüber der Pump Rooms).

vornehmen Glanz verdankt Bath der Pflege dieses Stadtbildes. Der kostspielige Bath-Stein blieb auch zu Zeiten, als der rote Reihenhaus-Ziegel, im ganzen Land seinen Siegeszug antrat, das Pflichtmaterial für die Fassaden von Bath – und so ist es bis heute: Einfaches Mauerwerk wird mit einer dünnen Schicht des kostbaren gelben Kalksteins verblendet.

Stadtrundgang

Für einen Rundgang zu den wichtigsten Sehenswürdigkeiten sollte man einen ganzen Tag einplanen. Die **Roman Baths** und der **Pump Room** 1, wo das Trinken des »nach Bügeleisen« schmeckenden Heilwassers (Charles Dickens) zum gesellschaftlichen Ereignis wurde, liegen heute in der unmittelbar angrenzenden Fußgängerzone. Das Wasser kann man noch heute probieren. Roman Baths & Pump Room, März–Juni, Sept./Okt. 9–18, Aug. 9–22, Nov.–Feb, 9.30–17.30 Uhr, letzter Einlass jeweils 1 Std. früher (Eintrittskarten kombiniert mit Museum of Costume).

Bath Abbey 2 wurde zwischen 1499 und 1540 ganz im spätgotischen *Perpendicular Style* erbaut. Besonders sehenswert ist das große Fenster der Westfassade. Auf den Ziertürmen rechts und links davon klettern Engel die Himmelsleiter hinauf und hinab. Innen sind vor allem die Glasmalereien, besonders das große Ostfenster mit den 56 Szenen aus dem Leben Christi, sehenswert.

Weiter sollte der Spaziergang zum rechteckigen Queen Square führen, Architekt John Wood wohnte in einem der eleganten Häuser mit einheitlichen Fassaden. Queen Square wurde zum Vorbild unendlich vieler Squares in ganz England. Die Gay Street mündet in den **Circus** 3, dessen kreisrunde Eleganz vom Halbrund des **Royal Crescent** 4 noch gesteigert wird: Wunderschön geschwungene Reihenhäuser der Luxusklasse mit Säulenfassaden und Vorgärten hinter schmiedeeisernen Gittern: heute wie damals eine erste Adresse.

Sehenswürdigkeiten

1 Roman Baths und Pump Room
2 Bath Abbey
3 Circus
4 Royal Crescent
5 Assembly Rooms (Modemuseum)
6 Huntingdon Centre/ Building of Bath Museum
7 Pulteney Bridge
8 Holburne Museum

Unterkunft

9 The Royal Crescent Hotel
10 Combe Grove Manor
11 Cheriton House
12 Haydon House
13 Flaxley Villa
14 Jugendherberge (YHA Bath)

Essen & Trinken

15 Lettonie
16 The Olive Tree Restaurant
17 The Hole in the Wall
18 No. 5 Restaurant
19 Tilley's Bistro
20 Demuths

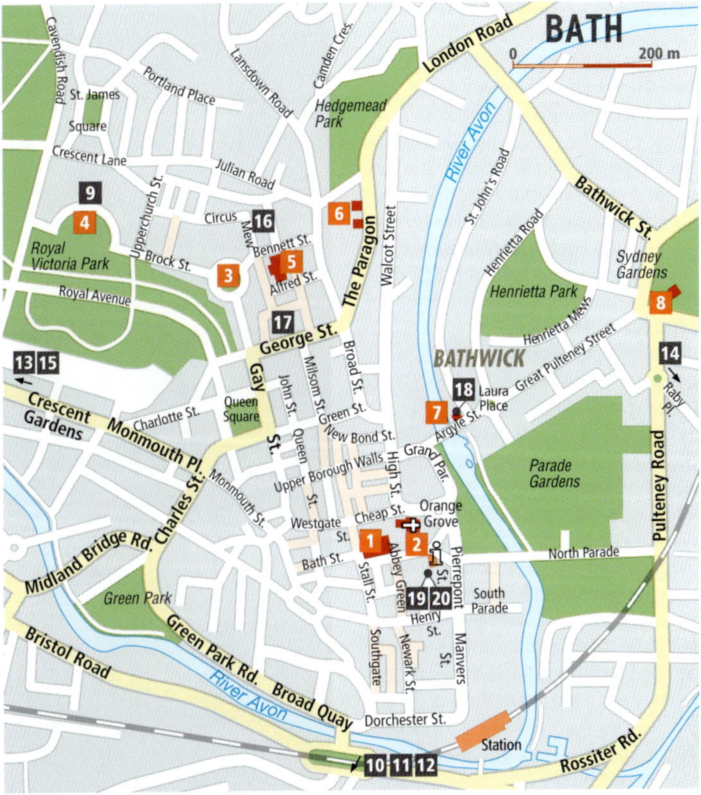

Östlich des Circus liegen die **Assembly Rooms** 5 mit dem sehenswerten Modemuseum. Die prachtvolle Architektur, ebenfalls von John Wood, zeugt von der Bedeutung der Geselligkeit in Bath. Hier veranstaltete man Bankette, Bälle und Spielabende. Durch die Räume des Modemuseums führt ein unterhaltsamer Audio-Guide. Museum of Costume, Bennett Street, Mo–Sa 10–17 Uhr, So 11–17 Uhr (Eintrittskarten kombiniert mit Roman Baths, www.romanbaths.co.uk).

Ein Abstecher ins **Huntingdon Centre** 6 mit dem Building of Bath Museum lohnt, wenn man sich für Architektur und Geschichte von Bath interessiert (The Paragon, Di–So 10.30–17 Uhr, letzter Einlass 16.15 Uhr). Die Ausstellung in der Kapelle der Gräfin von Huntingdon (18. Jh.) beleuchtet die Entstehung der georgianischen Bauten.

Stadtplan: S. 57

Bath Abbey am Abend

Wer denkt beim Anblick der **Pulteney Bridge** 7, die Robert Adam entwarf, nicht an Italien? Vorbild der bebauten Brücke mit kleinen Läden war der Ponte Vecchio in Florenz. Die elegante Allee der Great Pulteney Street auf der anderen Seite des River Avon führt auf das **Holburne Museum** 8 zu: eine palladianische Villa, in der Gemälde von Turner und Gainsborough zu sehen sind, außerdem Porzellan, Silber und Kunsthandwerk aus der Blütezeit der Stadt (Mitte Feb.–Mitte Dez. Di–Sa 10–17, Sa 14.30–17.30, Uhr).

Reizvoll ist auch ein nächtlicher Spaziergang durch das romantisch beleuchtete Bath, und wer einen Abend oder Tag zusätzlich Zeit hat, sollte auch die weniger geschäftigen, verwinkelten Gassen und Straßen an den steilen Hängen der Stadt erforschen. Ihre ockerfarbenen Häuserzeilen strahlen mit jeder Tageszeit ein anderes Licht ab, und ihre Hügelkuppen geben immer wieder neue Ausblicke frei.

Bath Tourism & Conference Bureau: Abbey Chambers, Abbey Church Yard, Tel. 0 90 67-11 20 00 (nur aus UK, 50 p/Min.) oder, aus dem Ausland: Tel. 00 44-870-444 64 42 www.visitbath.co.uk. HAktuelle Informationen zu Rundgängen, Ausstellungen, Veranstaltungen etc.

The Royal Crescent Hotel 9: 16 Royal Crescent, Tel. 012 25-82 33 33, Fax. 33 94 01, www.royalcrescent.co.uk. Das 5-Sterne-Luxus-Hotel am Ort, DZ ohne Frühstück ab £ 240.

Combe Grove Manor 10 : Brassknocker Hill, Monkton Combe, Bath, Tel. 012 25-83 46 44, Fax 83 49 68. Kleines Country House-Hotel 10 Autominuten von Bath in schöner Lage, DZ mit Frühstück £ 110.

Cheriton House 11: 9 Upper Oldfield Park, Tel. 012 25-42 98 62, Fax 42 84 03, www.cheritonhouse.co.uk. Hotel mit herr-

lichem Blick auf die Stadt, DZ £ 66–85.
Haydon House 12: 9 Bloomfield Park, Bath, Tel. 012 25-44 49 19, www.haydonhouse.co.uk. Stilvolles First-Class-Hotel (Nichtraucher) mit schönem Garten, 10 Minuten zu Fuß vom Zentrum, DZ £ 65–90 mit Frühstück.

Flaxley Villa 13: 9 Newbridge Hill, Tel. 012 25-31 32 37. Wohnliches B&B 10 Fußminuten vom Zentrum, DZ £ 50 mit Frühstück.

Jugendherberge 14: YHA Bath, Bathwick Hill, Tel. 012 25-46 56 74, Fax 48 59 47, bath@yha.org.uk. Zehn Fußminuten vom Zentrum, Doppel-, 4-Bett- oder Gruppenzimmer und Schlafsaal, ab £ 11,50 pro Person.

Lettonie 15 s. Tipp-Kasten
The Olive Tree Restaurant 16: Russel Street, Tel. 01225-44 79 28. Gute, mediterran orientierte Küche, mittags/abends, £ 30 pro Person mit Wein, plus kleines, nobles Hotel mit Charme, ausschließlich DZ, £ 135–225.
The Hole in the Wall 17: 16 George Street, Tel. 012 25-42 52 42. Neue englische Küche mit ausgesuchter Weinliste, £ 25 pro Person mit Wein.
No. 5 Restaurant 18: 5 Argyle Street, Tel. 012 25-44 44 99. Gute Bistro-Küche, £ 23–30 für ein 3-Gänge-Menü mit Wein pro Person.
Tilley's Bistro 19: 3 North Parade Passage, Tel. 012 25-48 42 00. Französische Bistro-Küche,um £ 10 mittags pro Person, abends um £ 20 pro Person.
Demuths 20 : North Parade Passage, Tel. 012 25-44 60 59. Vegetarisch, preiswert und variationsreich, £ 5–6 Mittagessen, abends um £ 20 pro Person.

Lettonie

Ein kulinarisches Highlight in Bath ist **Lettonie** 15, das einzige Restaurant mit zwei Michelin-Sternen in Bath und Umgebung, geführt von den miteinander verheirateten Spitzenköchen Martin und Sian Blunos. Feine, raffinierte Küche, die in einem für englische Verhältnisse bemerkenswerten Preis-Leistungsverhältnis steht: 3-Gang-Lunch ohne Wein £ 25, 3-Gang-Dinner ohne Wein £ 47,50, Vorausbuchung empfohlen: Lettonie, 35 Kelston Road, Tel. 012 25-44 66 76 – auch Zimmer.

Literatur- und Shakespearefestival im März;
Internationales Musikfestival im Mai/Juni;
Jane-Austen-Festival im Sept.

Stadtführungen: Gut geschulte ehrenamtliche *Mayor's Honorary Guides* führen Touristen kostenlos zu den architektonischen und historischen Sehenswürdigkeiten von Bath (Bath Walking Tours, tgl. 16.30, So–Fr auch 14 Uhr, Treffpunkt: am Eingang der Pump Rooms, Dauer: 2 Std.).
›Bizarre Bath‹-Tour: Man sollte sich auf eine Wanderung gefasst machen, die zwischendurch zu einer Art Straßentheater ausartet. Wie eigenwillig, humorvoll und pietätlos diese Stadtführungen sind, erkennt man am besten mit guten Sprachkenntnissen (April–Sept., 20 Uhr ab North Parade).

Im **Zentrum** von Bath findet man reiche Auswahl an Antiquitäten, Büchern, Souvenirs und die für englische Städte typischen High-Street-Ladenketten für Kleidung und junge Mode.
Guildhall Market: Markthalle mit Gemüse und Obst Mo–Sa 9–17.30 Uhr; viele **Kunsthandwerksläden** liegen im Walcot-Viertel; The Top of Bath um George Street und Bartlett Street bietet eine Fülle von Antiquitätengeschäften.

Bahn: von London Paddington mit First Great Western Trains (www.firstgreatwestern.com) mehrmals tgl.
Bus: von London Victoria Coach Station/London Heathrow fahren National Express Busse (www.britishtravel.com) im 2-Std.-Takt, 10 x tgl. nach Bath

BRISTOL

Im Gegensatz zum kleinstädtischen Bath könnte Bristol als urbaner Kontrapunkt auf dem Reisemenü stehen: kosmopolitisch, kreativ und kulturbewusst, ganz junge Gegenwart. Zwar ist die historische Bausubstanz mit zeitgenössischen Erfolgen und Fehltritten durchsetzt und die Stadt nicht so touristisch aufbereitet wie Bath. Die lebendige Hafenstadt ist dennoch für Besucher vielseitig und attraktiv.

Reise-Atlas: S. 238, B 1

Bis heute haftet Bristol (ca. 382 000 Einw.) ein negatives Bild aus tadelnswerter Kolonialgeschichte, sozialen Konflikten und miserabler Verkehrsführung an. Die Stadt, die im 18. Jh. mit dem Sklavenhandel reich wurde, trafen nach dem Niedergang der Hafenindustrie in den 1970er Jahren ganz besonders die strukturellen Veränderungen. Der Name Bristol verband sich mit hoher Arbeitslosigkeit und Architektur-Sünden. Dass Bildung und Kultur hier mittlerweile Priorität genießen, tritt erst seit den 1990er Jahren mit Nachdruck ins Bewusstsein. Die Akademikerrate ist hier, neben ausgesuchten Gegenden in London, die höchste im ganzen Land: Bristol University nimmt es locker mit den britischen Elite-Unis auf, die hiesige Aerospace-, Finanz- und Kommunikationsindustrie stellt hohe Ansprüche. So liegt in der Stadt eine gewisse Intelligenz in der Luft. Die BBC hat in Bristol ihr wichtigstes Standbein neben London, und manches College profiliert sich mit hochbegabten Absolventen.

So war auch der Bristol Sound kaum zu überhören (s. S. 73). Massive Attack ist nicht nur ein cooler Band-Name, sondern auch ein massiver Angriff auf ein veraltetes Image. Talente sucht man auch jenseits der Clubs und Pubs nicht vergebens. Bristol ist weltweit führendes Zentrum für Cartoons und Zeichentrickfilme. Trickfilme aller Couleur werden hier konzipiert, gezeichnet und getextet. Bristol ist Heimat der Cartoonfiguren ›Wallace and Gromit‹, und könnte man die beiden Kultfiguren fragen, so wären sie vermutlich überzeugte *Bristolians.*

In Bristol lebt man bewusst – und die Bewohner nutzen ihre Stadt mit Stil. Die Essenz des Stadtlebens ist Ausgehen, Kommunikation und Kulturgeschehen. Dazu kommt ein hochentwickeltes Dienstleistungsbewusstsein, Spaß an Professionalität und das über Jahrhunderte gewachsene kommerzielle Talent der Angelsachsen. Bristol bietet nicht, wie viele englische Ortschaften, die Bilderbuchkulisse eines vergangenen Idylls, sondern lebendige Modernität.

Stadtrundgang

Floating Harbour

Bristol ist rund um seinen Flusshafen gewachsen. Die heftigen Gezeitenströmungen bereiteten manchem Schiff sein Ende – heute sorgt der Floating Harbour für ein beruhigtes Anlege-System. Der Avon schlängelt sich durch die Stadt und speist die Kanalanlage in diesem historisch bedeutenden Hafen: Rum, Tabak und Sklaven wurden hier umgeschlagen. Zwei bemerkenswerte Zeugnisse des technischen Fortschritts im 19. Jh. hinterließ der gefei-

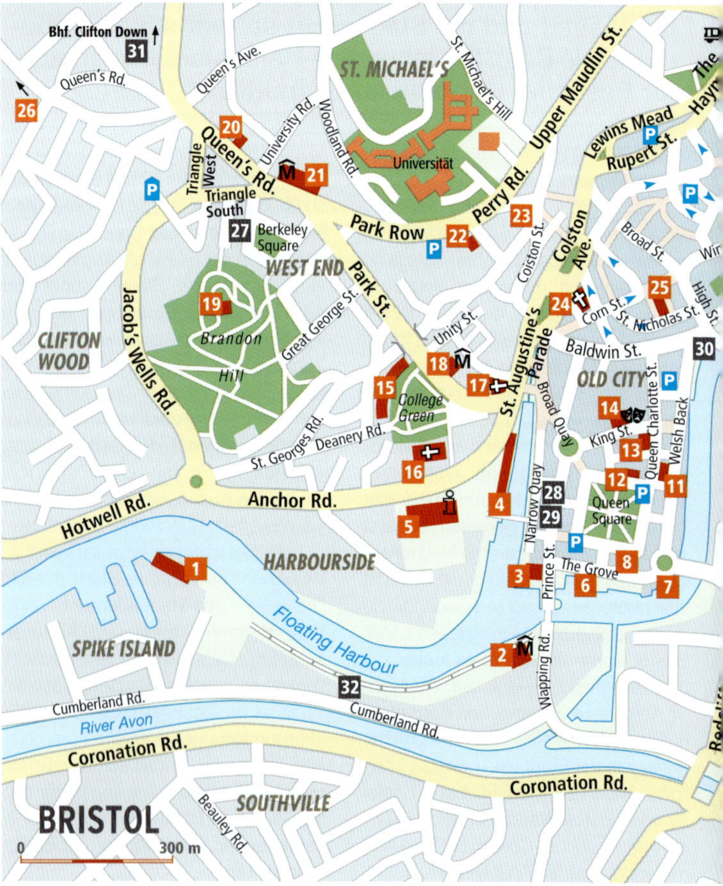

erte britische Ingenieur Isambard Kingdom Brunel, das eine auf und das andere über dem Wasser: die SS Great Britain und die Clifton Suspension Bridge (s. S. 71). Beide waren Pionierleistungen: Die **SS Great Britain** 1 war damals der größte Segler aller Zeiten. Da das Schiff zusätzlich mit Dampf an-

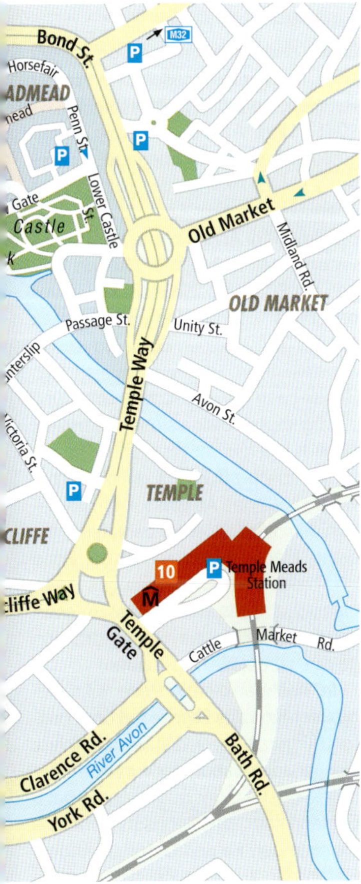

Sehenswürdigkeiten

1 SS Great Britain
2 Industrial Museum
3 Arnolfini Arts Centre
4 Watershed Media Centre
5 At-Bristol
6 Mud Dock
7 River Station
8 Hole in the Wall
9 St. Mary Redcliffe
10 Empire & Commonwealth Museum
11 Granary
12 Merchant Venturer's Almshouses
13 Llandoger Trow
14 Theatre Royal
15 Rathaus
16 Bristol Cathedral
17 Lord Mayor's Chapel
18 Harvey's Wine Cellar und Museum
19 Cabot Tower
20 Wills Memorial Tower
21 City Museum and Art Gallery
22 Red Lodge
23 Foster's Almshouses
24 St. Stephen's Church
25 The Nails
26 Clifton Suspension Bridge

Unterkunft

27 Berkeley Square Hotel
28 Jurys Bristol Hotel
29 Jugendherberge: YHA Bristol

Essen & Trinken

30 Glass Boat
31 Colley's Supper Rooms
32 Brunel's Buttery

getrieben wurde, reduzierte sich die Reisezeit über den Atlantik erheblich. Dem Ozeanriesen aus Gusseisenplatten trauten viele Passagiere wegen seines Gewichts seinerzeit keine Atlantikreise zu und zogen ihre Buchungen zurück. Davon unbeeindruckt, umsegelte die SS Great Britain die Erde 32 mal – bis ein Sturm bei Kap Horn das Schiff zum Kentern brachte. Nach hundert Jahren auf dem Meeresgrund zog man das Schiff 1968 wieder in dasselbe Trockendock, in dem es gebaut

At-Bristol 5

Im At-Bristol (At-Bristol), dessen Bau 97 Mio. £ verschlang, manifestiert sich das angelsächsische Talent, Naturwissenschaft spannend und Technologie begreifbar zu machen: ob man Ungeahntes über die Artenvielfalt der Erde erfahren möchte, sich lieber mit dem menschlichen Gehirn beschäftigt oder die neueste Kommunikationstechnologie ausprobieren will: Handfeste Erfahrung und interaktives Erleben steht im At-Bristol für alle Besucher im Vordergrund. Experimente, Filme, Erlebnis- und Naturräume sind für alle Altersgruppen geeignet. Man sollte sich mindestens 2–3 Stunden Zeit nehmen. Wechselnde Veranstaltungen runden das vielfältige Angebot ab (Harbourside, Anchor Road, www.at-bristol.org.uk, tgl. 10–18 Uhr, mit Parkmöglichkeit, Restaurants, Cafes und Geschäften).

worden war. Bei einer Führung erhalten Besucher Einblick in die derzeit laufenden Restaurierungsarbeiten am Schiff (April–Okt. tgl. 10–17.30, Nov.–März 10–16.30 Uhr, www.ss-great-britain.com).

Museen am Hafen

Das **Industrial Museum** 2 liegt auf derselben Seite östlich der SS Great Britain und versammelt Zeugnisse der britischen Industriegeschichte von der Rangierlok bis zum Dampfkran (Sa–Mi 10–17 Uhr). An der U-förmig eingeschlossenen Uferpromenade profitieren zwei Bastionen der Kulturszene ebenfalls von ihrer Lage am Wasser: das **Arnolfini Arts Centre** 3, ehemals viktorianisches Teelager (wegen Umbau bis 2005 geschlossen) sowie das gegenüberliegende **Watershed Media Centre** 4 mit seinen Bars und Kunstausstellungen. Hier scheint sich halb Bristol nach der Arbeit zum Drink und zu angeregten Diskussionen zu treffen. Abends legen in der Watershed Bar unterschiedliche DJ's auf. Neu eröffnet wurde 2002 das **At-Bristol** 5, das neben dem Media Centre beinah die gesamte Fläche zwischen Anchor Road und Hafen einimmt: ein riesiges Erlebnismuseum, das im Zuge der Hafenerneuerung im Nu zur Hauptattraktion gekürt wurde. (s. Tipp-Kasten)

In nachdenklicher Pose sitzt ein großer Mann aus Bronze auf dem breiten Bürgersteig vor dem Arnolfini Arts Centre: John Cabot, der Vorzeige-Seefahrer Bristols, der aus Venedig nach England kam, um ›Sponsoren‹ für eine Reise in den Fernen Osten zu finden. Er fand nicht nur Sponsoren, sondern

River Station – einst Polizeistation, heute ein schickes Restaurant

gleich ein neues Land: Im Mai 1497 lief er mit dem Schiff ›Matthew‹ aus dem Hafen von Bristol aus. Fünf Wochen später landete er auf ›neu gefundenem Land‹, Neufundland, wie der Name treffend sagt. Ganz gleich, in welcher Richtung man John Cabot verlässt: Am Kanal und in den Straßen und Gassen der Altstadt leidet man keinen Moment an Langeweile. Mitten im Geschehen liegen sich Jugendherberge und Großhotel gegenüber: Das Youth Hostel genießt dasselbe Privileg der Spitzenlage am Narrow Quay wie das Jurys Bristol Hotel, dessen 150 Zimmer unter der Woche fast immer belegt sind.

Das dem Arnolfini benachbarte **Mud Dock** [6] ist heute ein Fahrradgeschäft. Der Name aus Zeiten, bevor es den Floating Harbour gab, ist recht präzise; sanft sanken die Boote bei Ebbe in den weichen Schlamm des ›Matschdocks‹ und konnten hier und da ausgebessert werden, ohne Schaden zu leiden. Ebenso sanft sinken heute die Gäste in die Stühle der oberen Etage, denn der Name steht auch für eins der beliebtesten Kneipen-Restaurants der Stadt.

River Station [7], das ehemalige Quartier der Hafenpolizei in der Straße The Grove wurde zu einem lichten, modernen Restaurant aus Holz und Glas umgebaut: Gekonnt und nicht ganz billig.

Das Pub **The Hole in the Wall** [8] gegenüber der River Station hat nicht nur durch Erwähnung in Stevensons ›Schatzinsel‹ Ruhm erworben. Aus seinem kleinen Wärterhäuschen spähte ein Wachposten in die Ferne, um zu sehen, ob vom Hafen so genannte *press gangs* anrückten – Seefahrerbanden, die in Bristols Pubs einfielen, berauschte Matrosen auf ihre Schiffe verschleppten und sie zu ernüchternden Frondiensten auf hoher See zwangen.

St. Mary Redcliffe

Auf dem Kliff gegenüber sieht man den Eingang zu einem Tunnelsystem, das bis heute nicht ganz freigelegt wurde. Stolz thronen die dicht an dicht gebauten alten Reihenhäuser auf dem Kliff. Man hat außerdem einen besonders guten Blick auf ein markantes Stück Skyline von Bristol: **St. Mary Redcliffe** 9, eine der schönsten englischen Kirchen, deren Bau im 13. Jh. begann. Besonders sehenswert sind das orientalisch anmutende Nordportal von 1325 und das Fächergewölbe im Langschiff aus dem 15. Jh. mit 1200 vergoldeten Schlusssteinen. William Penn, Admiral und Gründungsvater, hat in der Kirche ein Grabmal und ein Fenster erinnert an Georg Friedrich Händel, der hier oft die Orgel spielte. Den Walknochen über dem Eingang, so vermutet man, hat John Cabot aus Neufundland mitgebracht. Nicht die große Kathedrale, sondern St. Mary Redcliffe war die Kirche der Seefahrer und Kaufleute. Hier beteten sie für eine sichere Überfahrt. Ihren Namen verdankt die Kirche dem Sandsteinkliff, auf dem sie steht (Mai–Okt. tgl. 9–17, Nov.–April 9–16 Uhr).

Das 2003 eröffnete **Empire & Commonwealth Museum** 10 im ehemaligen Bahnhofsgebäude, Old Bristol Station (gleich neben der heutigen Temple Meads Station), wirft einen durchaus kritischen Blick auf 500 Jahre britische Kolonialgeschichte und schlägt mit Wechselausstellungen zu Themen wie Migration und Ferntourismus einen Bogen bis zur Gegenwart (tgl. außer Weihnachten 10–17 Uhr, www.empiremuseum.com). Das neogotische Gebäude selbst entwarf wiederum kein anderer als Isambard Kingdom Brunel.

Vom Queen Square zum Brandon Hill Park

Zurück am Hafen: Der für englische Verhältnisse ungewöhnlich große Queen Square war ehemals die erste Adresse für Kaufleute, die von hier aus ihre Geschäfte betrieben: stolze Stadtarchitektur aus dem frühen 18. Jh. Hafengerüche trieben die wohlhabenden Kaufleute später ins vornehme Clifton. Zurück auf dem Queen Square blieb die Reiterstatue von Wilhelm III.

Der Weg führt über die Queen Charlotte Street zur King Street. In den Straßen der Altstadt, die vom Floating Harbour umgeben ist, finden sich Bristols älteste Bauten. Von der **Granary** 11 lasse man sich jedoch nicht täuschen: Der orientalisch anmutende alte Kornspeicher aus roten Ziegeln wird zwar ›Bristol Byzantine‹ genannt, repräsentiert jedoch den typischen viktorianischen Geschmack des 19. Jh. Der früher legendäre Rock-Club wurde inzwischen zu Appartements umgestaltet und ist heute begehrte Wohnanlage.

Die King Street wurde im Jahr 1633 angelegt. Einige Gebäude aus dem 17. Jh. haben überlebt, wie beispielsweise die **Merchant Venturer's Almshouses** 12, Armenhäuser für betagte Seeleute.

Backstein-Pracht: The Granary, Kornspeicher aus Queen Victorias Zeiten

In ihrem Stammlokal, dem Fachwerk-Pub **Llandoger Trow** 13, ist Daniel Defoe seinem Robinson Crusoe, dem Matrosen Alexander Selkirk, begegnet. Das Prachtstück der historischen Straße ist das **Theatre Royal** 14, Englands älteste noch heute bespielte Bühne. 1766 wurde das Theater eröffnet, und der Zuschauerraum in georgianischem Stil blieb bis heute unverändert. Typisch angelsächsisch ist die Baufinanzierung: Mit 50 Pfund pro Nase teilten sich 49 erfolgreiche Kaufleute die Kosten und erhielten dafür eine Silbermedaille, mit der sie selbst oder ihre Erben jede beliebige Vorstellung besuchen konnten. Einige der silbernen Freikarten haben überlebt und sind bis zum heutigen Tag gültig. Auch das Sponsoring-Prinzip ist der englischen Kulturszene erhalten geblieben. Das renommierte Theaterensemble ›Bristol Old Vic‹ ist im Theatre Royal zu Hause.

Die City

Auch die City, die Gegend zwischen Old City am Hafen und West End, erkundet man am besten zu Fuß: Auf dem zentralen College Green dominiert der Eindruck des riesigen, im Halbkreis gebauten **Rathauses** 15 aus dem Jahr 1938.

Makellos steht indes die **Bristol Cathedral** 16 (tgl. 8–18 Uhr) am Rande der grünen Fläche, als wolle sie den vielen Besuchern und Studenten, die sich bei Sonnenschein dort niederlassen, Platz machen. Im 12. Jh. als Klosterkirche erbaut, wurde sie bei Auflösung der Klöster durch Heinrich VIII. zur Kathedrale. Der Chor gehört in sei-

ner Dekorationsfülle zu den schönsten Beispielen englischer Gotik. In der Elder Lady Chapel aus dem frühen 13. Jh. findet man an den Kapitellen mittelalterliche Tierreliefs: z. B. einen pfiffigen Affen am Dudelsack in Begleitung eines Ziegenbocks an der Geige. Die Grabmäler der Äbte befinden sich im Südschiff. Durch eine Tür betritt man von hier das Chapter House, den Kapitelsaal aus dem 12. Jh. Ihn schmücken normannische Ornamente. Der Abbey Gateway verbindet Kathedrale und Stadtbibliothek. Lässt man seinen Blick von der Kathedrale rund um das College Green schweifen, ergreift einen das typische Bristol-Gefühl: nicht nur stilvolle Architektur, sondern auch brutale autofreundliche Stadtplanung der Nachkriegszeit prägen das Gesicht der City.

Die **Lord Mayor's Chapel** 17 an der Nordost-Seite des Greens ist corporately owned, fest in städtischer Hand, was den Kirchenvätern der Kathedrale gelegentlich ein Dorn im Auge ist.

Von der Park Street führen einige elegante kleine Straßen in den Brandon Hill Park, wo im späten 19. Jh. John Cabots Amerikareise mit einem Turm gewürdigt wurde, dem **Cabot Tower** 19. Der gut 30 m hohe Turm bietet den besten Panoramablick über die Stadt.

Zur alten Kornbörse

Auf der Queen's Road ragt **Wills Memorial Tower** 20 in die Höhe, das neugotische Wahrzeichen der Universität. Er wurde der Universität von ihren großzügigen Gönnern, der Wills-Familie, geschenkt. Diese Familie hat ihr Vermögen mit Tabakhandel und -verarbeitung gewonnen. In der Nähe vermittelt das **City Museum and Art Gallery** 21 Archäologie, Geologie, Naturgeschichte und die Geschichte der Industriegesellschaft. Der weit gefasste Rahmen der wechselnden Ausstellungen ist erstaunlich. Zum Besitz des Museums zählt ein Luther-Porträt von Lucas Cranach (Queen's Road, tgl. 10–17 Uhr).

Entlang der Park Row könnte man sich nun bergab Richtung **Christmas**

Harvey's Wine Cellar

Harvey's Wine Cellar 18 ist Geburtsstätte des ›Harvey's Bristol Cream‹. In jedem englischen Haushalt, der etwas auf sich hält, findet sich eine Flasche dieses berühmten Sherrys. Nicht nur Sherry, sondern darüber hinaus eine reiche Auswahl an Weinen bietet das dazugehörige Feinschmeckerlokal mit seinem sehenswerten Weinmuseum. Schaukästen mit kostbaren Likörgläsern, fein geschliffen und mit persönlichen Widmungen und Trinksprüchen graviert, säumen den Weg in die Kellergewölbe. Einst gehörten diese zu einem ursprünglich darüberliegenden Kloster. Die Gewölbe führen zur Lord Mayor's Chapel – nicht überraschend, denn Bristol ist an vielen Orten durch ein Netz aus Tunneln untergraben.

Steps bewegen. Man passiert dabei das Wohnhaus **Red Lodge** 22 aus dem 16. Jh. Heute Museum, illustriert es, wie ein Kaufmann im 19. Jh. lebte. Höhepunkt ist der Great Oak Room mit Holztäfelung und Kamin (April–Okt. Sa–Mi 10–17 Uhr). Am oberen Ende der Christmas Steps angelangt, liegen rechts **Foster's Almshouses** 23, ein weiteres, 1483 vom damaligen Bürgermeister Bristols, John Foster, gegründetes Armenhaus. Es überrascht mit der Chapel of Three Kings of Cologne. Sie wurde nach der Kapelle im Kölner Dom benannt und verdankt ihre Existenz den Rheinlandreisen des Kaufmanns John Foster.

Vorbei an der **St. Stephen's Church** 24, einer der ältesten Kirchen Bristols am Nordende der St. Stephen's Street, gelangt man schließlich auf die Corn Street. Vor der alten Kornbörse (Corn Exchange) stehen die vier ›Nägel‹, **The Nails** 25, auf denen das Korn geprüft wurde: vier hüfthohe Eisensäulen mit einem Teller für das Getreide. Die prompte Bezahlung nannte man *to pay on the nail.* Auch die Corn Street verändert im lebendigen Bristol ihr Gesicht: Die Banken wandern langsam in weniger frequentierte Straßen ab und machen Platz für ambitionierte Einzelhändler, die sich von der Laufkundschaft Umsatz versprechen.

Clifton

Die Lebensqualität im eleganten Stadtteil Clifton trägt bedeutend zum positiven Image Bristols bei. Ein Spaziergang auf dem **Royal York Crescent,** dem längsten Crescent der Welt, ist ein besonderes Erlebnis: 396 m elegante Architektur, Weitblick in die Natur sowie die Infrastruktur des nahe gelegenen Clifton Village machen diesen Ort zu einer hochbegehrten Adresse. Die Immobilienpreise sprechen für sich. Wer sich die pastellfarbenen Fassaden mit ihren kleinen überdachten Balkonen ansieht, kommt nicht ohne Weiteres auf die Idee, dass die geschwungene Häuserzeile im 18. Jh. nur knapp dem Schicksal eines Barackendaseins entronnen ist. 1793 ging den Finanziers das Geld aus. Die Regierung drohte, die halbfertigen Häuser zu kaufen und billig fertigzustellen, um sie anschließend als Kasernen zu nutzen. Das gefiel den wohlhabenden Anwohnern nicht, und wieder mal legte die *community* zusammen. Der *communal sense,* das Gefühl nachbarschaftlicher Zusammengehörigkeit, ist in England besonders entwickelt. Der Royal York Crescent bringt diese Balance zwischen Individualität und Gemeinsinn auf den Punkt: Seine identischen Teile bilden ein Ganzes. Gleichzeitig finden sich an den Häusern individuelle Details: Balkone und Dächer unterscheiden sich voneinander, die Fenster sind unterschiedlich gestaltet. Man denkt an die typisch englische Kunst, sein Benehmen stets dem Geist der Gemeinschaft anzupassen und sich dennoch mit exzentrischem Individualismus zu profilieren.

Die netten Bars, Cafés und Restaurants sowie die freundliche **Clifton Arcade** in der Boyces Avenue mit ihren Läden für Schmuck, Antiquitäten und Mode kann man kaum verfehlen. Das Café am Ende der Arkaden ist ein ideales Lunch-Restaurant.

Clifton und die Parklandschaften seiner Umgebung werden durch die Hängebrücke **Clifton Suspension Bridge** 26 miteinander verbunden, neben dem Schiff SS Great Britain (s. S. 63) das zweite Pionierwerk des Ingenieurs und Architekten Isambard Kingdom Brunel in Bristol. An eine Vollendung der kühnen Hängebrücke über die Avon-Schlucht in Clifton hatten ebenfalls nur wenige geglaubt. Ihr Schöpfer kam nicht mehr in den Genuss, sie zu sehen, denn er war bei ihrer Fertigstellung im Jahr 1864 bereits fünf Jahre tot. Der ursprüngliche Entwurf der Brücke war extravaganter als die Ausführung. Die Brücke schwebt 74 m über der Schlucht des River Avon. Den Viktorianern ging mitten im ohnehin schon zögerlich vorankommenden Bau das Geld aus, doch die Konstruktion reichte aus, um die Brückenbegeisterten in Körben über die Schlucht zu transportieren. Heute sollte man die Brücke schon wegen des Blicks zu Fuß oder mit dem Auto überqueren. Sie führt in die dichten Leigh Woods und die riesige Parklandschaft Ashton Court, wo seit Jahrzehnten im Sommer Open-Air-Festivals und -Konzerte stattfinden.

Bristol Tourist Information Centre: The Annexe, Wildscreen Walk, Harbourside, Tel. 090 67-11 21 91 (nur aus UK, vollständig wählen, 50 p/Min.), oder, aus dem Ausland: Tel. 00 44-870-444 06 54, www.visitbristol.co.uk, März–Okt. 10–18, Nov.–Feb. Mo–Sa 10–17, So 11–16 Uhr.

Berkeley Square Hotel 27: 15 Berkeley Square, Clifton, Tel. 01 17-92 40 00, Fax 925 29 70, www.cliftonhotels.co.uk. Beliebtes und belebtes Stadthotel. DZ £ 112 mit Frühstück.

Jurys Bristol Hotel 28: Prince Street, Tel. 01 17-923 03 33, Fax 923 03 00, DZ £ 84 Wochenende, £ 140 in der Woche, wird gern von Geschäftsleuten frequentiert.

Jugendherberge 29: YHA Bristol, Hayman House, 14 Narrow Quay, Tel. 01 17-922 16 59, Fax 087 07-70 57 27, www.yha.org.uk. Viel gelobte Jugendherberge mit Einzel- und Doppelzimmern in Spitzenlage. Um £ 16 pro Person mit Frühstück.

River Station 7: The Grove, Tel. 01 17-914 44 34. Ausgezeichnete, moderne europäische Küche, schmeckt auf der Terrasse besonders gut. Lunch £ 12,50 pro Person ohne Wein, Dinner £ 17,50 pro Person ohne Wein.

Glass Boat 30: Welsh Back, Tel. 01 17-929 07 04. Moderne englische Küche, gediegen und komfortabel, auf einem Hausboot. Menü ca £ 19 für 3 Gänge ohne Wein, à la carte ca £ 30 für drei Gänge ohne Wein.

Harveys Wine Cellar 17: 12 Denmark Street, Tel. 01 17-927 50 34. Sehr gute,

Clifton by night

Im Po Na Na sorgen zwei DJs allabendlich für Stimmung – der türkisch anmutende Club ist *die* Adresse in Clifton und ist bis 2 Uhr morgens geöffnet. Entspannt, gedrängt und unterhaltsam. Es ist ratsam, woanders zu essen, zum Beispiel im Muset, 12–16 Clifton Road, wo moderne englisch-mediterrane Küche (ca. £ 25 pro Person) vorherrscht (Tel. 01 17-973 29 20)

tradtionelle Küche in historischer Umgebung, Weinkarte mit über 500 Positionen. 3-Gang-Menü um £ 25, à la carte um £ 45. Sonntags geschlossen.
Mud Dock Cafe 6: 40 The Grove, Tel. 01 17-929 21 51. Unten Fahrradgeschäft, oben Restaurant: Beste anglo-mediterrane Küche, schöner Balkon bietet herrlichen Blick. Vorspeisen £ 4–5, Hauptspeisen £ 8–12.
Colleys Supper Rooms 31: 153 Whiteladies Road, Tel. 01 17-973 06 46. Lokale Institution seit 1972, unbedingt anmelden und pünktlich kommen: Hier isst man mit max. 35 Leuten gemeinsam dasselbe englisch-mediterrane 6-Gänge-Dinner ab 19.45 Uhr. £ 26,95 ohne Getränke.
Brunels Buttery 32: Wapping Wharf, The Harbourside. Beliebtes, preiswertes, einfaches Café, ideal für Snacks und kleine Mahlzeiten.

St. Nicholas Markets: Corn Street: Mo–Sa geöffnete Markthalle; Fr/Sa findet auf der **Corn Street** ein Kunsthandwerksmarkt ›Nails Street Market‹ statt, Mi (vormittags) werden auf dem Farmers' Market lokale Produkte angeboten.
Große moderne **Einkaufszentren** mit Filialen der überall in England allgegenwärtigen Ladenketten für Textilien, Schuhe usw. zeugen davon, dass Bristol das Shoppingzentrum Nummer eins in Südwestengland ist, z. B. The Galleries in **Broadmead,** und **Clifton Down Shopping Centre,** Whiteladies Road (nahe dem Bahnhof Clifton Down).
Weiter außerhalb liegt **The Mall** (nördlich des Zentrums, an der Autobahn M5).
Kleine **Kunsthandwerks- und Antiquitätenläden** haben sich vor allem im Stadtteil Clifton niedergelassen, z. B. Clifton Arcade, Boyces Street.
Bei **Bristol Blue Glass,** der Glasbläserei, in der das berühmte Bristol Blue Glass hergestellt wird, kann man die Arbeit von einer Besuchergalerie aus verfolgen und im Fabrikladen einkaufen (Unit 7, Whitby Road, Tel. 0117-972 08 18, www.bristolglass.co.uk).

Bath & Bristol aktuell

Das Magazin ›Venue Bath & Bristol‹ berichtet Aktuelles über die Szene, das Nachtleben, Film und Theater in den beiden Kulturstädten, an jedem Kiosk.

Bristol ist 24 Stunden lang geöffnet. Besonders die Altstadt um **King Street** scheint nachts erst richtig wach zu werden. Der Stadtrat von Bristol hat als erster die strengen englischen Sperrstunden aufgehoben. Das Nachtleben erkundet man am besten mit einem ›Venue Bath & Bristol‹ in der Tasche, der Stadtzeitung, oder mit dem Trendmagazin DV8 (›Deviate‹), denn das Programm der Clubs wechselt täglich, Beliebtheit und Trends befinden sich in ständigem Wandel.
The Llandoger Trow: King Street Ecke Welsh Bank. Bristols beliebtestes und vermutlich ältestes Pub.
The Old Duke: King Street, Ecke Queen Charlotte Street. Für Fans des traditionellen Jazz ein Muss, da in diesem etablierten Jazzclub fast jeden Abend ein hörenswertes live Jazz-Konzert stattfindet.
Club Lakota: Upper York Street, Tel. 0117-929 33 01, Fr, Sa 22–6 Uhr früh. Der Club gehört zu den langfristig angesagten Adressen und ist Prüfstein für die besten DJs Englands.
Po Na Na: s. Tipp-Kasten S. 71

Theater: In Bristol ist die renommierte Schauspieltruppe ›Bristol Old Vic‹ zu Hause, Shakespeare u.a. Auf-

BRISTOL SOUND

In Bristol ist eine der lebendigsten Musikszenen Englands entstanden; weit über seine Grenzen ertönt der so genannte ›Bristol Sound‹. Bands wie Massive Attack und Tricky mit ihrer Kombination von Hip Hop-Rhythmen und Scratching mit Rap, Reggae- und Soulelementen oder Portishead (benannt nach einem am Meer gelegenen Vorort im Westen der Stadt) mit seiner *sixties-cool-music* und raffinierten Jungle-Musikern wie Roni Size. Ihren Erfolg als Pop-Metropole verdankt die Stadt auch Nellee Hooper, Ex-Massive Attack-Mitglied und einer der erfolgreichsten Produzenten Bristols, u.a. von Soul II Soul, Björk, U2 und Madonna.

Die erste Band aus Bristol, die in den späten 1970ern von sich reden machte, war The Pop Group. Den Durchbruch schaffte Bristol 1991 mit dem Album ›Blue Lines‹ von Massive Attack. Warum aber gerade Bristol? Ein Grund für die musikalische Evolution der Stadt ist sicherlich ihre dynamische und facettenreiche Clubszene, die vor allem durch die Lockerung der Schankgesetze einen enormen Schub bekam. Auch die New Age-Festivals, die hier im Einzugsgebiet des nahen Glastonbury stattfinden, sowie die lebendige Outdoor Rave-Szene sind ein Teil von Bristols musikalischer Energie. Die Mixtur aus New Age und Techno lag ebenfalls voll im Trend der späten 1990er.

Dass Bristols Ruhm keine Eintagsfliege bleibt, ist anzunehmen. Zweifellos wird die Stadt auch künftig eigenwillige Non-Mainstream-Musik hervorbringen. Und wie es jüngst geschah, so wird's wohl auch bleiben: Szene, Off-Szene und Non-Mainstream werden von cleveren Produzenten etabliert. Der Nachwuchs schläft nicht – dazu ist in der Stadt ja auch viel zu viel los.

führungen im Theatre Royal, www.old-vic.co.uk, Tel. 0117-987 78 77.
Filme, Multimedia u.a. Events im Watershed Media Centre, Harbourside und (ab Sommer 2005) im Arnolfini Arts Centre

St. Paul's Carnival Anfang Juli mit Umzügen, Musik und Imbissbuden auf der Straße; **Open Air Konzerte** im Juli in den Leigh Woods; **Bristol Harbour Festival** Ende Juli/Anfang Aug.; **International Balloon Fiesta** Mitte Aug.: Hunderte Heißluftballons steigen vom Ashton Court Estate auf.

Stadtführungen: April–Sept., jeweils Sa 11 Uhr (Altstadt, City und alter Hafen) und 14 Uhr (Schwerpunkt: Maritimes Bristol), Treffpunkt am Visitor Information Centre, Harbourside

Flug: Internationaler Flughafen Bristol mit Flügen u. a. zu deutschen Flughäfen und nach London (www.bristol airport.co.uk).
Bahn: Züge von First Great Western fahren mehrmals tgl. von London Paddington Station nach Bristol Temple Meads,
National Express Busse fahren ca. 15 x tgl. von London/London Heathrow nach Bristol.
Stadtverkehr: Busse 8 und 9 nach Clifton, Fähren verkehren ganzjährig zwischen Zentrum und Broadmead.

Somerset

Heumahd
bei Winsford

Atlas S. 238, A–C 1/2

VON DEN MENDIP HILLS NACH GLASTONBURY UND WELLS

Somerset erinnert mit seinen Apfelplantagen an einen lieblichen Obstgarten. Cider und Käse sind die Produkte der Region, wunderbar für ein Picknick unterm Apfelbaum. Auf dem Weg nach Westen warten Kult(ur) und Kathedralen: ein Stopp im berühmten Glastonbury und ein Besuch in der Kathedralstadt Wells.

Die Mendip Hills sind ein im Grunde unspektakuläres Kalksteinplateau: die höchste Erhebung liegt kaum mehr als 300 m über dem Meeresspiegel. Doch steigt es abrupt aus dem ebenen Küstenland im Westen hervor und ist im Süden von flachem Weideland umgeben. So wirken die Hügel und die dramatische Schlucht Cheddar Gorge wie ein Stück ungebändigte Natur. Von Bath oder Bristol aus lassen sich schöne Tagestouren in die kleinen Städte und die ländliche Umgebung unternehmen – oder man schlägt sein Quartier im Grünen auf und macht Stadtausflüge. Meiden sollte man die trostlose Küste zwischen Bristol und Burnham.

Von Frome nach Glastonbury

Frome und Umgebung

Reise-Atlas: S. 238, B 2
Eine Tour durch das nördliche Somerset könnte in Frome beginnen. In den Hügeln am River Frome liegt diese Marktstadt mit ihren vielen unterschiedlichen Stadthäusern, niedlichen Cottages und georgianischen Gassen. Am Parkplatz gibt es gleich zwei Märkte: den Flohmarkt, wo man mit Glück vielleicht etwas Liebenswertes findet, und den Lebensmittelmarkt. Hier kann man frischen Fisch, Obst, preiswerten Cheddar-Käse und Fleisch erstehen. Vom Markttrubel erholt man sich beim steilen Aufstieg zu der wunderschönen Kirche St. John the Baptist und dem in herrlicher Ruhe gelegenen Friedhof. Bemerkenswert sind die Reliefs und die Marienkapelle mit ihren Kalksandstein-Ornamenten. An das Mittelalter erinnert auch die Cheap Street mit ihren Fachwerkhäusern. Zum Lunch empfielt sich hier das Crofts, mit seinem hausgebackenen Brot kulinarisches Juwel am Ort.

Die Kirche von **Beckington,** nördlich von Frome, besitzt den größten ornamentierten normannischen Turm Somersets. Gleich an der Hauptstraße sieht man ein ›Schiff aus Hecke‹ – hier hat ein Schafscherer seinem Talent zum Formschnitt Ausdruck verliehen und mittels Schere und Geschick eine Hecke in die Form eines Schiffes gebracht. Ein besonders freundliches Pub am Ort ist das Woolpack.

Zwei außerordentliche Sehenswürdigkeiten lohnen einen Abstecher in die östlich angrenzende Grafschaft Wiltshire: ca. 5 km südlich von Frome liegt **Longleat House,** ein klassisches Landschloss der englischen Frührenaissance, dessen Landschaftsgarten von ›Capability‹ Brown gestaltet wurde, mit Labyrinth und Safaripark (April–Okt. tgl. 10–18 Uhr, www.longleat.co.uk).

Der herrliche klassische Landschaftsgarten von **Stourhead** (ca. 15 km südlich von Frome) wurde im 18. Jh. im typisch englischen Stil angelegt und gehört zu den berühmtesten Anlagen dieser Art (tgl. 9–19 Uhr, Haus April–Okt. Sa–Mi 12–17.30 Uhr, Tel. 01747-84 11 52).

Shepton Mallet

Reise-Atlas: S. 238, B 2
Auf der A 361 hinter Frome Richtung Shepton Mallet tut sich eine besonders schöne Autostrecke auf. Den herrlichen Blick über Land krönt die in der Ferne aufragende Turmruine auf dem Glastonbury Tor. Pub-Liebhaber und Freunde guter Küche machen gern den Umweg über **Cranmore** jenseits der Landstraße. Das Strode Arms, ein herrliches Pub am Dorfweiher, besticht durch seine Lage und Atmosphäre sowie duch seine frische Küche. Kurz vor Shepton Mallet durchfährt man das winzige **Doulting** mit seiner hübschen Kirche und einem Herrenhaus aus dem 17. Jh. Der noch ältere Tithe Barn, jene Scheune nämlich, in der man in Feudalzeiten den zehnten Teil seiner Ernte zur Abgabe an den Landbesitzer abführte, war einst Eigentum der Mönche von Glastonbury.

Im Gefängnis von **Shepton Mallet** wurde während des Zweiten Weltkrieges das Domesday Book verwahrt. Über den Reichtum der ›Wollstadt‹ im 15. Jh. – zur Zeit der Sachsen hieß sie

First Class Wellness auf dem Lande

Ca. 18 km südlich von Bath hat ein Spa, wie englische Wellness-Oasen heißen, der sonst sehr ländlichen und einfachen Region zu gehobenem Lifestyle verholfen. Das Landhaus Babington House bietet alles, was man zum Wohlfühlen braucht: Wellness von Kopf bis Fuß, ein kleines Schwimmbad (innen und außen), stilvolle Zimmer, exquisite Küche und eine Parklandschaft, die Gäste vergessen lässt, dass es ein Leben nach Babington House gibt. An Wochenenden ist das Haus meist ausgebucht, daher empfiehlt sich rechtzeitige Buchung an den außerdem etwas günstigeren Wochentagen: Babington House, Somerset, Tel. 013 73-81 22 66, www.babingtonhouse.co.uk. DZ um £ 270, B&B in der Woche oder Halbpension DZ £ 280, am Wochenende DZ ohne Frühstück £ 290.

›Scaep Ton‹, Sheep Town – kann man in den Chroniken verschiedener Stadthäuser nachlesen. Der Marktstadt mit dem Octagon auf dem Marktplatz merkt man durch den regen Handel mit Naturprodukten an, dass Landwirtschaft in Somerset immer noch eine große Rolle spielt. Sehenswert ist die Pfarrkirche St. Peter and St. Paul mit ihrer hölzernen Kassettendecke. Zurück im Hier und Jetzt, zieht es manch einen in den gut sortierten Doc Shop, um ein neues Paar Schuhe Marke ›Doc Martens‹ zu erstehen.

Frome Tourist Office: The Round Tower, Cattle Market Car Park, Frome, Tel. 01373-46 72 71, Mo–Sa 10–17 Uhr

Ston Easton Park: Ston Easton, 17 km südl. von Bath, Tel. 017 61-24 16 31, Fax 24 13 77, www.stoneaston.co.uk. Palladianisches Landhaus der Nobelklasse, mit eigenem Wald und Park, Küchengarten, luxuriöse Räumlichkeiten zu Höchstpreisen, ab £ 135–420 pro Person mit Frühstück.

B&B Bowlish House: Wells Road, Bowlish, Shepton Mallet, Tel. 017 49-34 20 22, Fax 34 53 11, reservations@bowlish house.ffnet.co.uk. Kleines, georgianisches Landhaus, DZ £ 75–250 (Suite) mit Frühstück.

The Woolpack Inn: Beckington, Tel. 01373-83 12 44, www.thewoolpackinn.com, westlich der A36 zwischen Bath und Warminster. Freundliches Hotel zum Gastro-Pub (s. unten), DZ £ 80–110.

Woolpack: Beckington. Freundliches Gastro-Pub mit guter, englischer Landküche, Dinner um £ 20 pro Person ohne Wein.

Blostins: 29 Waterloo Road, Shepton Mallet, Tel. 017 49-34 36 48, Di–Sa 19–23 Uhr. Freundliches, kleines Bistro, innovative moderne britische Küche, £ 16,95 (3-Gänge-Menü).

Strode Arms: West Cranmore, Shepton Mallet, Tel. 017 49-88 04 51 (ausgeschildert von der A 361 zwischen Frome und Shepton Mallet). Gute englische Küche, Hauptgerichte £ 7–12.

Carpenter Arms: Stanton Wick, bei Pensford, Tel. 017 61-49 02 02, www.thecarpenters-arms.co.uk. Mit Übernachtungsmöglichkeit. Frische, lokale Spezialitäten und Bar-Food zwischen £ 4–15 pro Gericht.

Doc Shop: Shepton Mallet, Schuheinkauf für Doc-Martens-Fans

Bus: von Bath lokale Busverbindungen (möglichst am Zielort erfragen)

Glastonbury

Reise-Atlas: S. 238, A 2

Bei der landschaftlich schönen Tour von Shepton Mallet nach Glastonbury und Street kommt man auf kleinen Umwegen an mindestens drei Winzern vorbei: Dem **English Vineyard** in Pilton, außerdem einem Weingut in Wootton und am **Avalon Vineyard** in East Pennard. Neugierig macht es schon, wenn Weinkenner die heimatlichen Erzeugnisse als »not bad, actually, not bad at all« bezeichnen. Ob sich hinter diesen Worten britisches Understatement oder reifes Urteil verbirgt, kann jeder selbst probieren.

Glastonbury, mit dem alten keltischen Namen Yinis Witrin (engl. the Glassy Isle – dt. etwa Glasinsel), war in seiner frühsten Geschichte tatsächlich eine Insel, die aus dem Meer herausragte. Erst mit dem Absinken des Meeresspiegels entstand das später so fruchtbare Marschland Somerset.

Glastonburys kleines Stadtzentrum ist unübersehbar die englische Hochburg der Esoteriker. Die Hauptstraße ist mit Erleuchteten bevölkert und zahlreiche Buchläden bieten bewusstseinserweiternde Druckerzeugnisse feil. Die ›Spiritualienmarktstadt‹ Glastonbury zeigt, dass sich mit innerem Wachstum ebensogut Handel treiben lässt wie mit Wolle und Käse, und die Geschäfte bieten alternative Heilmittel und Therapien für jedermann. Die Auswahl an vegetarischen Restaurants und Bioläden ist groß, hier findet man reichlich Abwechslung zur proteinintensiven englischen Küche.

Glastonbury Abbey

Was ist hier Mythos, Legende oder Tatsache? Wer die Ruinen der Abtei durchwandelt, wird sich diese Frage immer wieder stellen. Man betritt das Gelände durch eine Informationszentrale, wo eine sehenswerte **Ausstellung** durch die Geschichte der Abteiruinen führt (Glastonbury Abbey und Museum, The Abbey Gatehouse, Magdalene Street, tgl. 10–18 Uhr). Die erste Klosterkirche entstand im 7. Jh. an dieser Stelle aus Flechtwerk, Holz und Bleifassungen. Gut 300 Jahre später wurde die ursprüngliche Struktur umgebaut und erweitert und Glastonbury wurde klösterliches Zentrum und Grabstätte der sächsischen Könige. Die normannischen Eroberer begannen mit dem Bau einer neuen Abtei und der größten Abteikirche Englands. Im Jahre 1184 brannte sie jedoch fast vollständig aus. Die neue Marienkapelle errichtete man an der Stelle des niedergebrannten Baus. Der Bau der **Abteikirche** dauerte 300 Jahre. Dramatisch war die Auflösung dieses reichsten Klosters Englands unter Heinrich VIII.: 1539 gingen alle klösterlichen Schätze und Reichtümer in Heinrichs Besitz über und Abt Whiting wurde mit zwei anderen Klosterbrüdern hingerichtet. Die restlichen Mönche verjagte man. Die Abtei wurde verkauft, die Kirche zerstört. Die Anwohner benutzten Steine und Trümmer für den Bau ihrer Häuser und eines Dammwegs nach Wells. Seit 1908 sind die Ruinen im Besitz der Church of England und das riesige Klostergelände wird als Kulturerbe und Pilgerstätte gepflegt.

Der Spaziergang durch die Ruinen des Kirchenschiffs, des Chors und des Klostergartens ist beeindruckend. Unwirklich verschmelzen zwischen den Mauerresten die Zeitalter. Wie ein bescheidener Gast wandelt man in den Ruinen dieser bedeutungsvollen Vergangenheit. Bei schönem Wetter ist das Verweilen in dem weitläufigen Areal und der Parklandschaft besonders wohltuend. Die **Marienkapelle** mit ihren normannischen Bögen und Bibelszenen und die instand gesetzte Klosterküche **Abbey Kitchen** lassen die Ausmaße der ursprünglichen Klosterbauten erahnen.

Die Weißdornbüsche im Abteigelände sind mit einer Legende verbunden: Josef von Arimathäa, ein Onkel von Jesus, suchte als christlicher Missionar

Magische Kulisse: Glastonbury Abbey

mit einer Gefolgschaft von zwölf Getreuen Glastonbury auf. Bei sich hatte er den heiligen Gral, den Kelch, mit dem Jesus seinen Jüngern das Abendmahl gespendet und der das Blut des Gekreuzigten aufgefangen hatte. Der damalige Keltenkönig Aviragus sprach dem Missionar Land zu, wo er und seine Leute sich in runden Hütten im Kreis niederließen. An einem Weihnachtsabend soll Josef seinen Wanderstab in die Erde gesteckt haben. Dieser verwandelte sich in einen blühenden Weißdornbusch und diesem Zeichen Gottes folgend wurde an dieser heiligen Stelle die erste Kirche, die St. Mary's oder St. Joseph's Chapel, gebaut. Weißdornbüsche, Ableger der heiligen Pflanze, blühen noch heute zu Weihnachten und im Frühling in Glastonbury.

Ein zweiter Mythos: Einige Jahre nachdem im 12. Jh. ein Brand die Abtei schwer beschädigt hatte, machten die Mönche eine Aufsehen erregende Entdeckung: 6 m unter der Erde stießen sie, so die Legende, auf zwei Eichensärge. In dem einen befanden sich die Gebeine eines großen Mannes, im zweiten die einer Frau. An ihrem Schädel hing unversehrtes goldenes Haar. Ein graviertes Metallkreuz gab Aufschluss über die Identität der Gebeine: König Artus und Königin Guinevere. In der Artussage ist Artus in Avalon im Totenreich der Helden begraben. Folglich ist die ehemalige Glassy Isle mit Avalon identisch. Also, lautet die Schlussfolgerung, muss Glastonbury mit Avalon identisch sein!

Chalice Well und Glastonbury Tor

Auch Glastonburys Umgebung steckt voller Mythen und Geschichten: Den Hügeln, Wäldern und Flüssen kommen mit jeder Generation weitere spirituelle Bedeutungen zu. Tatsächlich fällt auf, dass das Licht sich intensiviert, sobald

man sich dem **Glastonbury Tor** mit seiner Kirchturmruine nähert. Der **Chalice Well** am Fuße des Hügels spielt ebenfalls eine Rolle in der Legende: Der von Gärten umgebenen Quelle werden Heilkräfte zugesprochen, denn sie soll entsprungen sein, als Josef von Arimathäa an dieser Stelle den Kelch *(chalice)* des Abendmahls vergraben habe (Chalice Well Gardens, Chilkwell Street, www.chalicewell.org.uk, März 11–17, April–Okt. 10–18 Uhr).

Nicht weit entfernt erinnert das **Somerset Rural Life Museum** an das Alltagsleben auf dem Lande in früheren Zeiten (Abbey Farm, Chilkwell Street, www.somerset.gov.uk/museums, Di–Sa 10–17 Uhr, Di mit Markt).

Street

Reise-Atlas: S. 238, B 2
Thema der winzigen Stadt Street sind Schuhe. J. Clark Ltd. hat hier seine Basis, doch auch andere Schuhfabrikanten haben ihre Verkaufsstellen in der Stadt und buhlen mit Niedrigpreisen um Käufer (s. Tipp-Kasten).

Für Reisende mit viel Zeit lohnt ein Abstecher wenige Kilometer südöstlich von Street in die Dörfer **Baltonsborough** mit seiner Kirche und dem mittelalterlichen Church House sowie **Butleigh** mit den Gebäudekomplexen des ehemaligen Butleigh Court – eine Augenweide.

Tourist Information Centre: Glastonbury Tribunal Limited, 9 High Street, Tel. 01458-83 29 54, Fax 83 29 49, glastonbury.tic@ukonline.co.uk

B & B Number Three: 3 Magdalene Street, GlastonburyTel. 014 58-83 21 29 oder 83 47 03, www.numberthree.co.uk. Gestylt, sauber und charmantestes B&B gleich bei der Abtei, DZ £ 85 – der ›Blue Room‹ hat außerdem einen Blick auf die Ruinen!
Who'd A Thought It: Northload Street, Glastonbury. Das Pub bietet preiswert sowohl Lunch als auch Dinner, ist aber außerdem ein gemütlicher, museumsähnlicher und kurioser Ort zum Ausruhen und sogar zum Übernachten, £ 58 DZ.

Glastonbury Festival: Jedes Jahr am letzten Juniwochenende findet in Glastonbury das berühmt-berüchtigte Riesenfestival statt. Hippies, Rockfreaks und Esoteriker schlagen ihre Zelte zum Sonnenwendfest auf: www.glastonburyfestivals.co.uk.

Schuh-Shopping

Das Clark's Village, ein Zentrum für Verkaufsnischen unterschiedlicher Einzelhändler von Jaeger bis Black & Decker, bietet ganzjährig begehrte Markenartikel – ein Shopping-Trip bei schlechtem Wetter ist gut investierte Zeit. Das Shoe Museum auf der High Street illustriert 2000 Jahre Schuhgeschichte The Shoe Museum in Clark's Village, Street, Tel. 01458-431 31, Mo–Fr 10–16.45, Sa 10–17, So 11–17 Uhr.

Bahn/Bus: mit First Great Western Trains von London über Bath und Bristol nach Bridgwater, dann weiter mit lokalen Bussen

Wells

Reise-Atlas: S. 238, B 2
Wells ist mit seinen knapp 10 000 Einwohnern vermutlich die kleinste ›Großstadt‹ Englands. Zu diesem Schluss kommt man zumindest, wenn man sich nach der Übersetzung des Wortes ›City‹ richtet. In England unterscheiden sich *cities* von *towns*, indem diese entweder größer sind und/oder eine Kathedrale haben. Letzteres gilt für Wells.

Die Quellen, die in den Gärten des Bischofspalastes entspringen, gaben der Stadt ihren Namen. Herrlich sind die riesigen Zedern und Laubbäume in der Anlage. Am Wasser entlang führt ein idyllischer Wanderweg aus der Stadt ins umliegende Weideland hinaus.

Die Kathedrale

Die Kathedrale hat für den Ruhm der Stadt gesorgt. Man entdeckt sie erst, wenn man aus der Innenstadt durch das alte Torhaus **Penniless Porch** tritt. Urplötzlich taucht der Bau hinter den kleinen Häuschen am Marktplatz auf. Vor ihrer Fassade mit den dreihundert horizontal angeordneten Kalksandsteinskulpturen und den ungewöhnlich kleinen Portalen breitet sich eine riesige Rasenfläche aus. Sie bietet Platz, um die **Westfassade** mit ihren breiten Türmen auf sich wirken zu lassen. Massiv ruht der Bau in sich selbst und scheint dabei so gar nicht in die Höhe zu streben. Die filigranen Figuren geben der Fassade eine ganz eigene, strenge Eleganz.

Erbaut wurde die Kathedrale zwischen dem 12. und 14. Jh.; sie ist eines der frühesten Beispiele englischer Gotik. Das Kirchenschiff wird vom Eindruck der berühmten **›Scherenbögen‹** aus dem 14. Jh. geprägt. Die S-förmig geschwungenen Streben tragen das Gewicht des Vierungsturms. In den Querschiffen sind die **Figurenkapitelle** der Säulen besonders sehenswert: Ein alter Mann, der beim Diebstahl erwischt wird, ein anderer, der unter Zahnschmerzen leidet. Im nördlichen Querschiff finden sich die im frühen 13. Jh.

Die Kathedrale von Wells

entstandenen Figuren der sächsischen Bischöfe sowie eine 1390 geschaffene **astronomische Uhr.** Hier führen uralte ausgetretene Stufen, die ›Treppe von Wells‹, zum achteckigen **Chapter House,** dem 1319 erbauten Kapitelsaal mit einem feingliedrig gespannten Deckengewölbe, das von einem einzigen schmalen Mittelpfeiler ausgeht.

1348 wurde an der Nordseite der Kathedrale eine Reihenhausgasse gebaut, **Vicar's Close:** Die erste in Europa, noch heute völlig intakt und in sich geschlossen. Der Erbauer, Bischof Ralph von Shrewsbury, wollte die Sänger seines Chors wohl geordnet untergebracht wissen. Bis heute bewohnen Angehörige des Bistums und Lehrer der Kathedralschule die geschichtsträchtigen Reihenhäuser.

Außerhalb der Stadt

Wells liegt direkt südlich der Mendip Hills. Auf dem Weg nach Cheddar lockt **Wookey Hole:** Tropfsteinhöhlen, unterirdische Seen und Felsformationen wurden zu einer Touristenattraktion ausgebaut. Ähnliches findet man in den **Cheddar Showcaves** an der **Cheddar Gorge.** Die Tropfsteinhöhlen sind sehenswert und für Kinder ein Spaß.

Es ist leicht, sich von hier aus in die Büsche zu schlagen und das übersichtliche Gebiet zu erwandern, ausgeschilderte Wanderwege führen zu der abgelegenen Erhebung **Black Rock,** ca. 3 km entfernt und 350 m über dem Meeresspiegel.

Neben einem hübschen Marktplatz und einer Kirche aus dem 14. Jh. locken viele kleine Geschäfte mit lokalen Produkten in den nahen Ort **Cheddar.** In den Sommermonaten kann es voll werden und jedes Gebäude scheint sich in einen Tearoom, eine Weinhandlung oder ein Käsegeschäft zu verwandeln.

Wells Tourist Information Centre: Town Hall, Market Place Tel. 017 49-67 25 52, wells.tic@ukonline.co.uk

The Swan Hotel: Saddler Street, Wells, Tel. 017 49-83 63 00, Fax 83 63 01, www.swanhotel-wells.co.uk. Nobles, komfortables Hotel, DZ £ 110.
Glencot House: Wookey Hole bei Wells, Tel. 017 49/67 71 60, Fax 01749-67 02 10, www.glencothouse.co.uk. Edles, sehr englisches Bed & Breakfast mit herrlichem Landschaftsgarten, DZ £ 88–112.
Stonleigh House: Westbury-Sub-Mendip bei Wells, Tel./Fax 017 49-87 06 68, www.stoneleigh.dial@pipex.com, DZ £ 58.
Bed & Breakfast Infield House: 36 Portway, Wells, Tel. 01749-67 09 89, Fax 67 90 93, infield@talk21.com. In einem geräumigen, viktorianischen Stadthaus 5 Min. vom historischen Zentrum, jedes Zimmer mit Kamin, DZ £ 52 für eine Nacht, je nach Aufenthaltsdauer preiswerter.

Flohmarkt und **Markt** mit allen möglichen Waren jeden Sa vor dem Bischofspalast in der Town Hall neben dem Tourist Information Centre: Körbe, Socken, Bilder und allerhand unorthodoxes Zeug, das Spaß macht. In der Town Hall finden regelmäßig Sa/So Antique Markets statt.

Bus: 1x tgl. NationalExpress ab London Victoria Coach Station, häufiger ab Bristol und Bath.

TAUNTON UND DIE QUANTOCK HILLS

Unspektakulär, aber keineswegs reizlos: Je weiter man in Richtung Norddevon oder in den Norden Cornwalls reist, umso stiller wird es. Die Region westlich von Taunton und Exeter ist nicht an das allgemeine Eisenbahnnetz angeschlossen und nur noch mit Auto oder Bus zu erreichen. Hier begegnet man vor allem der Natur und sich selbst.

Taunton

Reise-Atlas: S. 237, E 1

Als Hauptstadt von Somerset offenbart sich die Stadt Taunton nicht unmittelbar als Schönheit, doch in der Hammett Street stößt man auf einige elegante Stadthäuser. Die Stadt belebt sich an Tagen, an denen der große **Viehmarkt** (Cattle Market) stattfindet – Auskunft über die wechselnden Markttage erteilt das Tourist Office. Den historischen Stadtkern bildet **Taunton Castle,** ehemals angelsächsische, dann normannische Festung. Seine Überbleibsel beherbergen heute das **County Museum.** Ein Porträt des berüchtigten Richters **Judge Jeffreys** erinnert die Bewohner Somersets an eine grausame Persönlichkeit ihrer Geschichte. Seinen Namen verbinden viele mit den am Galgen baumelnden, aufgeschlitzten Leichen des Civil War, und Jeffreys Spuren finden sich in Somerset vielerorts. Auf seinen Befehl hin wurden beispielsweise in Shepton Mallet Rebellen kurzerhand am Marktkreuz aufgeknüpft. In Sedgemoor bei Bridgwater metzelte seine Gefolgschaft 1685 das Heer des anglikanischen Herzog von Monmouth nieder. Als unehelicher Sohn von König Karl II. hatte dieser sich, von Adel und Volk gestützt, zum König ernennen lassen. Das war zwar anglikanisch, aber nicht

Castle Hotel

Das Castle Hotel ist Tauntons kulinarisches Highlight und vielleicht das der gesamten Region: Zweifellos eines der besten Restaurants im West Country, bietet es ebenso unkomplizierte wie erstklassige Küche. *England at its best:* feinste Küche, aber auch Fish & Chips und deftige Fleischgerichte in Perfektion. Die Weinkarte lässt vergessen, dass man eigentlich etwas sparsamer speisen wollte (Dinner 3 Gänge £ 32–39, Zimmer kosten mit Frühstück £ 165, Garten Suite £ 245, The Castle Hotel, Tel. 018 23-27 26 71, Fax 33 60 66).

rechtmäßig, und so machte Judge Jeffreys kurzen Prozess.

Tourist Information Centre: Paul Street, Taunton, Tel. 018 23-33 63 44, tautic@somerset.gov.uk, Mo–Fr 9.30–17.30 Uhr

Hestercombe Gardens

Reise-Atlas: S. 237, E 1
Gartenfans werden an Hestercombe Gardens nicht vorbeifahren: Es ist eine der wenigen erhaltenen Gartenanlagen von Gertrude Jekyll und Edwin Lutyens. Dem namhaften Team aus Gärtnerin und Architekt gelang hier zu Beginn des 20. Jh. beispielhaft die harmonische Verbindung strenger architektonischer Elemente mit üppiger, farbig raffiniert abgestimmter Bepflanzung (Abzweig von der A 361 ca. 6 km nördlich von Taunton, ganzjährig tgl. 10–18 Uhr).

Durch die Quantock Hills

Reise-Atlas: S. 237, D–E 1
Die Quantock Hills könnte man als Vorgarten des Exmoors bezeichnen: Eine sanfte Hügellandschaft mit kleinen Flüssen, Freiflächen und Rotwild. Auf der A 358 bekommt man in **Bishops Lydeard** bereits einen Vorgeschmack von den typischen Quantock-Dörfern. Die Dorfkirche ziert ein wunderschöner Turm im spätgotischen *Perpendicular Style.* Innen lohnt ein Blick auf die Bänke mit allegorischen Holzschnitzereien: Ein Pelikan füttert seine Jungen mit seinem eigenen Blut. Im Dorf endet – oder beginnt – die 30 km lange privat finanzierte Eisenbahnstrecke **West Somerset Railway,** die bis nach Minehead an der Küste verkehrt.

In **Combe Florey,** aus rosarotem Quantockstein erbaut, lebte Evelyn Waugh (1903–1966) als Schriftsteller und Journalist mit seiner achtköpfigen Familie in einem Herrenhaus. Er schrieb Satiren, Romane (›Wiedersehen mit Brideshead‹) und Essays, unbarmherzig war er in allen Texten – auch gegenüber sich selbst, wie man seinen gelegentlich selbstverachtenden Tagebuchaufzeichnungen entnehmen kann.

Über kleine Landstraßen Richtung Norden gelangt man nach **Nether Stowey,** ehemals Heimat des romantischen Dichters Samuel Coleridge. Sein »elendes Cottage«, wie seine Frau Sara das strohgedeckte Häuschen verfluchte, befindet sich heute im Besitz des National Trust (Coleridge Cottage, NT, Nether Stowey, April–Sept. Do–So 14–17 Uhr). Müde Wanderer mögen an dieser Stelle daran denken: 1796 lief Coleridge von Bristol zu Fuß zu seinem neuen Zuhause.

Der Lyriker William Wordsworth bezog das wenige Meilen entfernte **Alfoxton House** bei Holford, heute ein Hotel. Die Romantiker Wordsworth und Coleridge erlebten hier als Nachbarn eine produktive Phase. Viele Freunde aus der Literaturszene kamen in den drei Jahren der Nachbarschaft zu Besuch: Man wanderte, diskutierte, schrieb. Die Intellektuellen waren verdächtig und Wordsworth wurde eines Tages aus Alfoxton House gewiesen. Coleridge schrieb seine besten Gedichte in den Quantocks, ›The Rime of the Ancient Mariner‹ und ›Kubla Khan‹.

Gemeinsam verfassten sie das poetische Manifest der englischen Romantik, die ›Lyrical Ballads‹.

Holfords Pub Plough Inn hat einen etwas untergeordneten Bezug zur literarischen Welt, aber immerhin: Hier verlebten Virginia und Leonard Woolf ihre Flitterwochen. Wer sich im Frühjahr in dieser Gegend aufhält, sollte unbedingt über West Quantockshead fahren: Hier blühen die schönsten Rhododendronhaine weit und breit!

Information Centre: Nether Stowey, Tel. 01278-73 28 45

Bashfords Farmhouse B&B: Bashfords Farmhouse, West Bagborough, Taunton, Tel. 018 23-43 20 15, www.bashfordsfarmhouse.co.uk. Sehr komfortables Farmhouse-B&B, frischgebackenes Brot zum Frühstück und Dinner auf Wunsch, DZ £ 50–55.
Frog Street Farm B&B: Beercombe, Taunton, Tel./Fax 01823-48 04 30. DZ £ 50–60 mit Frühstück, auf Bestellung Dinner, lokale, frische Küche mit Gemüse vom eigenen Garten.

The Rising Sun: West Bagborough. Eines der bestgeführten Gastro-Pubs der Umgebung mit kleiner Kunstgalerie, hervorragender Weinliste und ausgezeichnetem Essen (verfeinerte englische Landküche) – das nach einem Brand modernisierte Pub ist ein Juwel der Region. Vorspeisen um £ 5, Hauptgerichte £ 12–18.

Nether Stowey oder Holford sind Ausgangspunkte für **Wanderungen** in den Quantock Hills. Von beiden Orten kann man den Wills Neck ersteigen, mit knapp 400 m die höchste Erhebung der Quantock Hills. Detaillierte Routenvorschläge erhält man im Information Centre von Nether Stowey.

Bahn: First Great Western Trains von London Paddington über Bath und Bristol nach Taunton

Zwischen Quantock Hills und Exmoor erstreckt sich bestes Weideland

DAS EXMOOR

700 km^2 Hochmoor und Naturschutzgebiet, Wild- und Jagdrevier, romantische Heidelandschaft, dazwischen Flüsse, Wäldchen und Seen. Unmerklich verläuft die Grenze von Somerset und Norddevon durch den Exmoor National Park, doch weder Mensch noch Tier nehmen davon Notiz.

Reise-Atlas: S. 236/237, C–D 1
Im Exmoor findet man das einzige frei lebende Rotwild Englands. Die Bestände sind durch kontinuierliche Jagd stark reduziert; man schätzt die Anzahl der Tiere auf 700. ›Wilde‹ Ponys und Schafe sind indes zahlreich – und wetterfest. Rund ums Jahr leben sie unter freiem Himmel.

Für die betuchte Country-Klientel ist die Jagdsaison im Exmoor gesellschaftlicher Höhepunkt. Man reist aus den umliegenden Grafschaften an, bucht mit seinen Begleitern eines der exquisiten Landhotels oder Inns und lässt sich's gut gehen: Im Morgengrauen auf Pirsch, abends große Tafel. Laut und fröhlich geht es auf diesen Landpartien zu, und wem es gelingt, im September und Oktober eine schöne Unterkunft in der Region zu buchen, der wird sich der Hochstimmung der Jagdgesellschaften kaum entziehen können. In Porlock, Minehead und Exmoor bläst man zur Jagd und Jahr für Jahr stehen die Tierschützer auf dem Plan.

Da Wandern und Essen sich ebenfalls vortrefflich ergänzen, kann man sich's in der gastfreundlichen Region des Exmoors auch als Wanderer gut gehen lassen. Wandern und Reiten sind für Nichtjäger die Hauptattraktionen.

Wandern im Exmoor

Die Nordküste mit dem Somerset & Devon Coastal Path bietet 50 km herrliches Wandern am Meer. Im Inneren des Parks sind es noch einmal gut 800 km Wanderstrecke, auf der sich die Naturfreunde in der Einsamkeit des Moores verteilen. Über 70 % des Landes befinden sich in Privatbesitz – dessen sollte man sich bewusst sein, wenn man seine Routen plant. Zwar gilt im Allgemeinen das Right of Way (s. S. 49), doch gibt es Einschränkungen. Baden, Angeln und Campen sind nicht überall erlaubt. Wenn die Rotwildjagd beginnt, sollte man sich nach möglichen Reglementierungen erkundigen. Doch ist die Wanderregion im Exmoor so vielfältig und weitläufig, dass man zu jeder Jahreszeit mit zahlreichen Wandermöglichkeiten rechnen kann.

Zum Naturerlebnis zählt allerdings auch das Wetter: Ein eben noch sonniges Exmoor kann sich innerhalb kurzer Zeit in ein düsteres Abenteuer verwandeln. Wenn von der Küste Regen und Gewitter ins Land treiben, vor allem aber, wenn der dichte Nebel fällt, hat ein Aufenthalt im Freien seine Tücken.

Dulverton gehört zu den vier besten Ausgangspunkten für Wanderungen im Landesinneren. Das etwas nördlicher gelegene, hübsche Winsford eignet sich für Routen durch das östliche Moor; das exponierter gelegene Exford in der Nähe der höchsten Erhebung Dunkery Beacon und schließlich das mitten im Moor gelegene Simonsbath gelten außerdem als die schönsten Ausgangspunkte für Moorwanderungen. Achtung: Wanderer im Inneren des Moores sollten wirklich immer mit Wanderkarten laufen. Man kann auf den vielen Wegen zahlreiche Strecken kombinieren und leicht die Orientierung verlieren.

Die National Park Authorities und das **Visitor's Centre** in Dulverton informieren über das gesamte Moor. Hier erhält man Auskünfte zu Wanderwegen und Kartenmaterial. Weitere Visitor's Centres an mehreren Orten im Moor.
Informationen auch unter www.exmoor nationalpark.gov.uk, info@ exmoornationalpark.gov.uk, und im **Exmoor Tourist Information Centre,** Combe Martin, North Devon, Tel. 012 71-88 33 19, März–Okt. tgl. 10–16 Uhr.

Dulverton

Reise-Atlas: S. 237, D 1
Ein beliebter Ausflug führt von Dulverton zu den 8 km nordwestlich gelegenen **Tarr Steps,** einer mittelalterlichen Brücke aus Steinkeilen, die über den breiten, flachen Tarr-Strom führt. Stärkung gibt's im lauschigen Tarr Farm Cafe. Wer fit ist, kann den Weg über das gut 400 m hohe Heidemoor **Winsford Hill** ausdehnen, was eine zusätzliche Rundwanderung von vier Stunden bedeutet. Nicht aufgeben: Den Gipfel sieht man erst, wenn man ihn schon halb erklommen hat. Von oben hat man eine herrliche Aussicht – an klaren Tagen bis ins südliche Dartmoor. Von Dulverton ist es außerdem nicht weit ins östliche **Brompton Regis,** von wo aus man den See **Wimbleball Lake** erwandern kann.

Winsford

Reise-Atlas: S. 237, D 1
Winsford mit seinen Flüsschen und sieben Brücken ist eines der lohnendsten Reiseziele im Exmoor – neben der landschaftlichen Idylle locken die gastronomischen Highlights: das Restaurant im Karslake House und das Pub Royal Oak. Von hier aus sind die Brendon Hills nicht weit. Das benachbarte **Withypool** kann ebenfalls mit einem Pub der Kette Royal Oak aufwarten. Mitten im Moor gelegen, hat es seinen eigenen Charme, ist beliebt, belebt und bietet gutes Pub Food als Alternative zu den aufwendigeren Küchen in Winsford. Hier soll Richard Blackmore einige Kapitel seines Romans ›Lorna Doone‹ verfasst haben, einer Räuber-Geschichte, der man im Exmoor auf Schritt und Tritt begegnen wird.

Karslake House: Halse Lane, Winsford, Tel./Fax 016 43-85 12 42, www.karslakehouse.co.uk. Feines, kleines Country-Hotel mit Restaurant, sehr freundlich und charmant, sechs gemütliche Gästezimmer, DZ mit Frühstück £ 67,50. Hübscher Garten, freundlicher Hund.
Royal Oak Inn: mitten in Winsford, Tel. 016 43-85 14 55. Das Pub und Hotel ist der Magnet des Ortes und beliebt bei Saisonjägern, außerdem komfortable Unterkunft, DZ um £ 120 (variiert nach Standard und Wochentag).
Larcombe Foot: knapp 2 km nördlich von Winsford, Tel. 016 43-85 13 06, April–Dez. Sehr freundliches B & B am Fluss Exe, Übernachtung pro Person £ 23.
An der A 396 von Winsford nach Dunster fallen die vielen **B & Bs** am Straßenrand auf. Wer kurzfristig eine Unterkunft sucht, wird hier fündig. Man sollte sich die Zimmer aber ansehen: Die Standards schwanken enorm!

Karslake House: Halse Lane, Winsford, Tel./Fax s. oben, Unterkunft. Lob für die lokale, feine Landküche, Dinner um £ 40 pro Person mit Wein.

Exford

Reise-Atlas: S. 236, C 1
Im zentralen Exford sollte man sich einen Lunch gönnen: im preisgekrönten Restaurant oder im Pub des Crown Hotel. Die Wanderrouten im Norden dieses Ortes führen über Moor und Heide auf den weitläufigen, gut 500 m hohen **Dunkery Beacon.** Man kann es sich leichter machen, indem man in der Nähe parkt, doch der sanfte Anstieg wird von jedem Ausgangspunkt aus 2 bis 3 km betragen.

The Crown Hotel & Bar: Exford, Tel. 016 43-83 15 54 und 583 16 65, www.crown-hotel.co.uk. Geschmackvolles Hotel, Übernachtung £ 47,50–57,50 pro Person.

The Crown Hotel & Bar: Exford (s. oben, Unterkunft). Sehr gutes Essen im zum Hotel gehörigen Pub/Restaurant.

Simonsbath

Reise-Atlas: S. 236, C 1
Simonsbath (sprich: Simmensbath) liegt mitten im Jagdgebiet Exmoor Forest. Dass der ›Forest‹ gleichzeitig der kärgste Teil des Moores ist, ist kein Widerspruch: ›Forest‹ bedeutet meist, dass es sich um königliches Jagdgebiet handelt, und hat mit Bäumen wenig zu tun. Das Dorf hat eine bemerkenswerte Vergangenheit: 1818 kaufte eine Familie namens Knight den Forest und verpachtete das karge Land an Bauern. Sie ließ systematisch Straßen in alle Richtungen bauen, importierte Schafe und gewann mit ihren Pächtern nach und nach Ackerland, kurz: Sie schufen Infrastruktur in einer Region, die bis dato nie irgendwelches Einkommen abgeworfen hatte. Die Knight-Familie ließ ihren eigenen Familiensitz ummauern – Teile dieser Mauern stehen noch – und legte ca. 5 km nordwestlich des Ortes einen rätselhaften Teich an, den Pinkworty Pond. Simonsbath wurde dank dieser Familie ein Verkehrsknotenpunkt, der das Landesinnere mit der Küste in Lynmouth verbindet.

Simonsbath House Hotel: Simonsbath, Tel. 016 43/83 12 59, www.si

monsbathhouse.co.uk. DZ £ 85–90 mit Frühstück.

Sehr gut isst man ein paar Meilen außerhalb von Simonsbath in Yarde Down Richtung Brayford: **Poltimore Arms,** einsam gelegenes, gemütliches Pub – echter Familienbetrieb – mit guter (auch vegetarischer) Küche, Biergarten, Tel. 015 98-71 03 81.

Die Exmoor-Küste von Dunster nach Lynmouth

Dunster

Reise-Atlas: S. 237, D 1
Das im 11. Jh. erbaute **Dunster Castle** hat man nach dem Bürgerkrieg im 16. Jh. von seinen Festungsvorrichtungen befreit, bis es die Viktorianer schließlich in eine Art Rheinschloss verwandelten – so zeugt es von Viktorias Liebe zu jener Region Deutschlands, die sie mit ihrem Gatten Albert bereist hatte. Das heutige Eigentum des National Trust liegt inmitten einer prächtigen Parkanlage (Dunster Castle, April–Okt., Sa–Mi 11–17 Uhr, Garten tgl., NT). Bis in die 1950er Jahre war das ganze Städtchen Dunster jahrhundertelang Familienbesitz der im Schloss ansässigen Luttrells. Solide ruht es am Fuß des Schlosshügels. In Dunster blühten Handwerk und Handel mit Wolle; der achteckige **Yarn Market** mit dem **Marktkreuz** von 1609 steht für diese Tradition. Die Cottages in der West Street waren die Häuser der Arbeiter, während die stolzen Stadthäuser in der High Street von den Händlern bewohnt wurden.

Minehead

Reise-Atlas: S. 237, D 1
Minehead ist die Endstation der **West Somerset Railway** und mit 12 000 Einwohnern größte Stadt der Exmoor-Region. Hier boomte einst viktorianischer Tourismus: Endlich eine Zugverbindung ans Wasser! Die Quay Town am kieseligen Strand bietet die typischen Vergnügungen englischer Seebäder. Wer nach Minehead kommt, sollte die steilen Altstadtgassen und reetgedeckten Häuschen rund um die hübsche Kirche nicht verpassen.

Von hier aus führt der Küstenwanderweg nach Osten bis nach **Combe Martin.** Die A 39 begleitet ihn bis Lynton und egal, wo man aussteigt und wandert, hat man einen Blick auf Felsen, die sich heroisch aus dem Wasser erheben. Zu den schönsten Strecken zählt der Abschnitt zwischen Porlock und Lynton, doch auch zwischen Bossington und Hurtstone Point gibt es weite Aussichten auf Küste und Moorlandschaft.

Höhenwanderung von Bossington

Bossington ist idealer Ausgangspunkt für eine in der Länge variable Höhenwanderung: Auf den **Selworthy Beacon** führt der Coastal Path nicht direkt am Wasser, sondern teilweise an der hinteren Hügelseite entlang. Man sieht über die Ortschaften Selworthy und Porlock hinweg nach Dunkery Beacon. Von Porlock ist es nicht weit bis zum Hafen **Porlock Weir.** Hier kann man Stunden am Wasser herumtrödeln und

Selworthy Village

Ein Abstecher in das hübsche Dorf Selworthy empfiehlt sich. Die märchenhaften gelben Cottages rund um eine Dorfwiese ließ Baron Holnicote 1810 für seine pensionierten Landarbeiter errichten. Heute ist Selworthy Museumsdorf und im Besitz des National Trust. Der Trust betreibt hier einen Tea-Room, der traumverloren und jenseits aller Wirklichkeiten in einem Garten versteckt liegt. Kittel- und häubchentragende Damen teilen mit an Herbergseltern erinnerndem Gestus köstlichen Kuchen aus – typisch englisch oder typisch National Trust? Selworthy Village, NT, Dorf, Garten und Tearoom.

den Rest der Welt vergessen. Unruhige Geister wandern von hier aus auf dem Küstenwanderweg Richtung Westen bis ins 3 km entfernte **Culbone** mit seiner winzigen Kirche mitten im Wald, wo einst eine Kolonie Leprakranker gewohnt haben soll. Ausdauernde Wanderer schaffen es bis nach **Malmesmead,** dem Eingangstor zum **Doone Valley,** wo die Doone-Bande in Richard Blackmores Roman ›Lorna Doone‹ (1869) lebte.

Lynton & Lynmouth

Reise-Atlas: S. 236, C 1
Auch das nächste Küstenziel hat Richard Blackmores Roman ›Lorna Doone‹ viel von seiner Beliebtheit zu verdanken. Lynton liegt hoch oben auf einer bewaldeten Klippe, und man muss ein konzentrierter Autofahrer sein, wenn man sich die Serpentinenstraße zumutet. Keine Angst: Es gibt auch eine leicht zu befahrende Mautstraße. Lynton war lange Zeit durch seine Lage von der Umgebung abgeschnitten. Während der Napoleonischen Kriege kamen zunehmend Gäste aus der englischen Oberschicht, die normalerweise im Sommer in die Alpen reisten. Das alpin anmutende Lynton schien während der Kriegsunruhen adäquater Ersatz. Und dann kam ›Lorna Doone‹ in den Buchhandel und die Viktorianer reisten nach Lynton. Gute 150 m tiefer liegt Lynmouth an der Mündung des Lyn. Im 18. Jh. fand der englische Ma-

ler Gainsborough hier »einen der entzückendsten Orte, die dieses Land für einen Landschaftsmaler bereithält«. Es ist also ausnahmsweise einmal angemessen, einen Ort als ›malerisch‹ zu bezeichnen ... Der Dichter Shelley verlebte am Anfang des 19. Jh. hier seine wilden Flitterwochen mit Harriet Westbrook. Gleich zwei Häuser nehmen für sich in Anspruch, das Liebesnest des jungen Paares gewesen zu sein.

Bei einer Wanderung landeinwärts von Lynton am East Lyn River entlang zum **Watersmeet House** (NT) läuft man 5 km durch herrliches Waldgebiet. Von hier aus führt ein Weg zum **Leuchtturm** des Foreland Point am Küstenwanderweg. Wer in Lynton Richtung Westen läuft, kommt zum **Valley of the Rocks:** Steiles Heideland mit merkwürdigen Felsformationen und offenem Land, Heimat frei laufender Ziegen und Schafe.

Dollons House: Church Street, Dunster, Tel. 01643-82 18 80, jmott @onetel.net.uk. Das überschwänglich eingerichtete B&B im Haus der ehemaligen Apotheke mitten im Dorf ist nichts für Minimalisten, EZ £ 27,50, DZ £ 55.
Bossington Farm: West Lynch Farm, Allerford bei Porlock, Somerset, Tel. 01643-86 28 16, exmoorfalcon@freenet.co.uk. Einfaches, sehr freundliches B&B auf idyllischer Kleintierfarm mit Falknerei, Übernachtung £ 25–30 pro Person.

Bus: Verbindungen Minehead–Barnstaple via Lynton mit der lokalen Busgesellschaft DevonBus

Devon

Dartmouth Castle

Atlas S. 236

DIE NORDKÜSTE VON DEVON

Im dünn besiedelten Norden Devons mit seiner rauen Felsküste merkt man zunächst kaum, dass man sich in einem der beliebtesten Feriengebiete des Landes befindet. Vorwiegend englische Familien verbringen die Sommerferien in den rummelplatzartigen Seebädern Ilfracombe und Westward Ho!. Die Dörfer Clovelly und Hartland ziehen indes Besucher an, die sich auf den Weg in die wilde, stille Natur, zu naturgeschützten Küsten und idyllischen Gärten gemacht haben.

Ilfracombe und Lundy Island

Reise-Atlas: S. 236, B 1/A 1

Wer aus dem stillen Exmoor nach Ilfracombe fährt, empfindet den Kontrast zum Naturidyll als jähen Schock: Strandvergnügen, Fish & Chips und Lärm. Man möchte sofort entkommen, zum Beispiel auf die Insel Lundy. Die Felseninsel, ein Vogelparadies, wird von gut 30 Leuten bewohnt und zieht vorwiegend Naturfreunde an. Übernachten kann man nur nach Voranmeldung. Ein Spaziergang über die Insel ist ein Erlebnis: Der Boden ist so weich, dass man nie wieder auf etwas anderem laufen möchte.

Von Ilfracombe, Clovelly und Bideford setzen **Fähren** nach Lundy Island über – man sollte sich hinsichtlich der Abfahrtszeiten auf örtliche Informationen verlassen.

Gärten und Parks rund um Barnstaple

Reise-Atlas: S. 236, B 1–2

Arlington Court ist einer der wenigen Landsitze der Gegend. Die letzte, 1949 verstorbene Besitzerin Rosalie Chichester war leidenschaftliche Modellschiffsammlerin und vermachte Haus und Schiffe dem National Trust. Der großzügige Landschaftspark ist eine von vielen Gartenoasen, die im kargen Norden Devons besondere Wirkung entfalten (Garten: April–Okt. So–Fr, Juli/Aug. tgl. 10.30–17, Haus: April–Okt. So–Fr 11–17 Uhr).

Ein zweites Gartenparadies tut sich im nahe gelegenen **Marwood Hill** nordwestlich von Barnstaple auf. Der Arzt Jimmy Smart hat sich im Ruhestand daran gemacht, einen herrlichen Garten zu gestalten. Kamelien, Eukalyptus und ausgewählte japanische Blumen gehören zu seinen vielen Leidenschaften. Geöffnet ist der Garten das ganze Jahr über vom Morgengrauen bis zur Dämmerung. Besucher werfen das Eintrittsgeld einfach in eine Büchse am Eingang.

Alle Wege führen durch **Barnstaple,** eine alltägliche Marktstadt, die Besuchern außer sich selbst nicht viel anbietet. Von hier ist es nicht weit nach **Tapeley Park** vor Bideford. Ein formal angelegter Terrassengarten, der in einen italienischen Garten mit Palmen, Statuen, Springbrunnen übergeht, ein halbrundes Seerosenbecken und ein Sommerhaus mit den in England allgegenwärtigen Eiben sind nur die Highlights dieser vielfältigen Gartenlandschaft (Tapeley Park Gardens, Instow bei Bideford, März–Okt. So–Fr 10–17 Uhr).

Gartenfans setzen die Tour nach Great Torrington fort, denn hier wartet die nächste Attraktion: der **RHS Rosemoor Garden.** Dieser noch junge, 1988 begonnene Garten der Royal Horticultural Society (Königliche Gartenbaugesellschaft) demonstriert erfolgreiches Gärtnern unter den extremen klimatischen Bedingungen an der regenreichen Küste von Devon. Gemüsegärten, seltene Bäume, formale Gärten in unterschiedlichen Farbkompositionen und ein Rosengarten gehören zum Spektrum von Rosemoor (RHS Rosemoor Garden, Great Torrington, ganzjährig 10–18 Uhr).

Barnstaple Tourist Office: Butchers Row, Tel. 01271-37 50 00, Mo–Sa 9.30–17 Uhr.

Bahn: Mit First Great Western Trains von London Paddington über Bath und Bristol nach Exeter, von dort lokale Zugverbindung nach Barnstaple.

Clovelly

Reise-Atlas: S. 236, A 2

Man muss nach Clovelly, wenn man es so weit geschafft hat. Welcher Engländer kennt es nicht, das an den Hang gebaute Fischerdorf, steil, stolz und gepflegt? Seit 250 Jahren befindet sich das Dorf mit knapp 100 Häusern und 350 Einwohnern in Familienbesitz. Die Erbin Christine Hamlyn stellte das Dorf vor 100 Jahren unter Denkmalschutz. Wochenendcottages werden nicht geduldet; dies würde nur die Gemeinschaft stören. Alle tragen durch Anwesenheit – mindestens 200 Tage im Jahr – und Pflege ihres Besitzes dazu bei, dass die *community* ein sichtbarer Erfolg bleibt. So lebt man hier entweder ganz oder gar nicht.

Der Besuch der Dorfidylle ist kostenpflichtig – um die £ 5 müssen Besucher für das Privileg eines Dorfspaziergangs berappen. Ob das Hinab- oder das Hinaufsteigen der steilen, kopfsteingepflasterten Dorfstraße anstrengender ist, ist schwer zu sagen. Letzteres sicher dann, wenn man unten im Hafenpub Red Lion versackt ist. Der Hafendamm wurde bereits im 14. Jh. gebaut, um den geschützten Hafen vollständig zu sichern. Clovellys Hafen war einst der sicherste an der Südwestküste, doch geschmuggelt wurde trotzdem, was das Zeug hielt. Falls man wirklich nicht mehr nach oben laufen kann: Das einzige Automobil im Ort, der Landrover des Red Lion Ho-

Trotzt den Atlantikwellen:
Hartland Point

tels, fährt die Erschöpften wieder zum Eingang des Dorfes.

Eine Attraktion für Garten- und Gemüsefreunde sind die restaurierten Gärten von **Clovelly Court** oberhalb der Siedlung: sehenswert als klassisches Beispiel für einen viktorianischen Küchengarten (Clovelly Court Gardens, Clovelly, April–Sept. tgl. 10–16 Uhr).

Red Lion Hotel: The Pier, Clovelly, Tel. 01237-43 12 37, redlion@clovelly.co.uk. Komfortables Hotel am Hafen, Übernachtung mit Frühstück £ 50.

Hartland

Reise-Atlas: S. 236, A 2

Letztes Ziel in der Region heißt **Hartland Point.** Wenige Meilen westlich von Clovelly ragt die Spitze des breiten Felsplateaus ins Meer. Die einfachste Lösung wäre, mit dem Auto zu fahren, doch die Wanderung von Clovelly nach Hartland Point führt 11 km an herrlicher Küste entlang. Am Hartland Point bekommt man einen Vorgeschmack von der cornischen Westküste: riesige, zerklüftete Felsen mit Wasserfällen und Möwen, die im Wind spielen. In der Tiefe donnern die Wellen gegen das schwarz glänzende Gestein. Die bizarren Felsen erinnern an farbige Illustrationen aus Erdkunde-Lehrbüchern – unwirklich ragen sie aus den schäumenden Wellen hervor.

In **Hartland Quay** befinden sich die Überreste eines alten Hafens: Sir Francis Drake und Walter Raleigh gehörten zu den Finanziers dieses versunkenen Ortes. Von Stürmen gebeutelt, hat diese lose Ansammlung von Häusern überlebt; es ist erstaunlich, dass das Hartland Quay Hotel noch in Betrieb ist. Das Museum of Shipwrecks erzählt keineswegs überraschende Geschichten von gekenterten Schiffen.

Das Dorf **Hartland** besteht aus einer Kirche, drei Pubs und einem Café. Etwas außerhalb liegt **Hartland Abbey,** jetzt ein elegantes Country House inmitten einer Parklandschaft aus dem 18. Jh., mit Überresten des 1539 aufgelösten Augustinerklosters (Hartland Abbey Gardens, bei Hartland, April–Sept. So–Fr 14–17.30 Uhr).

Auf dem Rückweg dieser Profiwanderung zurück nach Clovelly folgt man, statt wieder den Küstenweg zu nehmen, der B3248 im Landesinnern oder dem Public Footpath.

Die Strecke lässt sich variieren, und von Hartland aus kann man auch eine ebenso schöne, aber wesentlich kürzere Tour unternehmen.

SÜDDEVON

Die Universitätsstadt Exeter, der Hafen Plymouth, ergiebige Landwirtschaft und florierender Tourismus machen die Region zum wirtschaftlichen Zentrum Südwestenglands. Wie ein Magnet ziehen das Dartmoor, die South Hams und der Glamour der ›englischen Riviera‹ in den Sommermonaten die Reisenden in den Süden.

Engländer verbinden Devon mit Wohlstand, Natur und relativ intakten Strukturen. Devons Größe und seiner langen Tradition als Reiseland ist es zu verdanken, dass die Grafschaft zahlreiche Feriengäste aufnimmt, ohne dadurch etwas von ihrer Lebensqualität einzubüßen – mit gelegentlichen Ausnahmen. Sogar die ›englische Riviera‹, wie die etwa 30 km lange Bucht Torbay genannt wird, die mittlerweile rund 130 000 Einwohner und einen regen Besucherstrom verkraften muss, trägt ihren ›Fall‹ von der viktorianischen Sommerfrische zur modernen Ferienküste für jedermann mit Würde.

Plymouth

Reise-Atlas: S. 236, B 4
Die geschäftige Hafenstadt Plymouth, mit rund 240 000 Einwohnern Devons größte Stadt, ist keine Schönheit, hat jedoch hinter ihrer modernen Fassade Besuchern durchaus einiges an Seefahrerromantik und Sehenswertem zu bieten.

Als einer der ältesten Häfen Englands war Plymouth der bedeutungsvollste: Hier lag Francis Drakes Flotte zum Aufbruch gegen die spanische Armada vor Anker. Jeder Bewohner von Plymouth wird zu berichten wissen, dass der englische Held bei Auftauchen der Spanier am Horizont zunächst ›ganz cool‹ seine Bowlingpartie zu Ende spielte. Unterdessen drehte der Wind, und England

Sehenswürdigkeiten
1 Aquarium
2 Zitadelle
3 Plymouth Dome
4 Statue Sir Francis Drake
5 Mayflower Steps
6 Elizabethan House
7 Merchant's House Museum

Unterkunft
8 Park View
9 Cliff House

Essen & Trinken
10 Chez Nous

bereitete den Spaniern eine klägliche Niederlage. Im Jahr 1928 ist Plymouth offiziell zu einer Stadt zusammengewachsen: aus zwei Marinehäfen wurde der größte Kriegshafen Englands. Zwischen den Mündungen der Flüsse Tamar im Westen und Ply im Osten erstreckt sich die Stadt auf einem Kalksteinplateau und gewährt einen weiten Blick über den Plymouth Sound, jene Bucht, die Cornwall von Devon trennt. Obwohl die Stadt im Zweiten Weltkrieg unter deutschem Bombenhagel sehr gelitten hat, strahlt sie als ehemaliger Verteidigungsstützpunkt und Residenz der Royal Artillery und der Royal Navy noch heute militärischen Glanz aus. Das Verteidigungsministerium strich der Royal Navy in den 1990er Jahren das Budget, und man fürchtet, dass sich mit diesen dramatischen Kürzungen eine tragende Gesellschaftsschicht in Plymouth auflösen wird. Seitdem investiert die Stadt in Sehenswürdigkeiten.

Am Hafen

So baute man ein hochmodernes **Aquarium** 1, The National Marine Aquarium an der Küstenstraße am Ende der Treats Hill Road. In Glas, Holz und Stahl direkt am Meeresufer ist es eine Augenweide. Als einziges staatliches, somit nicht kommerzielles Aquarium im Land zeigt es eine besondere Fürsorge gegenüber seinen Schützlingen – Haie sind spezieller Fokus der Museumsleitung, ein Blick auf die Website lohnt! (Rope Walk, Coxside, www.national-aquarium.co.uk, Sommer tgl. 10–18, Winter 10–17 Uhr) – zu empfehlen mit Kindern jeden Alters.

Das Aquarium liegt unmittelbar vor der **Zitadelle** 2 – einer riesigen Festung aus dem Jahr 1666. Plymouth war als einzige Stadt im Südwesten während des Civil War fest in der Hand der Parlamentarier – Cromwells Anhängern. Die Festung der Krone sollte die

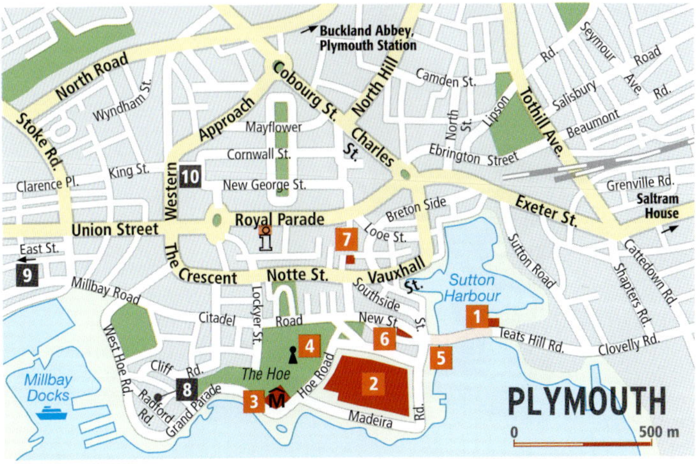

DER PIRAT DER KÖNIGIN SIR FRANCIS DRAKE

Francis Drake wurde vermutlich um das Jahr 1540 in der Nähe von Tavistock geboren. Seine Eltern waren freigeborene Bauern – keine Leibeigenen –, die ihren eigenen Hof bewirtschafteten, einfache, aber keine rechtlosen Leute. Kaum erwachsen, begleitete Francis seinen älteren Cousin John Hawkins auf Expeditionsfahrten nach Afrika. Dieser erfreute sich bald zweifelhaften Ruhms als erster Sklavenhändler Englands – die Spanier brauchten in ihren neuen Kolonien Arbeitskräfte, und die see- und handelstüchtigen Engländer lieferten prompt.

Im elisabethanischen England war die Trennlinie zwischen Kaufleuten und Freibeutern nicht klar gezogen. Offiziell waren England und Spanien befreundete Mächte; die englische Königin drückte aber gerne beide Augen zu, wenn ihre ›Kaufleute‹ spanische Schiffe in außereuropäischen Gewässern kaperten. Immerhin profitierte auch sie von dem Gewinn. Philipp II. von Spanien war auf die ›Schatzflotte‹ angewiesen, die zweimal im Jahr geplünderte Reichtümer – Schmuck, Edelsteine und Gold – aus der Neuen Welt nach Spanien transportierte. Wer auch nur eines dieser Schiffe in seinen Besitz bringen konnte, war ein gemachter Mann.

In den siebziger Jahren des 16. Jh. unternahm Francis Drake auf eigene Faust, aber mit Billigung Elisabeths, mehrere Beutezüge gegen spanische Siedlungen in der Karibik. Dabei raubte er nicht nur reich beladene spanische Schiffe aus, sondern durchquerte auch die schwierige Magellanstraße; er entdeckte, dass der südamerikanische Kontinent nicht – wie bis dahin angenommen – mit der Antarktis verbunden war und umsegelte schließlich die Erde. Erst ein anderer hatte dies vor ihm geleistet, der portugiesische Entdecker Magellan.

Nach dreijähriger Reise kehrte Francis Drake am 16. September 1580 nach Plymouth zurück und wurde von ganz England als Held gefeiert. Der aufgebrachte spanische König forderte eine exemplarische Strafe für Drake und Rückerstattung seiner geraubten Schätze. Als Antwort erhob Elisabeth den Weltumsegler in den Adelsstand. Aus dem Bauernsohn war Sir Francis Drake geworden: Bürgermeister von Plymouth, Parlamentsabgeordneter in London, Schrecken der Spanier und der berühmteste Engländer seiner Generation. Sein Porträt wurde in aller Eile gemalt und in ganz Europa herumgereicht. Jeder wollte den Abenteurer sehen. Zu Hause ruhte Drake sich von den Reisestrapazen aus und gewöhnte sich an das Leben eines Edelmannes. Er ließ ein Familienwappen entwerfen und sah sich nach einer gebührenden Behausung um, die er in Buckland Abbey bei Plymouth fand. Schließlich war Landbesitz das wahre Zeichen des reichen Mannes. Als ein paar Jahre später seine erste Frau starb, heiratete er Elizabeth Sydenham, eine schöne, wohlhabende Erbin aus guter Familie.

Francis Drake hatte gewissermaßen den Aufstieg vom Tellerwäscher zum Millionär geschafft: Er verkehrte bei Hof, ging mit der Königin spazieren und zögerte nicht, seine Meinung zu Marineangelegenheiten abzugeben. Für das Volk war Drake gerade wegen seiner einfachen Herkunft ein Held. Nach der vernichtenden Niederlage der spanischen Armada strahlte sein Stern noch heller – Francis Drake war Englands Retter, der nach seinem frühen Tod 1596 gar in mystische Gefilde entrückt wurde. Der Fall Drake ist außerdem ein Beispiel für entwickeltes Klassenbewusstsein: *nouveau riche* wurde der Ruhmreiche von Neidern wie seinem Land besitzenden Rivalen Sir Richard Grenville genannt. Frivolität, Arroganz und mangelnden Geschmack implizierte dieses abfällige Urteil. Doch kommt bei ›Erfolgsmenschen‹ wie Sir Francis eine Attitüde hinzu, die alles noch schlimmer macht, nämlich: so what? (na und?) …

Rhia Herrard

National Marine Aquarium in Plymouth

wild entschlossenen Anti-Monarchisten einschüchtern. Der **Plymouth Dome** [3] erteilt eine sehenswerte Multimedia-Lektion in englischer Seefahrergeschichte (The Hoe, Nov.–März Di–Sa 10–16, April–Okt. tgl. 10–17 Uhr, www.plymouthdome.info). Hier steht man bereits an der windigen Pracht-Esplanade Plymouth Hoe, wo Erinnerungsstücke der Stadtgeschichte versammelt sind, darunter das Armada-Denkmal, die **Statue des Sir Francis Drake** [4], das riesige weiße Marine-Kriegsdenkmal und die Statue zweier Flieger, die Plymouth im Blitzkrieg verteidigten.

Für Englands furchtlose Helden, Kapitäne, Admiräle, Freibeuter, Sklavenhändler, Entdecker und Pilgerväter war der Hafen von Plymouth ein schicksalsträchtiger Ort. Auch der aus der abenteuerlichen ›Meuterei auf der Bounty‹ bekannte Tyrann Captain William Bligh begann sein Leben als *local boy* in Plymouth.

Der Sutton Harbour wird gesäumt von den **Mayflower Steps** [5] – hier bestiegen die 102 puritanischen Pilgerväter ihr Schiff und brachen auf in eine bessere Welt, nach Amerika. Kapitän Cooks Reisen in die Südsee, nach Australien und in die Antarktis nahmen von diesem Punkt aus ihren Lauf und im 19. Jh. setzten die Kolonialisten von hier aus nach Australien über.

Die Altstadt (Barbican)

An den Hafen grenzt das Barbican, belebt durch Restaurants und Geschäfte. In der New Street stehen die meisten gut erhaltenen Häuser des Viertels, darunter das **Elizabethan House** [6], ein Zeugnis elisabethanischer Architektur: So wohnte man als Kapitän der Königin … In einem Haus in der Southside Street haben die Pilgerväter, heißt es, ihre letzte Nacht auf englischem Boden verbracht (32, New Street, NT, April–Sept. Mi–So 10–17 Uhr).

Das **Merchant's House Museum** 7, ein fast vollständig erhaltener elisabethanischer Fachwerkbau, illustriert Stadtgeschichte (St. Andrew Street, April–Sept. Di–Fr 10–13, 14–17.30, Sa 10–13, 14–17 Uhr).

Tourist Information Centre: Plymouth Discovery Centre, Crabtree, Plymouth PL3 6RN, Tel. 017 52-26 60 30, mtic@plymouth.gov.uk, www.visitplymouth.co.uk, Mo–Fr 9–17 Uhr, Sa 9–16 Uhr

Bed and Breakfast Park View 8: 13 Radford Road, West Hoe, Plymouth, Tel. 017 52-26 06 69. 15 Fußminuten vom Stadtzentrum, DZ £ 34.
Cliff House 9: Devonport Hill, Kingsand, Tel. 017 52-82 31 10, www.cliffhse.abel.co.uk. Exquisites B&B bei Torpoint, Cornwall, wunderbarer Seeblick auf Plymouth Sound, DZ £ 45–60.

Chez Nous 10: 13 Frankfort Gate, Plymouth, Tel./Fax. 01752-26 67 93. Frische französisch-kontinentale Küche, die Devons vielfältiges Angebot an Fisch, Fleisch und Gemüse zu nutzen weiß. Dinner-Menü ohne Wein £ 37,50.
Barbican: In der Altstadt von Plymouth finden Sie eine Reihe guter, allesamt preiswerter Restaurants: Sima Sina, Nahost; Eastern Eye, indisch; Barbican Pasta Bar.

Bootstouren: April–Sept. starten ab Mayflower Steps Boote zu Tagestouren nach Mount Edgcumbe Gardens (s. S. 205)

Ausflug per Bahn ins Tamar Valley: Züge der Tamar Valley Line starten ab Plymouth Station ins landschaftlich schöne Tal des River Tamar (www.carfreedaysout.co.uk)

The Dolphin: The Barbican, *das* Pub der Altstadt.
Das Nachtleben von Plymouth spielt sich hauptsächlich in und um die **Union Street** ab: hier finden sich die meisten Clubs und eine Reihe von Imbiss- und Take-Away-Läden. Man kann sich durchaus die ein oder andere Nacht mit House, Hip-Hop, Jazz und mehr um die Ohren schlagen, und es empfiehlt sich, die aktuellen DJs und Programme zu erfragen.
Zu den beliebten Clubs in der Union Street gehören **The Asylum** (Popular Dance, Nr. 2), **Millenium Complex** (Popular Dance, Nr. 34), **Jester's** in der Nr. 39–43, **Nations Nightclub** in der Nr. 75, **The Street** (Hip-Hop) in der Nr. 103 oder **Dance Academy,** Nr. 121–123.

Flug: Verbindungen u. a. nach London Gatwick (www.plymouth-airport.co.uk).
Bahn: Zugverbindung mit First Great Western Trains von London Paddington (www.firstgreatwestern.com)
Fähre: mit Britannyferries nach Roscoff/Frankreich (s. S. 210)

Die Umgebung von Plymouth

Saltram House

Reise-Atlas: S. 236, B 4
Saltram House ist das größte Country House Devons, umgeben von einem klassischen Landschaftspark und gleich mehrfach bedeutend: in der Rolle des

Landsitzes ›Norland Park‹ in der Verfilmung von Jane Austens Roman ›Verstand und Gefühl‹ beispielsweise. Das Mitte des 18. Jh. umgestaltete Herrenhaus ist aber vor allem wegen seiner raffinierten, neoklassizistischen Innenausstattung von Robert Adam (1728–1792) sehenswert. Das Haus zeigt außerdem zehn der schönsten Porträts von Sir Joshua Reynolds, dem Porträtisten der vornehmen Gesellschaft des 18. Jh., der außerdem als regelmäßiger Gast den Freund und Hausherrn John Parker beim Kauf der Gemälde beriet. In der Orangerie des Gebäudes sind in wechselnden Ausstellungen Werke zeitgenössischer Künstler zu sehen. Ein halbtägiger Besuch lohnt unbedingt. Seit 2003 hat Saltram House auch einen Kinderspielplatz (April–Sept. Sa–Do 12–16.30, Okt. 11.30–15.30 Uhr, NT, ist von Plymouth aus gut beschildert).

The Garden House

Ungefähr drei Kilometer nordöstlich der Abbey bei Buckland Monachorum, haben sich 1978 zwei leidenschaftliche Gärtner mit der Leitung des Garden House zum Ziel gesetzt, ›den besten Garten Englands‹ zu schaffen. Sie übernahmen das Lebenswerk eines Ehepaares, das nach dem Krieg in Devon einen Hügel am Ufer der Tavy kultiviert hatte. Das heute gemeinnützige Gartenprojekt soll die bekannten englischen Gärten an Vielfalt, Exotik, Naturtreue und Originalität überbieten und es wächst unentwegt. Japanische Gärten werden zitiert und der üppige, aber gepflegt wuchernde Mauergarten übertrifft alle Vorstellungen. Mehr als 7000 Pflanzenarten wachsen auf dem Hügel. Wer bisher kein Gartenfreund war, kann hier aufarbeiten (Buckland Monachorum, Yelverton, März–Okt. tgl. 10.30–17 Uhr, www.thegardenhouse.org.uk).

Buckland Abbey

Reise-Atlas: S. 236, B 3

Die ehemalige Zisterzienserabtei Buckland Abbey aus dem 13. Jh., knapp 15 km nördlich von Plymouth, blieb von der Zerstörung der Klöster durch Heinrich VIII. verschont – dieser hatte den Landbesitz bereits Sir Richard Grenville zugesagt. Dessen gleichnamiger Enkel baute das Anwesen in einen Landsitz um. Dann musste er verkaufen. Durch einen Mittelsmann erzielte er den damals stolzen Preis von 3500 Pfund. Zu seinem Ärger entpuppte sich der Käufer als Sir Francis Drake – sein Rivale bei Hof und zur See. In Drakes Wohnzimmer blickt ein Porträt des Abenteurers auf die Besucher hinab. Im Sommer können diese hier beim Bowling ein wenig Drakesches Lebensgefühl nachempfinden.

In Buckland Abbey befindet sich noch heute eine Trommel, die mit Drake auf der ›Golden Hind‹ um die Welt gesegelt ist. Wenn England in Not ist und jemand diese Trommel rührt, heißt es, wird Sir Francis kommen und England wieder retten. Eine andere Version der Legende berichtet allerdings, dass der Klang der Trommel Francis Drake erwecken und zu einem prächtigen Bankett rufen wird. Der Besuch lohnt: Ausstellungen, Spaziergänge durch elisabethanische Parks, Kräutergarten, Werkstätten und mehr; für ältere Kids gibt es außerdem einige ›Hands-on-activities‹ und einen Quizz-Trail, außerdem Restaurant und Shop (April–Okt. Fr–Mi 10.30–17.30 Uhr, Mitte Feb.–März und Nov.–Mitte Dez. Sa, So 14–17 Uhr).

Das Dartmoor

Reise-Atlas: S. 236, B–C 3
Knapp 500 m über dem Meeresspiegel liegt einer der größten europäischen Naturparks. Vielleicht ist dieses wilde Reservat auch, um weitere Superlative zu bemühen, das ›umwortetste Granitplateau der Welt‹: Seit man Romane, Geistergeschichten und Reiseliteratur schreibt, ziehen Dichter und Autoren sämtliche Register, um den undurchschaubaren Charakter des Moores in Worte zu fassen.

Von den ca. 900 km^2 Dartmoor-Fläche sind 90 % im Besitz der ortsansässigen Landwirte, doch ist das offene Land fast überall zugänglich. 800 km Wanderwege stehen zur Verfügung, außerdem zahllose offene Flächen. Seine höchsten Tors, wie die Steinformationen aus der Eiszeit genannt werden, **High Willhays** und **Yes Tor,** erheben sich knapp 700 m hoch über dem Meeresspiegel. Sie waren schon immer Anlass zu mythischer Spekulation – haben Giganten diese ovalen Steine aufeinander gelegt?

Das Granitland in Dartmoor ist eines der fundreichsten Areale auf den Britischen Inseln. Im Moor finden sich Überreste hunderter Dörfer aus der Steinzeit mit kreisförmigen Hütten, Steinalleen, Steinkreisen, Stallanlagen, Monumenten und Grabmälern. Mit Entdeckung des größten Zinnvorkommens Europas im 12. Jh. gewann das Dartmoor als Industrieland an Bedeutung.

Viele der archäologisch bedeutsamen Funde im Dartmoor sind auf den ersten Blick nicht als solche erkennbar. Besucher werden daher gebeten, Steine nicht zu bewegen oder als Rastplatz zu benutzen; Verbotsschilder gibt es nicht, doch in einem Faltblatt heißt es liebevoll: »A pile of stones is not just a pile of stones. A moment's carelessness can destroy thousands of years of history« (Ein Haufen Steine ist nicht bloß ein Haufen Steine. Ein Augenblick der Unachtsamkeit kann tausende Jahre Geschichte zerstören).

Die berühmten **Dartmoor Ponys** – etwa 3000 grasen heute noch frei auf dem Moorland – sind keine echten Wildpferde, sondern im Besitz von Bauern der Region. Einmal im Jahr, im Herbst, werden die Tiere zusammengetrieben, nach Besitzern getrennt und markiert. Die heutigen Dartmoor Ponys sind eine sehr urspüngliche Rasse, Nachfahren der in der Eisenzeit domestizierten Kleinpferde. Hält man den Wagen an, kommen die Tiere furchtlos herbeigetrabt und stecken ihre weichen Nasen zum Fenster hinein.

Der Osten des Moores ist dichter besiedelt als der einsame Westen; rechts und links der A 382, die die

Waren hier Giganten am Werk? – Haytor Rocks im Dartmoor

nördliche A 30 mit der A 38 im Südosten verbindet, führen verwinkelte Landstraßen zu Kirchen und mittelalterlichen Dörfern. Im Westen ist das Moor karger, dramatischer, einsamer. Bereisen lässt es sich nur mit einer Landkarte in der Hand (des Beifahrers): Innerhalb des Straßenrings kreuzen zwei Hauptstraßen das Moor, ein Gewirr kleiner Landstraßen verbindet die Dörfer miteinander. Folgen Sie möglichst den Beschilderungen – viele der kleineren Wege und Straßen enden im Nichts.

Von Princetown nach Widecombe-in-the-Moor

Reise-Atlas: S. 236, B–C 3
Wer sich von Plymouth aus auf den Weg macht, wird sich von der A 386 in Yelverton auf die B 3212 begeben. Erstes Ziel ist Princetown, bekannt durch das von weitem sichtbare **Dartmoor Prison.** Es wurde von Kriegsgefangenen aus den Napoleonischen Kriegen gebaut. Dazu musste der Wald im Moor abgeholzt werden. Als die Zwangsarbeiter im Jahre 1809 mit dem Bau fertig waren, durften sie ›einziehen‹. 1852 wurde das Gefängnis als zivile Strafanstalt in Betrieb genommen. Das urgemütliche **Two Bridges Hotel** im gleichnamigen Ort bot schon 1770 drei Attraktionen: einen Kartoffelmarkt vor dem Hotel, Ringwettkämpfe und Alkohol. Die Wände der Bar sind mit Fotos der Royals und prominenter Besucher, Moorszenen und Kuriosa dekoriert. Die stilbewusste Amerikanerin Wallis Simpson, für die Eduard VIII. 1936 auf den Thron verzichtete, liebte dieses Hotel.

Riesige Feuer brennen im Dartmoor überall in den Kaminen – auch im nahen **Warren House Inn.** Einst stand das Pub auf der gegenüberliegenden Straßenseite. Als es Stein für Stein versetzt wurde, trug man angeblich die brennenden Scheite über die Straße

und legte sie in den neuen Kamin. Niemals, heißt es, dürfe die Glut des Feuers im Moor erlöschen. Der Wirt und die Holzmassen, die in dem kleinen Pub mit seinem riesigen Kamin anzutreffen sind, bestätigen dies: 60 Tonnen Holz werden hier pro Jahr zum Wohl der sich wärmenden Gäste aufgelegt.

Die B 3357 führt in den Osten des Areals, wo das Dörfchen **Buckland-in-the Moor,** ein reetgedecktes Idyll, besonders sehenswert ist. **Ashburton** ist die beliebteste kleine Stadt im Moor. Der hiesige **River Dart Country Park** (Holne Park) eignet sich für einfache Wanderungen und zum Angeln. Wenige Kilometer entfernt verbirgt sich ein edles Country-Hotel mit Park, Wald, Mauergarten und allem, was das Herz begehrt: **Holne Chase** ist eine der ge-

Country-Hotel Gidleigh Park

Als kulinarisches Highlight im Moor gilt das bekannte Feinschmeckerrestaurant und Hotel Gidleigh Park. Als eines der zehn besten Country-Hotels der Insel verwöhnt es hier seit Jahrzehnten seine zahlungskräftige Klientel. Mittlerweile sind preisgünstigere Alternativen für Genießer in Devon zahlreich, aber der Ruf der Betreiber Kay und Paul Henderson ist unerschütterlich. Gidleigh Park, Chagford, Tel. 01647-43 23 67, www.gidleigh.com, DZ £ 420–525 inklusive Dinner und Frühstück, Restaurant: £ 75 für ein 7-Gänge-Menü, auch à la carte.

diegensten Unterkünfte der Region. Das nahe gelegene **Widecombe-in-the-Moor,** an den Hang geklammert, ist mit seiner Kirche St. Pancras aus dem 16. Jh. Ziel vieler Ausflügler. Die Zinngilde finanzierte den riesigen Granitturm der ›Kathedrale des Moors‹.

Zwei weitere Dörfer sollte man sich ansehen: In **North Bovey** säumen die Häuser den mit alten Buchen bestückten Dorfanger. **Lustleigh** ist sogar noch lieblicher: reetgedeckte Cottages, rosenüberwucherte Vorgärten, ein Dorfplatz mit altem Baumbestand. Im Primrose Cottage genießen Sie eine Teatime wie aus dem Bilderbuch. Nördlich der B 3212 liegt das Marktstädtchen Chagford, ein großes Dorf mit freundlichem Pub, dem Ring'o Bells. In den Geschäften gibt es alles, was man im Moor an Kleidung und Ausrüstung braucht.

Alles übers Moor und den Dartmoor National Park findet man im **High Moorland Visitor Centre:** Princetown, Tel. 018 22-89 04 14, tgl. 10–17 Uhr, www.dartmoor-npa.gov.uk. Mehrere Ausstellungsräume informieren über das Moor und den Park, im Shop kann man von Karten bis Wandersocken alles kaufen, was das Herz eines Moorfreundes begehrt. Fragen Sie außerdem nach der Zeitschrift ›The Dartmoor Visitor‹, die mit Neuigkeiten und aktualisierten Freizeitangeboten für die Dartmoor-Besucher erhältlich ist.

Holne Chase: Ashburton, Tel. 013 64-63 14 71, info@holne-chase.co.uk. Friedlich-idyllisches Landhaus-Hotel in großzügigem Park und Moorlandschaft, DZ £ 130–150, Dinner ab £ 34,50.
Bed & Breakfast The Gate House: North Bovey, Tel. 016 47-44 04 79, www.gatehouseondartmoor.com. Edles, idyllisches B & B mit Pool, DZ £ 60.
Ring o' Bells Inn: North Bovey, Tel. 016 47-44 03 75. Sehr lokale Landküche, Zimmer £ 30 pro Person für Bed & Breakfast.
Dodbrooke Farm: Michaelcombe, Holne, Tel. 013 64-63 14 61. Herrliches, schlichtes, Farmhouse-B & B, £ 25 pro Person, Dinner £ 12,50 pro Person.

Elephants Nest: Horndon, Dartmoor, Tel. 018 22-81 02 73. Gemütliches Pub mit guter Küche im Herzen des östlichen Dartmoor.
The Warren Inn: Postbridge, Dartmoor. Historisches Pub, Tel. 018 22-8 82 09.
Café Forge: Holne, Newton Abbot. Mediterranes Ambiente und Gelassenheit – empfehlenswert zum Lunch, Kinder scheinen besonders willkommen!

Das **High Moorland Visitor Centre** informiert detailliert über das umfangreiche Angebot an Reiterferien, Wanderungen, Ausflügen u. a.

Bahn: mit First Great Western Trains von London Paddington (www.firstgreatwestern.com) nach Exeter, weiter mit dem Taxi.

Castle Drogo

Reise-Atlas: S. 236, C 3
Beinahe bedrohlich thront Castle Drogo im Norden des Moores. Es ist das erste ›Haus‹ aus dem 20. Jh., das dem National Trust übergeben wurde, von den Erben des Einzelhandel-Pioniers Julius Drewe. Als Gründer der Ladenkette Home and Colonial Stores verdiente er sich mit Kolonialwaren eine goldene Nase und konnte sich im Jahre 1889 im Alter von 33 Jahren zur Ruhe setzen. Er hatte innerhalb von sechs Jahren im ganzen Land knapp 600 Geschäfte seiner Ladenkette eröffnet. Da Julius Drewe so furchtbar gern adelig gewesen wäre, verfolgte er mit Eifer seinen Stammbaum – und tatsächlich tauchte da ein normannischer Baron namens Drogo de Teign auf, nach dem das nahe gelegene Drewsteignton im 12. Jh. benannt worden war. Nachdem die wünschenswerten Ahnen gefunden waren, fehlte dem Millionär nur noch das Schloss. *No problem* – Drewe engagiert den damals gefragtesten Architekten Englands, Edwin Lutyens (1869–1944), der ihm eine massive Trutzburg aus Granit hinstellte. 1930 ist Castle Drogo vollendet – Englands jüngste Burg. Amüsant an dieser Geschichte ist nicht nur Drewes Bemühen, die gesellschaftlich akzeptable Herkunft nachzuweisen, sondern auch die Genugtuung eines jeden kommentierenden Engländers darüber, dass ihm dies niemals glaubwürdig gelang.

Ein Besuch im Schloss lohnt schon allein wegen der Ausblicke und des Parks. Auch im Innern hat Lutyens sein gestalterisches Genie unter Beweis gestellt. Die riesigen Küchenräume sind besonders beeindruckend. Im Tea Room des NT gibt es eine herzhafte Version des sonst üblichen süßen Cream-Tea: Kräuter-Scones mit gesalzener Clotted Cream und pikanten Chutneys.

Lydford

Reise-Atlas: S. 236, B 3
Wenige Kilometer südlich erreicht man Lydford mit seiner normannischen Festung. An ihrem Fuß öffnet sich **Lydford Gorge**, eine knapp 3 km lange Schlucht an den waldigen Ufern des Flusses Lyd. Der Strom des White Lady-Wasserfalls stürzt wenig *ladylike*, sondern tosend und schäumend 35 m in die Tiefe.

South Dartmoor Information Centre: Ivybridge, Leonards Road, Tel. 017 52-89 70 35. Mo–Fr 9–17 Uhr, Sa 9–14 Uhr. Hier erfährt man alles über das südliche Dartmoor, kann detailliertes Kartenmaterial für die gesamte Region kaufen und sich über aktuelle Veranstaltungen informieren.

The Castle Inn Hotel & Restaurant: Lydford, Okehampton, Tel. 018 22-82 02 41, CastleLyd@aol.com. Feines, kleines Hotel mit gemütlichen winzigen Zimmern in bunten Farben und großzügiger Lounge, mit Garten, DZ £ 65–90.

Tavistock

Reise-Atlas: S. 236, B 3
Die A 386 Richtung Tavistock, ist eine landschaftlich besonders schöne Strecke – in England heißt so etwas, unübersetzbar, *scenic drive.* An der rechten Abzweigung nach Bridestow befindet sich eine der ältesten Eichenalleen des West Country. Zwischen den massiven Baumstämmen sieht man die unendlich weiten heckenbewachsenen Hügel Devons.

Tavistock am Fluss Tavy ist die größte Stadt, des westlichen Moores, ein Städtchen eigentlich, das bis ins 19. Jh. hinein Zentrum des Zinn- und Kupferbergbaus war. Im 11. Jh. stand hier das wohlhabendste Benediktinerkloster des West Country – sein Landbesitz reichte bis zu den Scilly-Inseln. Nach seiner Zerschlagung durch Heinrich VIII. im 16. Jh. schrumpfte es allmählich bis auf den Abteihof St. Eustace zusammen.

Eine Fahrt auf der B3362 Richtung **Launceston** ist zwar ein kurzer Abstecher nach Cornwall (s. S. 176), aber die Strecke durch ungewöhnlich schöne Landschaft wird in dieser Richtung zu einem besonderen Erlebnis.

South Hams

Die South Hams winden sich wie ein grüner, satter Gürtel aus saftigem Weide- und Farmland um den südlichen Rand des Dartmoor. Eingegrenzt von den Flüssen Plym im Westen und Dart im Osten birgt diese weniger frequentierte Gegend einige traumhafte Dörfer und aufregende Küstenlandschaft.

Unerschöpflich sind auch hier die stillen Landstraßen mit ihrem weiten Blick über Land und Wasser. Die Küstenwanderwege scheinen unberührt und führen immer wieder über die Mündung kleiner Flüsse landeinwärts. Durch die von Flüssen und winzigen Straßen zerklüfteten Landstriche kann eine Autofahrt jenseits der A 379 tückisch werden. Doch ist man an seinem Ziel angekommen – beispielsweise an einem der wenigen B&Bs, die hier zu Recht als *off the beaten track* (›ab vom Schuss‹) angeboten werden, – belohnen tiefe Ruhe, freundliche Aufnahme und das Gefühl, etwas ganz Besonderes entdeckt zu haben.

Kingsbridge und Salcombe

Reise-Atlas: S. 236, C 4
Größter Ort der South Hams ist das Marktstädtchen Kingsbridge. Die schönsten gut erhaltenen Tudor-Bauten, elisabethanischen und georgianischen Häuser finden sich entlang der steilen Fore Street.

Salcombe hat sich vom einfachen Fischerdorf zu einem echten Ferienparadies gemausert: Segeln und Angeln sind hier die Hauptaktivitäten, und man hat das Gefühl, in eine eingeschworene Feriengemeinde einzudringen. Ein Spaziergang hinauf zum herrlichen **Overbeck's Garden** mit Blick auf die Bucht von Salcombe lohnt sich sehr. Die großzügige Jugendherberge steht auf dem Gelände des Parks (ganzjährig tgl. 10–19 Uhr). Ein kleines Museum zeigt die Sammlung des Wissenschaftlers und Erfinders Otto Overbeck: Schiffsmodelle, nautische Instrumente, Fotos und sogar einige seiner Erfindungen (April–Juli und Sept. So–Fr 11–17.30, Aug. tgl. 11–17.30, Okt. So–Do 11–17 Uhr, NT).

Küstenwanderung
Von Overbecks Garden aus bietet sich eine besonders empfehlenswerte **Wanderung** an, der 11 km lange Küstenwanderweg von **Bolt Head nach Bolt Tail.** In den zerklüfteten Schieferfelsen nisten seltene Seevögel und auf weichem Boden läuft man durch wilden Thymian, Heide und Wildblumen. Verlaufen ist unmöglich, der Weg führt stetig an der **South Devon Heritage Coast** entlang und auch wieder zurück. Ein Blick auf die Karte verrät weitere Küstenwandergebiete südlich und östlich von Salcombe an der Küste. Die Region ist ein Paradies für Vögel. Das **Slapton Ley Nature Reserve** unweit der A379 betreibt den aktiven Schutz seltener Arten. Die größte Zeitung des West Country, die ›Western Morning News‹, druckt gelegentlich die Flugrouten und Brutplätze ab, denn *birdwatching* ist ein englischer Nationalsport.

Kingsbridge Information Centre: Quay, Tel. 01548-85 31 95, Mo–Sa 9–17, So 10–16 Uhr. Informationen über die Region.

Bed and Breakfast Ayrmer House: Ringmoore, South Devon, Tel. 01548-81 03 91. Modern, 60er Jahre-Flair am Ende der Welt, sehr empfehlenswert, um £ 25 pro Person.
Old Walls: Combe, Salcombe, Tel./Fax 01548-84 44 40. Schönes B & B, ideal für den Rückzug auf Zeit, um £ 25 pro Person.
Preston Farmhouse: Harberton, Devon, Tel. 01803-86 22 35. Seit Generationen ein Familien-B & B, um £ 27 pro Person.
The Dolphin Inn: Kingston, bei Kingsbridge, Tel. 01548-81 03 14. Das Pub vermietet auch Zimmer, DZ um £ 55.

Burgh Island

Eine mondäne Ausnahme in der Ländlichkeit der South Hams bietet die bei Ebbe von Bigbury-on-Sea auch zu Fuß zu erreichende Insel: ein grünes Idyll mit Sandstränden und Felsküste, auf dem sich ein architektonisches Juwel befindet: das Burgh Island Hotel, ein einzigartiges Art déco-Gebäude (1929), perfekter Schauplatz für einen Mord à la Agatha Christie. Natürlich kein Geheimtipp – dem Hotel haftet das Flair seiner Vergangenheit an: Die Londoner High Society, Stars und Schriftsteller trafen sich in diesem exzentrischen Gästehaus des Unternehmers Archibald Nettlefold und übten sich in Intellekt und Dekadenz. Gerettet wurde der heruntergekommene Bau von Beatrice und Tony Porter – ein Londoner Paar aus der Modeszene, die hier gekonnt ihr Faible für Art déco in ein Nobelhotel. und Restaurant einsetzen: Burgh Island Hotel, Bigbury-on-Sea, South Hams, A 379/B3392, Tel. 015 48-81 05 14, www.burghisland.com, DZ £ 260–360.

ROYAL
CASTLE HOTEL

Jugendherberge: auf dem Gelände von Overbeck's Garden, April–Okt., Tel. 01548-84 28 56.

The Dolphin Inn: Kingston, bei Kingsbridge. Urgemütliches Pub aus dem 16. Jh.

Bahn: mit First Great Western Trains von London Paddington (www.firstgreatwestern.com) nach Torquay oder Paignton, weiter mit Bus oder Taxi.

Dartmouth

Reise-Atlas: S. 237, D 4

Einen Besuch im Städtchen Dartmouth sollte man mit Muße angehen. Hier bietet sich eine heitere Szenerie: ein tiefes, natürliches Hafenbecken mit unzähligen Yachten, Segel- und Fischerbooten, die tief grünen Steilufer mit schönen Häusern und Villen bestückt. Auf dem Nordhügel thront das **Royal Naval College;** hier bildet die Kriegsmarine ihren Nachwuchs aus – traditionsgemäß schickt die Royal Family ihre Söhne aufs College nach Dartmouth.

Das Städtchen hat eine lange Geschichte und begann als normannischer Handelshafen; die Eroberer führten hier Waren – vor allem Wein – aus ihrer Heimat ein.

Als Attraktion im mittelalterlichen Stadtkern gilt das **Butterwalk-Gebäude:** ein vierstöckiges Fachwerkgebäude aus dem 17. Jh., reich an Schnitzereien, dessen überhängende Geschosse von elf Granitsäulen getragen werden.

◁ Dartmouth

Dartmouth Castle erreicht man am Ende der Lower Street von der Bayard's Cove aus. Etwa 20 Minuten dauert der Fußweg hinauf zur Festung, die auf Wunsch Eduards IV. als Verteidigungsstützpunkt entstand (Dartmouth Castle, April–Sept. 10–18 Uhr, Okt. 10–17, Nov.–März 10–13, 14–16 Uhr, EH). Am gegenüberliegenden Ufer steht der ebenfalls von Eduard gewünschte Turm der zweiten Burg. Für den Bau der Festungsanlage versprach der König der Stadt jährlich 30 £ auf immer und ewig.

Von Dartmouth aus kann man eine zweistündige Schiffspartie nach Totnes unternehmen. Flussaufwärts entlang der malerischen Ufer des River Dart ist diese Fahrt ein besonderer Genuss. Je weiter man ins Landesinnere vordringt, umso stiller werden die grünen Ufer.

Totnes

Reise-Atlas: S. 236, C 4

Totnes mit seinem lebendigen Hafen besteht hauptsächlich aus einer steilen, mit Geschäften gesäumten, eng zulaufenden Hauptstraße und einigen idyllischen Gassen: *The narrows* wird dieser elisabethanische Stadtkern genannt. Laut der ›Historia Regum Britanniae‹ (1136) von dem normannischen Bischof Geoffrey of Monmouth soll Brutus, der Urenkel des Aeneas, hier gelandet sein und der Insel Britannien seinen Namen gegeben haben. Der **Brut's Stone** in der Fore Street gilt als ›Grundstein‹ des Reiches Britannien und hier wird noch heute jedes neue Oberhaupt der Monarchie verkündet.

Dartington Hall

Noch heute? Die letzte Verkündung liegt immerhin ein halbes Jahrhundert zurück – doch was ist ein halbes Jahrhundert in England? Unter dem mittelalterlichen Torbogen, dem **East Gate,** wird die Fore Street zur High Street. Sehenswert ist die Kirche **St. Mary,** die zu einem ehemaligen Benediktinerkloster aus dem 12. Jh. gehört. Die normannische Festung **Totnes Castle** bietet einen wunderbaren Blick über die Stadt und das Tal der Dart (Totnes Castle, April–Sept. tgl. 10–18, Okt. 10–17 Uhr, EH).

Dartington Hall

Reise-Atlas: S. 236, C 3/4
Totnes und Dartington werden meist in einem Atemzug genannt: Wenige Kilometer entfernt (zu erreichen mit dem Zug) liegt das Anwesen Dartington Hall (s. S. 120). Die Kunstschule wurde von der Millionärin Dorothy Elmhirst und ihrem Mann Leonard im Jahr 1925 ins Leben gerufen. Die gemeinnützige Stiftung, Zentrum der Arts and Crafts-Bewegung, der Musik und Literatur, wurde zu einem in Europa einzigartigen College. Über 500 Studenten, darunter viele Deutsche, studieren hier (Dartington Hall, Totnes, www.dartingtonhall.org.uk, März–Nov. Mo–Sa 10.30–17.30 Uhr).

Asprington

Reise-Atlas: S. 236, C 4
Bevor man die Dart per Fähre oder über Totnes Richtung Norden überquert, lohnt ein Abstecher zum **Sharpham Estate**. Das idyllische, ohnehin schon sehenswerte Dorf Asprington

DARTINGTON HALL

Fragt man einen Dartmoor-Farmer nach dem Weg zum Dartington College, so kann es sein, dass er mit ironischer Skepsis die Augenbrauen hebt. ›Die Verrückten‹, die in Dartington studieren, hat er möglicherweise nie zu Gesicht bekommen. Der College-Betrieb genießt jedoch einen besonderen Ruf. Dort studieren Leute mit merkwürdigen Ideen, so glaubt man.

Ein Besuch in Dartington Hall würde manches Vorurteil ausräumen. Allein die Anfahrt auf den Dartington Hall Estate, dessen Gebäudekomplex zu den am besten erhaltenen mittelalterlichen Herrenhäusern des Landes gehört, offenbart Stilgefühl und Ordnungssinn. Durch gepflegte Weiden und Wiesen, Azaleen und Obstplantagen und am weißschimmernden architektonischen Juwel ›High Cross House‹ vorbei führt der Weg zum Kerngebäude: eine umschlossene Hofanlage mit exquisiter Great Hall, deren klare Fensterfront an eine Kirche aus dem 17. Jh. erinnert. Den Vorbau bildet ein Gewölbeturm, der wohnliche Westflügel ist die perfekte architektonische Ergänzung zu dem aufstrebenden Bau der Hall. Im Süden und Westen ist der alte Trakt von Gärten mit reichem Baumbestand umgeben. Der symmetrisch angelegte Terrassengarten mit den ›Zwölf Aposteln‹, wie die 300 Jahre alten Eibenkegel genannt werden, ist von hoch gewachsenen Buchen und Kastanien gesäumt. Der Blick der ›Liegenden‹ von Henry Moore ruht auf der symmetrischen Oase. Ein japanischer Garten dient als meditativer Ruhepunkt. Die Hall, Mittelpunkt des alten Landsitzes, ist beliebter Veranstaltungsort für Seminare, Konferenzen, Theater- und Filmvorführungen. Über 100 Konzerte finden hier jährlich statt, außerdem Sommerseminare mit Künstlern. Der gemütliche Westflügel stellt neben Konferenzräumen einige B&B-Zimmer mit dem Luxus eines kleinen Landhotels. Nördlich der alten Gebäude liegen die Anlagen des Dartington College of Art, eines der wichtigsten internationalen Zentren für Musik und Kunst außerhalb Londons.

Ohne die Vision ihrer Gründer ist Dartington nicht denkbar. Als der privatschulgeplagte englische Pfarrerssohn Leonard Elmhirst und seine vermögende Frau Dorothy im Jahre 1925 den vernachlässigten Landsitz Dartington Hall kauften, hatten sie zwei Ziele: eine alternative Schule zu gründen und das Anwesen wieder zum Leben zu erwecken. Die alten Gebäude wurden renoviert und die Schule konzipiert. Leonard hatte sich in Indien drei Jahre an einem Landwirtschaftlichen Institut mit der Philosophie und Praxis der Landarbeit auseinandergesetzt. Dorothy war trotz ihrer privilegierten Herkunft von radikaler sozialer Mission beseelt. Die Schule folgte nicht nur antiautoritären, freizügigen und lustbezogenen Prinzipien; die Schüler sollten vor allem einen praktischen Sinn für das Leben in ihrer ländlichen Umgebung entwickeln. Die Arbeit im Klassenraum war auf ein Minimum reduziert. Stattdessen lernten die Kinder auch bei der Arbeit mit Bauern, Förstern und Handwerkern. Als Teil des Arts & Crafts-Movement entstanden ein Sägewerk, eine Cider-Presse und eine Weberei. Weiterhin waren die bildenden wie die darstellenden Künste Zentrum des kreativen Lebens in Dartington. In ihren Gründungsjahren galt Dartington – neben A.S. Neills antiautoritärer Schule Summerhill – als die revolutionärste Institution ihrer Zeit. Dartingtons Lernziel war nicht nur Handwerk und Kunst, sondern auch ökologisches Verstehen und Lebenskunst.

Dass die Schüler sich vorwiegend aus Angehörigen der Oberschicht rekrutierten, dürfte kaum überraschen. Wer sonst konnte es sich leisten, mit Reformgedanken zu experimentieren, wenn nicht das kulturelle Establishment? Leute wie Barbara Hepworth, Bertrand Russell oder Ben Nicholson schickten ihre Kinder hierher. Der Maler Lucian Freud, Sigmund Freuds Enkel, gehört zu den bekannteren Dartington-Schülern. Allmählich entstand ein bewegtes internationales Zentrum, in dem viele Musiker und künstlerisch Arbeitende Anregung fanden, u. a. Igor Strawinsky, Paul Hindemith, Merce Cunningham und Walter Gropius.

Der liberale Zeitgeist der 1930er Jahre ist auch im High Cross House verewigt. Der erste Schuldirektor, William Curry, bestand auf dem Bau eines wirklich modernen Hauses, um dem schweren, englischen Architekturerbe Frische und Pioniergeist entgegenzusetzen. So ließ man den Schweizer Architekten William Lescaze kommen, der den leuchtend weißen Würfelbau im Bauhaus-Stil mit seinen Terrassen, seinen klar strukturierten Linien und Fensterfronten im Jahr 1932 fertig stellte. Selbstbewusst steht das Haus zwischen jahrhundertealten Bäumen in der typisch südenglischen Landschaft. Heute birgt es die Gemälde und Keramiksammlung der Elmhirsts, die sich auf die Avantgarde der 20er und 30er Jahre des 20. Jh. konzentriert: Ben Nicholson, John Nash, David Jones und Bernhard Forrester sind unter den vielen Künstlern, Keramiken von Shoji Hamada, Hans Coper und Bernhard Leach gehören zu den Ausstellungsstücken.

1987 musste Dartington Hall wegen finanzieller Schwierigkeiten schließen. Umso aktiver wurde das Studentenleben des Dartington College of Arts. Etwa 400 junge oder auch reifere Studenten aus aller Welt studieren hier. Spirituell, kreativ und weltoffen statt eurozentrisch wollen die Dartingtoner mit Musik, Tanz, darstellender Kunst umgehen. Afrikanisches Trommeln und andere World Music also gehören ebenso zum Programm wie Schuberts Streichquartette. Der Trend der World Music lässt sich nach Dartington zurückverfolgen, ebenso erfolgreiche kommerzielle Konzepte wie die englische Naturkostkette ›Crank's Restaurant‹. Die Absolventen des Dartington College messen ihren beruflichen Erfolg an ihrem gesamten Lebensgefühl: Dazu gehört möglicherweise auch, dass man im konventionellen Sinne nicht unbedingt zum Überflieger wird. Damit machen die Studenten der Hinterlassenschaft der Elmhirsts, dem Dartington Hall Trust, alle Ehre. Die Stiftung will Lebensformen fördern, die mit dem Land und der Umgebung in Einklang stehen, sich ökonomisch tragen, der Gesellschaft dienen und dem Einzelnen Erfüllung bringen. Heute trägt die Stiftung viele Aktivitäten und Projekte. Ob Öko-Anbau, Arbeit mit Häftlingen oder zeitgenössische Philosophie: Der lebensbejahende, kreative Geist der Elmhirsts zieht sich wie ein roter Faden durch die Institution, zu der das liberale Dartington geworden ist.

bietet Köstlichkeiten, die im Sharpham Vineyard and Creamery – ein kleines Weingut mit Käserei am Rande des Dorfkerns – hergestellt werden. In Aspringtons Hügeln liegt der Farmshop unterhalb des College for Buddhist Studies – hier bitte nicht stören! Dort unten gibt es zwei Sorten Wein und zwei Sorten Käse: Wein sollte man, wie überall, probieren. Käse kann man bedenkenlos kaufen – er ist hervorragend, und die friedfertigen Blicke der braunen, wohlgenährten Kühe am Wegesrand bestätigen seine einwandfreie Herkunft. Man erhält den Käse auch im Postamt des Dorfes, das gleichzeitig ein kleiner Lebensmittelladen ist.

Dartmouth Tourist Information Centre: The Engine House, Mayor's Avenue, Tel. 018 03-83 42 24

Royal Castle Hotel: The Quay, Dartmouth, Tel. 018 03-83 30 33, www.royalcastle.co.uk. Traditionsreiches Hotel, viele Zimmer mit Himmelbetten, gemütliche Bar, um £ 50 pro Person, Angebote variieren.
Bed and Breakfast Warfleet Lodge: Warfleet Road, Dartmouth, Tel. 01803-83 43 52. Exzentrisches, großzügiges B&B mit Blick über den Fluss, DZ £ 60–75.
Southern Hay: Clarence Street, Dartmouth, Tel. 018 03-83 58 49, dartbirds @aol.com. Sonnige Unterkunft für Reisende, die etwas Platz brauchen, Apartment mit Selbstversorgung, um £ 500 pro Woche, oder als B&B um £ 85 pro Nacht für 2 Personen.
Dartington Hall: Totnes, Tel. 018 03-86 60 51, www.dartingtonhall.com, wunderschöne Unterkunft in den renovierten Gästezimmern von Dartington Hall, DZ £ 85, EZ £ 55 mit Frühstück.

Sharpham Vineyard and Creamery: Aspringtonˌ Tel. 018 03-73 22 03. Einkauf direkt beim Erzeuger: Wein und handgefertigter Käse.

The Carved Angel: 2 South Embankment, Dartmouth, Tel. 018 03-83 24 65. Dinner um £ 40, kulinarischer Stolz von Dartmouth, unbedingt reservieren.
The Cott Inn at Dartington: Totnes, Tel. 018 03-86 37 77. Attraktives Pub mit Restaurant.

Bahn: Totnes liegt an der Strecke von London Paddington über Plymouth nach Penzance (www.firstgreatwestern.com).

Die ›englische Riviera‹

Eine einzigartige Facette der englischen Südküste bildet der etwa 30 km lange, klimatisch milde Küstenstreifen zwischen Brixham und Torquay. Begrenzt durch die Flussmündungen von Dart im Süden und Exe im Norden zieht das Konglomerat aus den Seebädern Brixham, Torquay und Paignton heute nicht wie einst nur Erholungsbedürftige und Rentner an, sondern alle, die den Riviera-Effekt auf Englisch genießen.

Torquay und die Torbay

Reise-Atlas: S. 237, D 3–4
Torquay ist auf sieben Hügeln erbaut. Seine palmengesäumte Promenade, die Hotels und die eleganten viktorianischen Villen, die Bars und Restaurants, die mondäne Atmosphäre und die Vergnügungsmaschinerie aus Bingo-Hallen und Auto-Skootern geraten

In Brixham

zu einer einzigartigen Kombination aus Exotik und *Englishness*. Hier setzen sich die wohlhabenden Geschäftsleute zur Ruhe, die *wealthy wives and widows* finden hier genug Abwechslung und Entertainment, um nicht auf trübe Gedanken zu kommen. Heimat der populären Agatha Christie ist Torquay außerdem – und vielleicht ist die Torbay deshalb in ihrer nostalgischen Eleganz auch spannend und undurchschaubar.

Wer jemals den Ex-Monty-Python John Cleese in der Fernsehserie ›Fawlty Towers‹ gesehen hat, hat einen Begriff von Torquay-Kultur. In der Rolle des neurotischen Hoteliers Basil Fawlty muss dieser erleben, wie das einst so stolze, elegante Torquay einem Gästetyp Platz macht, der selbstbewusst konsumiert, sich beschwert, alles besser weiß und sich in der stets leicht verklemmten, kühlen Atmosphäre englischer Seehotels mit neumodischer Direktheit unbeliebt macht.

Heute ist die Torbay Ziel für alle, die gerne den Flair eines Seebads genießen, Menschenmengen lieben und sich abends gern in dem ein oder anderen Club ins Gewühl stürzen. Es gibt sogar eine Theaterszene der unterhaltsamen Art. Es wird vor allem leichte Kost serviert, Künstlern wie Frank Sinatra, Nat King Cole etc. Tribut gezollt oder Komödien aufgeführt.

Das überschaubare Zentrum bildet der Hafen, an dem sich während der Saison Tag und Nacht die Menschenmassen tummeln. Der berühmte **Pavillon** mit der Kupferkuppel, einst gesellschaftlicher Treffpunkt, lebt heute von den Geschäften. Gleich hinter den Kalkfelsen mit seinen Hotels beginnt der schönste Strand, **Abbey Sands:** Im Hochsommer hat er mit der klösterlichen Ruhe der Torre Abbey, von der er seinen Namen hat, nichts gemeinsam. Den **Oddiscombe Beach** im Norden der Stadt erreicht man mit einer Zahnradbahn – über bewaldete Klippen fährt sie zum Strand hinunter.

Die normannische Klosteranlage wurde Opfer der Zerschlagung der Klöster durch Heinrich VIII. Nur der *tithe barn,* die Scheune, wo die Bauern ihrem Lehnsherrn ein Zehntel ihrer Ernte als Steuer abliefern mussten, blieb erhalten. Eine Kunstgalerie und ein Agatha Christie Room sind in der **Abbey Mansion** zu besichtigen (Ostern–Okt.10–18 Uhr). Auch das **Torquay Museum** widmet der Krimi-Autorin eine kleine Ausstellung (529 Babbacombe Road, Ostern–Okt. Mo–Sa 10–16.45 Uhr). Eine Karte mit einem ›Agatha Christie Trail‹, vier ausgearbeiteten Spaziergängen auf den Spuren der berühmten Schriftstellerin, ist in der Tourist Information erhältlich.

Die zwei Millionen Jahre alten Höhlen **Kent's Cavern** waren in der Steinzeit bewohnt. Abends ist es besonders unheimlich, zwischen den Stalagmiten und Stalaktiten zu wandeln. Die Höhlen sind bis heute eine bedeutende archäologische Fundstelle (Ilsham Road, Führungen Juli–Aug. tgl. 10–17, März––Juni, Sept. 10–16, Okt. 10–16 Uhr, ‹Ghost Tour‹ Fr abends – besonders spannend, reservieren! Tel. 018 03-21 51 36, www.kents-cavern.co.uk).

Da Torquay so lebendig vom viktorianischen Gesellschaftsleben erzählt, ergänzt man seine Eindrücke vielleicht mit einem Besuch im **Bygones Museum** im eingemeindeten Bezirk Babbacombe. Die lebensechten Nachbildungen mit Liebe zum Detail illustrieren englischen Alltag inklusive seiner Gerüche: So war es zu Viktorias Zeiten in den Geschäften, beim Arzt und in den Kinderstuben (Fore Street, St. Mary Church, tgl. 10–17 Uhr).

Torquay Tourist Office: Vaughan Parade, Tel. 01803-29 62 96, www.english-riviera.co.uk

No 7 Fish Bistro: 7 Beacon Terrace, Torquay, Tel. 01803-29 50 55. Als Familienbetrieb geführtes beliebtes Fischrestaurant, das sich bei seiner Tageskarte vor allem Frische und Einfachheit verschreibt, um £ 25 pro Person mit Wein.

Torquays Harbourside bietet an die 15 Bars, Cafes und Clubs, hier eine Auswahl:
Cafe Mambo: auf drei Etagen Bars und Tanzflächen, von Acid Jazz bis Rock & Blues, alle Altersgruppen, bis 3 Uhr geöffnet.
Das **Shiraz** und das **Vaughans**, Harbourside, sind kleine Bars mit Terrassenplätzen für laue Sommernächte, **Club Ibiza** für

Nachbau von Sir Francis Drakes ›Golden Hind‹, Brixham

Schwule und Lesben, **Devon Arms** bietet live Entertainment, Jazz und Cabaret, das **Route 66** ist der Nightclub für alle.
Torquay Seafront: Cafe Mojo's bietet Live Musik und DJ Sound. **Mouse Trap,** Abbey Road: älteres Publikum, ebenso das **Cafe Prague.**

Princess Theatre: Torbay Road, Torquay, Tel. 087 02-41 41 20, vorwiegend Pop, Musical und leichtes Entertainment.

Bahn: First Great Western Trains von London Paddington nach Torquay

Paignton

Reise-Atlas: S. 237, D 4
Der kleine Hafen ist ein Badeort ohne den Glanz Torquays – und ohne dessen Prätention. Der mit Nähmaschinen reich gewordene Isaac Singer ließ sich hier Ende des 19. Jh. das **Oldeway Mansion** ausbauen: Nachgeahmter Barock und goldüberladene Innenausstattungen, Marmor und Samt im Überfluss machen dieses Gebäude zum Paradies für Geschmackspuristen, die sich gern in Zynismus üben.

Claires: Torwood Street, Paignton, Do–Sa House Music mit wechselnden DJs.
Monastry: Torwood Gardens Road, nur Sa, Hip-Hop, Techno etc. von Mitternacht bis 7 Uhr morgens.

Palace Theatre: Palace Avenue, Paignton, Tel. 01803-66 58 00, breites, wechselndes Angebot von Shows und Komödien.

Bahn: First Great Western Trains von London Paddington Station über Torquay nach Paignton.

Brixham

Reise-Atlas: S. 237, D 4
Die bescheidene Hafenstadt wurde wie Paignton erst in der Nachkriegszeit von der *working class* als Ferienort entdeckt. Im malerischen Hafen liegt ein Nachbau von Francis Drakes ›Golden Hind‹, das Schiff, mit dem der Held aus Devon die Welt umsegelte: Überraschend klein wirkt das originalgroße Segelschiff, das auch heute noch von seinem Heimathafen aus gelegentlich auf Tour geht.

Vom Hafen in Brixham führt hinter dem Berry Head House Hotel ein Weg zur Steilküste von **Berry Head,** dem Südzipfel der Torbay. Dieses hoch gelegene Naturschutzgebiet ist Brutstätte und Heimat vieler Seevögel und bietet einen herrlichen Ausblick über die gesamte Küste.

Churston bei Brixham ist das richtige Ausflugsziel für Krimi-Fans. Agatha Christie kam oft hierher, um sich mit Freunden zu treffen. Sie stiftete die bunten Fenster auf der Ostseite der St. Mary's Church und war häufig nebenan in der Bar des Olde Churston Court zu Gast. Urgemütlich liegt dieses alte Inn im Grün der Küstenlandschaft. Zum Inventar gehören seit Generationen mindestens drei kalbsgroße Mastiffs.

Olde Churston Court Inn: Churston, Brixham, Tel. 01803-84 21 86, www.churstoncourt.com. Komfortables Inn, DZ £ 65–100.

Exeter

Reise-Atlas: S. 237, D 2/3
Keine Schönheit, sagt man von der Studentenstadt Exeter, es mangle an Atmosphäre. Doch überzeugt ihre bestechende Lage, die berühmte Kathedrale und eine Auswahl an kulturellen Angeboten, die man anderswo in Devon vergebens suchen würde.

Die Universitätsstadt blickt auf eine lange Vergangenheit als prähistorische, keltische und später von den Römern ausgebaute Siedlung; die Bischofsstadt besitzt eine der sehenswertesten gotischen Kathedralen des Landes. Exeter erlitt im Zweiten Weltkrieg erhebliche Schäden. Der größte Teil seiner Altstadt musste neu aufgebaut werden, doch seine alten Strukturen sind weitgehend erhalten.

Isca Dumnoniorum hieß diese einst westlichste Römersiedlung mit ihren Bädern, einer Basilika, einem Marktplatz und Stadtmauern, von denen noch Teile erhalten sind. Die Angelsachsen gründeten ein Kloster und bauten mehrere Kirchen, von denen nur noch die Grundmauern bestehen.

St. Peter's Cathedral

1110 begann der Bau der normannischen Kathedrale am Ort der zerstörten Abteikirche. Im 13. und 14. Jh. wurde im Stil der Gotik weitergebaut. Die Kathedrale **St. Peter's Cathedral** [1] bildet seit jeher mit ihren von historischen

Fassade der Kathedrale von Exeter

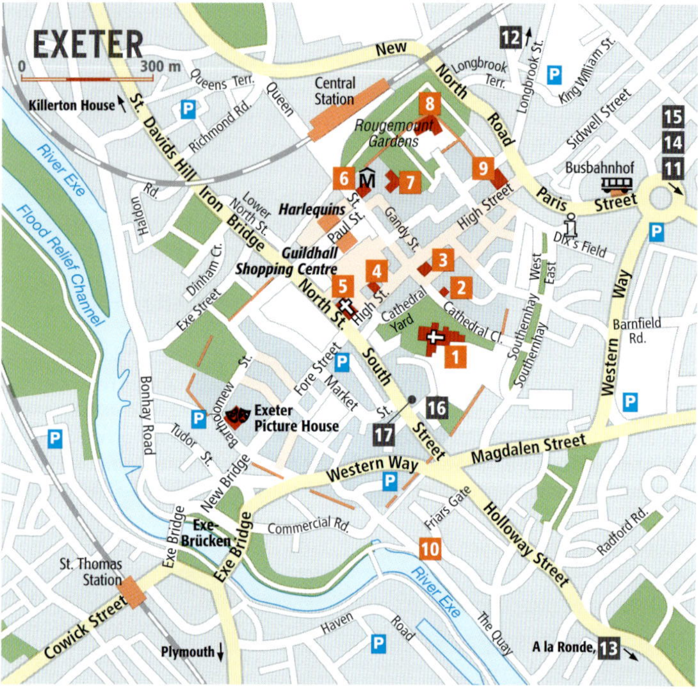

Häusern gesäumten Rasenflächen den Mittelpunkt der Stadt. Auffällig sind die beiden normannischen Türme, die als Querschiff in den neuen gotischen Bau einbezogen wurden. Die Westfassade ist ein Höhepunkt der hochgotischen Architektur in England. Drei übereinander gestaffelte Skulpturenreihen sind ihr als breites Band vorgesetzt: Die Figuren der untersten Reihe sind Darstellungen der Engel, darüber versammeln sich die Könige, unter ihnen Alfred, Athelstan, Wilhelm der Eroberer und Richard II., oben thronen die Apostel. Beim Eintritt in den riesigen Bau blickt man in das längste gotische Gewölbe der Welt (105 m). Wo sich die Gewölberippen der Fächer treffen, sind farbige Schlusssteine gesetzt. Jeder von ihnen erzählt eine Geschichte; eine Darstellung gilt der Ermordung des Bischofs Thomas Becket.

Die Kathedrale ist reich an figürlichen Darstellungen und Skulpturen, selbst das Chorgestühl ist unterhaltsam: Die mythologischen Darstellungen auf den Miserikordien (1260) gehören zu den ältesten im Land. Hier büßt ein König in einem Kessel mit siedendem Wasser für seine Vergehen,

Sehenswürdigkeiten

- 1 St Peter's Cathedral
- 2 Mol's Coffee House
- 3 The Ship Inn
- 4 Guildhall
- 5 St Petrock
- 6 Royal Albert Memorial Museum
- 7 Exeter Arts Centre
- 8 Rougemount Castle
- 9 Underground Passages
- 10 Quay House Visitor Centre

Unterkunft

- 11 Upton Country House,
- 12 University Halls and Residence
- 13 Jugendherberge YHA

Essen & Trinken

- 14 Drewe Arms
- 15 Jack in the Green
- 16 Brazz
- 17 Maryam

und der erste Elefant der Insel, mitgebracht durch den französischen König Ludwig IX. im Jahre 1255, ist hier verewigt. Der herrliche, holzgeschnitzte Bischofsthron (um 1315) ragt 18 m in die Höhe. Er ist der prachtvollste in ganz England. Besuchern fallen die liebevoll gestickten Kissenbezüge auf, die auf den äußeren Steinbänken liegen – die wohl jüngste Detailarbeit der Kathedrale. Die Frauen der Gemeinde machten sich anlässlich eines Besuchs von Königin Elisabeth II. im Jahr 1983 an die Arbeit und erzählten mit Nadel und Faden in sechs Jahren Arbeit die Geschichte der Kathedrale. Die lebendigen Führungen durch die St. Peter's Cathedral und den Kapitelsaal sollte man sich nicht entgehen lassen (Führungen April–Okt. tgl. 11 und 14.30 Uhr).

Vom Domplatz zur High Street

Bei der Domfreiheit, dem Cathedral Close, fällt der Blick auf die beiden Löwen von **Mol's Coffee House** 2 an der St. Martin's Church – das bekannteste Cafe der Stadt. Hier trifft man sich, liest Zeitung, schreibt an seiner Doktorarbeit. Der hübsche Domplatz ist durch die St. Martin's Lane mit der High Street verbunden. In dieser Gasse hat das gemütliche Pub **The Ship Inn** 3 die Ursache seines Ruhms, kultiviert: Francis Drakes Lieblingspub... Aber wir wissen ja, dass solche Attribute mit Vorsicht zu genießen sind.

Die **Guildhall** 4 in der High Street stammt aus dem Jahr 1330 und ist damit das älteste Verwaltungsgebäude Englands, das noch in Gebrauch ist. Möchte man einen Blick auf die historischen Porträts und die mittelalterliche Halle im Innern werfen, erkundigt man sich am besten im Tourist Office nach den aktuellen Öffnungszeiten. Schräg gegenüber befindet sich eine hervorragende Universitätsbuchhandlung, die Literatur für jeden Bedarf anbietet. Die Kirche **St. Petrock** 5 ist eine der wenigen intakten Kirchen des Mittelalters im Stadtzentrum. Auf der Queen Street kann man sich im **Royal Albert Memorial Museum** 6 mit viktorianischen Kuriosa, angefangen bei ausgestopften Tieren bis hin zur architektonischen Stilkunde die Zeit vertreiben (Mo–Sa 10–17 Uhr). Hinter dem Museum versteckt liegt das **Exeter Arts Centre** 7 mit unterschiedlichsten Angeboten: Programmkino, Ausstellungen, Workshops und vieles mehr. **Rougemount Castle** 8, heute nur noch rotes Mauerwerk mit einem wunderschönen Park, ist eine der vielen normannischen Festungen Südenglands. Wilhelm der Eroberer ließ sie zur Bewachung der Bevölkerung Exeters bauen: Mehr als zwei Jahre nach Wilhelms Krönung widersetzte sich Exeter noch immer der normannischen Herrschaft.

Nichts für Klaustrophobiker ist ein Ausflug in die engen mittelalterlichen Gewölbe der **Underground Passages** 9. Die unterirdischen Kanäle wurden im 14. Jh. errichtet und versorgten die Stadt mit Wasser. Auf der Tour gehören ein bisschen Nervenkitzel und Geistergeschichten natürlich mit zum Vergnügen (Eingang Romansgate Passage, High Street, Juni–Sept. Mo–Sa 10–17, Okt.–Dez. und Feb.–Mai Di–Fr 12–17, Sa 10–17 Uhr).

The Quayside

Zum Abschluss eines Besuchs in Exeter kann man die Hafengegend The Quayside erkunden, die nach Umbau und Restaurierung mit neu entstandenen Geschäften und Pubs zum Bummeln einlädt. Im Besucherzentrum **The Quay House Visitor Centre** 10 wird die maritime Vergangenheit von Exeter präsentiert (April–Okt. tgl. 10–17, Nov.–März Sa, So 11–16 Uhr). Im 18. Jh. war Exeter ein bedeutender Ausfuhrhafen für Wolltuche. Vom Kai starten Ausflugsboote, und man kann Fahrräder oder Kanus für eine Kanal-Tour mieten.

Exeter Tourist Information: Civic Centre, Paris Street, Tel. 013 92-26 57 00, tic@exeter.gov.uk

Upton Country House 11: Cullompton, Devon, Tel./Fax 018 84-330 97. Wunderschönes Country House/Bed & Breakfast bei Exeter, DZ um £ 65 (variiert).

University Halls and Residence 12: Tel. 013 92-21 15 00, nur außerhalb des Semesters, d.h. März/April und Juli–Sept. Zimmer mit Bad oder ohne in den Universitätsgebäuden von Exeter, um £ 28.

Jugendherberge 13: 41 Countess Wear Road, Exeter, Tel. 013 92-87 33 29.

Drewe Arms 14: Broadhembury, an der A 373 zwischen Cullompton und Honiton (17 km außerhalb von Exeter), Tel. 014 04-84 12 67. Es lohnt der Weg für Feinschmecker: Das gemütliche Country-Pub in einem idyllischen Privatdorf der Familie Drewe hat sich zum exquisiten Fischlokal gemausert, doch auch Geflügel und Wild der Region stehen auf der Speisekarte, um £ 40 pro Person mit Wein.

Jack in the Green 15: Rockbeare, Tel. 014 04-82 22 40, an der A 30 wenige Kilometer östlich von Exeter. Wüsste man nicht, dass es hier exzellente moderne englische Küche gibt, würde man vorbeifahren. Menü £ 22,50 pro Person, aber man kann auch günstiger essen. Das Pub liegt direkt an der Straße.

Brazz 16: 10–12 Palace Gate, Exeter, Tel. 01392-25 25 25, www.brazz.co.uk. Erfrischendes, atmospärisches Trendlokal auf zwei Etagen mit guter, herzhafter Küche um £ 18 pro Person mit Wein.

Maryam 17: 28, South Street, Exeter, So geschl. Angenehmer Standard-Italiener, um £ 15 pro Person.

Entlang **High Street** reihen sich die üblichen Ladenketten, **Gandy Street** lockt mit kleinen Geschäften und die neue **Quayside** mit Antiquitäten- und Kunsthandwerksläden.
Princesshay ist Schauplatz des Bauernmarktes, **Farmers' Market,** mit Produkten aus der Region.

Double Locks: Canal Banks, Alpington bei Exeter. Junges, lebendiges Szenepub, Do Jazz.
Clubs sind äußerst studentisch und preiswert. Das **Rococco's** in der High Street hebt das Eintrittsalter Samstag abends deshalb auf 25 Jahre, ansonsten beliebt: **Warehouse** und **Boxes,** beide in The Quay, außerdem das **Cavern** in der Gandy Street: tagsüber Pub, abends meist Live Musik (Rock, World Music, Folk)

Das Stadtmagazin ›The List‹ erscheint monatlich und bietet ausführliche Informationen zu Theater, Musik, Lesungen und Führungen.
Northcott Theatre: Stocker Road, Exeter, Tel. 013 92-49 34 93. **Exeter Phoenix Arts Centre**, Bradninch Place, Gandy Street, Tel. 013 92-66 70 80. Ein gutes Programmkino mit schönem Café ist das **Exeter Picture House** in der 51 Bartholomew Street West.

Devon County Show: Landwirtschaftsmesse im Mai.
Exeter Festival: erste drei Juliwochen: Jazz, Blues, Klassik, Cabaret, Programme bei Exeter Tourist Information.
Shakespeare in the Garden: im Sommer Freilichtaufführungen mit dem Ensemble des Northcott Theatre im Park beim Rougemont Castle

Die **Red Coat Guides** bieten kostenlose Stadtführungen zu bestimmten Themen, Tel. 013 92-26 52 03.
Saddles and Paddles: Fahrrad- und Bootsverleih am Hafen.

Flug: der Flughafen Exeter liegt ca. 10 km vom Zentrum (www.exeter-airport.co.uk);
Bahn: First Great Western Trains (www.firstgreatwestern.com) von London Paddington Station hält direkt in Exeter.

Die Umgebung von Exeter

Killerton House

Reise-Atlas: S. 237, D 2
In Killerton House, ca. 15 km nördlich von Exeter (A 396), möchte man am liebsten gleich selbst einziehen. Der im 18. Jh. von John Johnson gebaute Landsitz liegt schlicht und elegant in einem zur Landschaft geöffneten Park. Im Wohnhaus herrscht die Atmosphäre echten Familienlebens. Die Familie Acland führte hier seit dem 18. Jh. bis zur Übergabe an den National Trust im Jahr 1944 das Leben des politisch engagierten Landadels, allerdings traditionsgemäß im House of Commons. Richard Acland, 15. Baron Acland, trug den Wandel der englischen Gesellschaft nach dem Zweiten Weltkrieg nicht nur mit Fassung, sondern förderte ihn sogar. Landbesitz war seiner Meinung nach ohnehin nicht mehr zeitgemäß, wie er mit der Gründung seiner eigenen Partei ›Common Wealth‹ zum Ausdruck brachte. Durch die Erbschaftssteuer hatte sich der Besitz be-

reits verringert. Als Richard Acland den beachtlichen Familienbesitz dem National Trust übereignete, war es die bis dahin größte Schenkung (6880 ha) in dessen Geschichte, eine Sensation in der Presse. Der Erhalt des erstmals im Jahr 1242 verzeichneten, funktionierenden Anwesens mit über 20 Höfen, einem Dorf, dem Wohnsitz und Park der Acland-Familie ist zum einen der ungebrochenen Zuwendung der Familie, dann dem Einsatz des National Trust zu verdanken.

Beachtlich ist die Modesammlung aus dem 18. bis 20. Jh. In wechselnden Ausstellungen werden an die 9000 Kleidungsstücke gezeigt. Ein ausgedehnter Spaziergang in den zauberhaften Gartenanlagen ist ein Genuss. Die Bärenhütte (1808) aus Flechtwerk, Holz, buntem Glas und Muscheln, diente Mitte des 19. Jh. tatsächlich einem Hausbären als Unterkunft. Außerdem sind ein Felsgarten, ein Eishaus, eine Kapelle und eine Buchenallee zu entdecken, außerdem bietet Killerton ein wunderbares Restaurant. (Killerton House, Haus: April–Okt. Mi–Mo, Aug. tgl. 11–17.30, Park: ganzjährig 10.30 Uhr bis Sonnenuntergang).

A La Ronde

Reise-Atlas: S. 237, D 3
Fährt man von Exeter nach Exmouth, so stößt man an der A376 auf ein ›Eccentric House of Shells‹, wie das A La Ronde sich auch beschreibt. Das sechzehnseitige Haus ist tatsächlich ein wunderbares Beispiel für Exzentrik, für die relative Freiheit wohlhabender Engländerinnen im 18. Jh. und für die englische Liebe zum Detail. Zwei Junggesellinnen, Jane und Mary Parminter, begaben sich auf die damals übliche Grand Tour auf den Kontinent. ›Europe in ten years‹ wurde zum Reisekonzept der beiden Angelsächsinnen: Frankreich, Deutschland, die Schweiz und Italien. Nach ihrer Rückkehr, fanden sie, passten sie nicht mehr in ein gewöhnliches englisches Haus. So mussten die beiden ihrer Inspiration durch die byzantinische Basilika San Vitale von Ravenna folgen und ließen das Rundhaus A La Ronde bauen. Ringförmig umschließen die Wohnräume die achteckige Halle mit Glaskuppel. Zimmer um Zimmer offenbart sich die Lust am Außergewöhnlichen. Krönung ist der Muschelfries in den obersten Stockwerken und der Lichtkuppel; es kann mit Hilfe beweglicher Kameras von unten aus besichtigt werden. Selbstgebastelt im allerbesten Sinn des Wortes wirkt dieses Paradies der Parminter-Ladies, die in ihrem Testament festlegten, dass es nur an weibliche Erben übergeben werden solle (April–Okt. So–Do 11–17.30 Uhr, NT).

Von Exmouth nach Lyme Regis

Die Fahrt geht durch ein touristisches Niemandsland, reich an Idyll, Charme und versteckten Reizen. Baumgesäumte Landstraßen, Panoramablicke und ländliche Stille machen eine Reise von Exmouth nach Lyme Regis zur romantischen Landpartie. Auf der Landstraße B3178 geht es von der Exe in Richtung Dorsets Fossilienküste.

Budleigh Salterton

Reise-Atlas: S. 237, D 3
Der beste Fish & Chips-Laden von Devon befindet sich, laut Meinung der Ortsansässigen, unscheinbar und unschlagbar, auf der Hauptstraße von Budleigh Salterton. Man käme nicht darauf, dass die wie Krankenschwestern gekleideten Damen hinter der plastikbeschichteten Theke tatsächlich köstlichen frischen Fisch im Teigmantel und ›leckere Pommes‹ servieren. Wer darauf keine Lust hat, nimmt vielleicht seinen Tee in dem reizenden Tea-Room von **Newton Poppleford,** dem Southern Cross Guest House.

Ganz in der Nähe liegt **Hayes Barton,** das Geburtshaus von Sir Walter Raleigh, heute in Privatbesitz und nicht zu besichtigen – ein Blick von außen auf das Bauernhaus, wo der Dichter, Forscher und Günstling am Hof Elisabeths I. um 1552 geboren wurde, muss genügen. Sein Schicksal verlief nicht so glücklich wie das seines Kollegen Francis Drake (s. S. 104): König Jakob I. ließ ihn 1618 köpfen, als Zugeständnis an die Spanier.

Bicton Park

Reise-Atlas: S. 237, D 3
Empfehlenswert für Gartenfans ist eine Pause in Bicton Park, 2 km nördlich von East Budleigh. Es bietet einen englischen Landschaftsgarten, einen italienischen Garten, eines der ältesten Palmenhäuser Englands und eine Muschelsammlung in einem runden Steinhaus. Bemerkenswert sind die seltenen Bäume: eine tasmanische Zeder, ein indischer Bohnenbaum, ein mexikanischer Wacholderbaum, chilenische Araukarien und viele andere Raritäten, von denen bisher kaum jemand gehört hat. Der Park befindet sich bei East Budleigh, ca. 12 km südöstlich von Exeter, April–Okt. tgl. 11–18 Uhr

Ottery St. Mary

Reise-Atlas: S. 237, D 2
Auf der Fahrt nach Lyme Regis könnte man einen kleinen Umweg über Ottery St. Mary machen. Die zauberhafte **Kirche** wird mit der Kathedrale von Exeter verglichen; die astronomische Uhr aus dem 14. Jh. gleicht denen in Wells und Exeter. In dieser Marktstadt wurde der romantische Dichter Samuel Taylor Coleridge in eine kinderreiche Familie geboren. Sein Gedicht ›Rime of the Ancient Mariner‹ ist in Form eines Albatrosses auf der Kirchenmauer verewigt.

Die Fossilienküste

Östlich von Exmouth beginnt die Jurassic Coast, Südenglands Beitrag zum UNESCO-Weltnaturerbe. An den schroffen Steilabbrüchen ist eindrucksvoll die 185 Millionen Jahre alte Vergangenheit dieses Landstrichs ablesbar: Aus dem Sedimentgestein wurden Dinosaurierknochen und tellergroße Ammoniten geborgen, es gibt einen versteinerten Wald und unzählige andere Merkwürdigkeiten aus einer Zeit, als in England tropisches Klima herrschte.

THE GREYHOUND

Dorset

Corfe Castle

Atlas S. 238/239, A–D 3–4

DORSET – DER WESTEN

Die Naturwunder der Jurassic Coast von Devon setzen sich im Westen Dorsets fort und fesseln nicht nur Geologie-Interessierte und Dino-Fans. Abseits vom sommerlichen Strandgetümmel von Weymouth oder der West Bay bei Bridport lädt das stille Landesinnere zu literarischen Streifzügen auf den Spuren der Romanhelden von Thomas Hardy ein.

Die Küste von Lyme Regis bis Weymouth

Lyme Regis

Reise-Atlas: S. 238, A 4

Im Jahre 1811 stürmt es an der Südküste. Der Wind peitscht an die Klippen von Lyme Regis. Das Gemisch aus Kalksandstein, Tonerde und Sand gibt nach, ein Stück Küste bricht ab. Als die zwölfjährige Mary Anning am nächsten Tag auf Fossiliensuche geht, macht sie einen Fund, der auch Erwachsenen den Atem stocken lässt: das vollständige Skelett eines 11 m hohen Ichthyosaurus. Heute steht es im Naturhistorischen Museum in London. Der Saurier und das Mädchen, ein Stück Geschichte beginnt: Im 19. Jh. wird die Küste von Lyme Regis schick – nicht nur als Badeort. Die Lust an der Naturwissenschaft wird zum Gesellschaftsspiel der Mittelschicht. Fossiliensammeln ist ›in‹.

Bis heute nehmen die Funde kein Ende, die Jurassic Coast gehört seit 2001 zum Weltnaturerbe (s. S. 133). Im Dinosaurland sind viele von ihnen ausgestellt. Das Fossilienmuseum bietet außerdem zweistündige Fossiliensammeltouren an (wechselnde Zeiten, je nach Ebbe und Flut; Dinosaurland, Lyme Regis, April–Okt. tägl. 10–18 Uhr, Nov.–März 10–17 Uhr, www.dinosaurland.co.uk – geeignet mit Kindern).

Am Monmouth Beach, am Golden Cap, in der Lulworth Cove und an der Kimmeridge Bay hämmert es noch heute. Es ist fast unmöglich, den Namen der Küstenstadt auszusprechen, ohne das unermüdliche Klicken der Hammerschläge der *fossil hunters* zu hören. Hierher pilgern Familien und *anoraks,* wie die Engländer scheue, ungeschickt gekleidete Naturfreunde nennen. In Lyme Regis kann man Fossilien kaufen – oder ein Hämmerchen.

Lyme Regis wird im Sommer etwas eng: Dann gesellen sich zu den Bewohnern dieser eleganten, kleinen Stadt die Sommergäste – Fußgänger, Kinder und Hunde tummeln sich in den winzigen Straßen, die leider nicht für Autos gesperrt sind. Die Stadtrechte und den stolzen Zusatz ›Regis‹ erhielt das Fischerdorf Lyme im Jahr 1284 durch Eduard I. Es folgten Handelsprivilegien, ein Stadtrat und ein eigenes Gericht; in dem sicheren Handelshafen wurde Schiffbau betrieben und Somersets Wollprodukte verschifft.

Die literarischen Bezüge zur Stadt können sich ebenfalls sehen lassen: Jane Austen liebte Lyme Regis. Sie lebte zeitweilig im Bay Cottage an der Parade und machte die Stadt zum Schauplatz in ihrem 1818 erschienenen Roman ›Persuasion‹ (dt. ›Überredungskunst‹). Romanfigur Louisa Musgrove stürzt von der mittelalterlichen Hafenmole ›The Cobb‹ und verletzt sich schwer. Der Autor John Fowles lebt heute hier und lässt ›Die Geliebte des französischen Leutnants‹ an der Küste von Lyme Regis spielen. Die Verfilmung des Romans mit Meryl Streep vor dem Hintergrund der Küste und den waldigen Hügeln hat dem Besucherstrom keinen Abbruch getan.

Wanderung zum Golden Cap

Besonders schön ist die Küste östlich von Lyme Regis. Das höchste Kliff Südenglands, das Golden Cap, ragt hier 188 m aus dem Wasser hervor. Auf dem 800 ha großen Hinterland des National Trust bietet sich eine herrliche Wanderung an (5 km, steile Steigungen). Sie beginnt nicht an der Küste, sondern bei Chideock Hill. Man parkt auf dem NT-

Am Strand von Lyme Regis

Parkplatz in der Langdon Lane. Von hier aus macht man sich auf den Weg – bitte mit Wanderkarte: Nach einer 2 km langen Strecke durch den Wald von Langdon Hill folgt ein steiler Anstieg auf das Golden Cap. Hier ist die Aussicht spektakulär: Man überblickt die gesamte Lyme Bay bis Portland und das Inland. Man folgt der Beschilderung bis St. Gabriel und wandert an den Ruinen der St. Gabriel's Church vorbei. An der St. Gabriel's Farm führt der Weg rechts ab Richtung Morcombelake. Es folgt eine Strecke durch intakte Landschaft bis nach Norchard Farm. Vor der Farm gabelt sich der Weg: Wir nehmen den rechten Weg und biegen auf der Muddyford Lane rechts ein, nach 20 m wieder links und gehen dann durch ein Tor mitten über ein Feld Richtung Shedbush Farm und Chardown Hill. Im idyllischen Shedbush biegen wir links ab und laufen in Richtung Nordwesten nach Morcombelake. In Lydeard endet das NT-Gebiet: beim Lydeard Bungalow bietet sich einer der schönsten Bilderbuch-Blicke Englands auf die Küste. Man folgt der Shedbush Lane bis zur A 35, hier biegt man rechts ab zum Parkplatz.

Lyme Regis Tourist Office: Church Street, Tel. 01297-44 21 38, Mai–Sept. Mo–Fr 10–18 Uhr, Sa u. So 10–17 Uhr, sonst Mo–Fr 10–16 Uhr, Sa u. So 10–14 Uhr.

Amherst Lodge Farm: Uplyme bei Lyme Regis, 3 km von der Küste entfernt, Tel. 01297-44 27 73, Fax 44 26 25. Sehr schönes B&B, besonders geeignet ist eine Selbstversorgungswohnung für Familien, DZ £ 35–40.

Bridport

Reise-Atlas: S. 238, A 4
Die Hafenstadt Bridport besitzt ein hübsches, georgianisches Stadtzentrum. Hier wurden im 17. und 18. Jh. Taue hergestellt. Zur Dehnung spannte man Hanf und Flachs zwischen den Häusern. Alles über das Seilerhandwerk erfährt man im Bridport Museum (South Street, April–Okt. Mo–Sa 10–17 Uhr). An der eindrucksvollen West Bay findet man das beste Fischrestaurant der Umgebung: Im verglasten Holzpavillon des ›Riverside Restaurant and Seafood Bar‹. Eine weitere Fischquelle findet sich südlich von Bridport in dem Dorf Burton Bradstock, zu erreichen über die B 3157 (s. unten, Restaurants).

Bridport Tourist Office: 47 South Street, Tel. 013 08-42 49 01, tgl. Mo–Sa 9–17 Uhr

Bridport Arms Hotel: Tel. 013 08-42 29 94. Gutes Standard-Hotel in Strandnähe, DZ £ 60.
Innsacre Farmhouse: Shipton Gorge, Bridport, Tel./Fax 013 08-45 61 37. Anglo-französisches Landidyll, Kinder über 9 Jahre willkommen, Super-Frühstück, DZ um £ 35.
Jugendherberge: Litton Cheney bei Bridport, Tel. 013 08-48 23 40, Erw. £ 10, Kinder £ 7 pro Nacht.

Riverside Restaurant and Seafood Bar: Bridport, Tel. 013 08-42 20 11, www.riverside-restaurant.co.uk. An der West-Bay lässt sich in lockerer Atmosphäre hervorragend zubereiteter Fisch verspeisen (£ 24–£ 66 pro Person).
Anchor: Burton Bradstock, Tel. 013 08-89 72 28. Ins beliebte Anchor geht man

zum Fisch-Essen in allen Preisklassen, von einfachen Gerichten um £ 8 bis zum Hummer (£ 24) oder zur Fischplatte für 2 Personen (£ 50).

Nach Abbotsbury und Chesil Beach

Reise-Atlas: S. 238, B 4
Von Bridport aus nimmt man den Weg Richtung Osten am besten mit einem Scenic Drive auf der A 35 Richtung Dorchester: Diese Traumstraße verläuft auf einer Erhebung und gewährt Blicke ins heckengesäumte Weideland Dorsets. Ziel ist Abbotsbury, doch bieten sich auf der Strecke zwei Schlenker in besonders sehenswerte Dörfer an. In Winterbourne Abbas biegt man rechts ab und fährt nach **Littlebredy:** intakte, reetgedeckte Häuser mit in England höchst seltenen schmiedeeisernen Gartenzäunen. Die alten Kanalanlagen sind von Enten bevölkert, das Idyll ist perfekt. Über **Litton Cheney,** den Ort mit der einzigen Jugendherberge weit und breit, erreicht man das ebenfalls idyllische **Puncknowle** (wird wie ›Punnell‹ ausgesprochen). Hier kann man sich gegenüber der hübschen normannischen Kirche im gemütlichen Pub Crown am Kamin erholen. Und nun führen alle Wege nach Abbotsbury.

Abbotsbury ist ein Juwel an der Küste. Das hübsche Dorf mit seinen reetgedeckten Häusern aus dem gelben, eisenhaltigen Stein der Region liegt kompakt und gemütlich im sanften Hügelland. Von seinem ehemaligen Benediktinerkloster steht nur noch die riesige Scheune, der *tithe barn,* heute ist hier ein Streichelzoo für Kinder, die **Children's Farm,** wo Kinder unter elf Jahren u. a. Traktor fahren und Pony reiten können (Abbotsbury, Ostern–Sept. tgl. 10–17 Uhr letzter Einlass, Okt. 10–16 Uhr).

Wer Antiquitäten liebt, hat in Abbotsbury vielleicht Glück, gleich mehrere Läden – wie in so vielen Orten in Dorset – bieten sich zum Stöbern an. Allein auf einem Hügel zwischen Ort und Küste liegt die Seefahrerkapelle **St. Catherine's**: Von hier oben wird man mit einem weiten Blick auf die Küste und das Land belohnt.

In der Lagune von Chesil Beach liegt in zauberhafter Idylle die von Benediktinern gegründete **Swannery,** zu Deutsch ›Schwanenanstalt‹. Hunderte von Schwänen leben, brüten und überwintern hier unter besonderem Schutz. Dass alle Schwäne in Großbritannien offiziell Eigentum der Queen sind, wissen schon die Schulkinder, die stolz

Austern satt

Aus London reist man neuerdings an, um das Buffet der Abbotsbury Oyster Farm zu kosten – so viel besser als in London schmecken Fisch und Meeresfrüchte hier: Austern und Jakobsmuscheln, Langusten, Krebse und Edelfische. Abbotsbury Oyster Farm, bietet besten, fangfrischen Fisch zum Einkauf und im Restaurant, Ferry Bridge, Wyke Regis, Di–So 11.30–17.30, Do–Sa auch 18–21 Uhr, Tel. 013 05-78 88 67.

zum Füttern der Tiere hierher kommen (Abbotsbury Swannery, April–Okt. tägl. 10–17 Uhr).

Abbotsbury Subtropical Garden hält, was sein Name verspricht. Bekannt ist er für seine Magnolien und Kamelien, die bereits ab März in Blüte stehen, und für die exotischen Pflanzen, die der Earl of Ilchester 1750 von seinen Asien- und Amerikareisen mitbrachte Besonders empfindliche Arten können sich im Mikroklima der Kiesel von Chesil Beach entfalten, die wie ein riesiger Radiator kältere Temperaturen ausgleichen. Der Garten ist zu jeder Jahreszeit überwältigend – ob Rhododendren, Kamelien, Bambus- oder Bananenpflanzen – der Garten blüht das ganze Jahr, im Shop kann man auch Pflanzen kaufen (Abbotsbury Subtropical Garden, April–Okt. tgl. 10–17 Uhr letzter Einlass, Nov.–März 10–15 Uhr letzter Einlass).

Das Moonfleet, wie der natürliche, 18 km lange Kieseldamm von **Chesil Beach** genannt wird, ist ein einzigartiges geologisches Phänomen. Er schützt vor dem Abtrag der Küste und stellt bei Südwestwind eine große Gefahr für Segler dar. Ist ein Boot erst einmal auf die Kieselbank gelaufen, sind Rettungsversuche lebensgefährlich: Die Strömung zieht dem Gestrandeten die Beine weg ... Und es ist diese

Abbotsbury Subtropical Gardens

wuchtige Zugströmung in den Kieselsteinen des Chesil Beach, die man schon von Weitem hört. Immer wieder. Immer wieder.

Weymouth und Portland

Reise-Atlas: S. 238, B 4
Weymouth ist das wohl eleganteste Seebad der Südküste. Seine georgianischen Häuserzeilen vor dem Hintergrund der waldigen Hügel sind ein optischer Genuss. Weymouth ist zu Recht sehr beliebt – im Juli und August fallen Schönheit und Eleganz dem Massentourismus zum Opfer. Jederzeit lebendig geht es am **Brewers Quay** zu: Einkaufszentrum, Cafés, Geschäfte und Restaurants sind äußerst ansprechend. Auf der Promenade setzen die bunt bemalte Statue von Georg III. und die Uhr für Queen Victoria farbige Akzente. Auch der alte Hafen ist bunt und lebendig. Hier amüsiert man sich in Pubs und Restaurants, die in umgebaute Speicher und schöne alte Häuser eingezogen sind.

Der **Sea Life Park** im Lodmoor Country Park östlich der Esplanade ist bei jedem Wetter ein spannendes Ziel: In den Aquarien schwimmen Haie und andere Meerestiere und das Tropenhaus ist bei 33° C ein angenehmer Ort zum Aufwärmen. In der ›Shark-Acedemy‹ lernt man alles über Haie, ansonsten lohnt eine Begegnung mit Seehunden und Pinguinen (Sea Life Park, Weymouth, tgl. 10–18 Uhr, www.aquariauk.com).

Im **›Deep Sea Adventure‹** im alten Hafen kann man sich die Katastrophe der Titanic vergegenwärtigen und die Seefahrerabenteuer der letzten Jahrhunderte nachempfinden, mit Abenteuerspielzone für Kinder (Deep Sea Adventure, www.deepsea-adventure.co.uk, Old Harbour Weymouth, Custom House Quay, tgl. 9.30–20 Uhr letzter Einlass).

Der weiße Kalkstein der **Isle of Portland** hat es weit gebracht – bis New York kam er, wo er der UN-Zentrale Glanz verleiht. Seit Jahrhunderten wird dieser Stein hier abgebaut. Die Insel ist nur durch einen Damm mit Weymouth verbunden.

Mit **Portland Castle** hat sich Heinrich VIII. hier verewigt, es ist eines der eindrucksvollen Schlösser des Tudor-Königs mit Blick auf den Hafen von Portland (April–Sept. tgl. 10–18, Okt. 10–17 Uhr, EH).

Am Südende von Portland kann man einen **Leuchtturm** besteigen und sich an dem außergewöhnlichen Blick erfreuen (April–Sept. So–Fr 11–16.30 Uhr letzter Einlass). Man kann sogar einen Leuchtturm mieten: The Older Lighthouse bietet Unterkunft bei Selbstversorgung (Tel. 013 05-82 23 00).

Tourist Information Centre: King's Statue, Esplanade, Weymouth ,Tel. 013 05-78 57 47, www.weymouth.gov.uk

Perrys: 4 Trinity Road, Weymouth, Tel. 013 05-78 57 99. Authentisch-gutes Fisch-Restaurant mit Hafenblick, Lunch um £ 18,50, Dinner um £ 25.

Bahn: von London Waterloo mit First Great Western Trains nach Weymouth
Fähre: Autofähren zu den Kanalinseln Jersey und Guernsey

Beaminster und Umgebung

Reise-Atlas: S. 238, A 3
Das nette Städtchen Beaminster ist eine gute Basis, um den lieblichen Westen Dorsets zu erkunden. Zerstörungen durch den Krieg lassen Beaminster jünger aussehen, als es ist. In vielen Läden kann man Antiquitäten und Einrichtungsgegenstände kaufen, was vermutlich durch die Kunstschreinerschule des renommierten Möbeldesigners John Makepeace inspiriert ist, der 1976 den nahe gelegenen Landsitz Parnham House erworben hatte – das Haus hat inzwischen den Besitzer gewechselt und ist nicht zu besichtigen. Im liebevoll gepflegten **Kirchhof von St. Mary's** wurde ein Garten nach ökologischen Prinzipien angelegt. Der Tudor-Turm der **Kirche** gilt als einer der schönsten im West Country. Eindrucksvolle Reliefs zieren die Nordseite des Turms. In der Kirche finden sich die Grabstätten der Strode-Familie, einst die Besitzer des 2 km entfernten Landsitzes Parnham House.

Wenige Kilometer entfernt liegt **Hooke Park,** wo man sich lange Zeit der Forschung und Entwicklung von nachhaltiger Forstwirtschaft, von Holzproduktion und ökologisch sinnvoller Nutzung der Hölzer widmete. Auf dem rund 1,4 km² großen Areal mit wunderbarem Baumbestand und Werken experimenteller Holzarchitektur ist nach dem Erwerb durch die Architectural Society eine Dependance der Londoner Architektur-Schule untergebracht. Zu besonderen Anlässen sind gelegentlich Besucher willkommen (Information: www.aaschool.ac.uk/hookepark).

Mapperton House

Reise-Atlas: S. 238, B 3
Eine Attraktion der Umgebung von Beaminster ist das schöne, herrlich versteckt gelegene Tudor-Anwesen Mapperton House and Gardens, bis heute im Besitz von Earl und Countess Sandwich und als Gutshof bewirtschaftet – mit Baumallee, Kirche, Stallungen, Taubenturm und Hühnern. Auf der Rückseite des Hauses bieten sich ungeahnte Freuden: Terrassengärten, Brunnen, Grotten, Seen, eine Orangerie (Garten: März–Okt. tgl. 14–18 Uhr, Haus: Juli tgl. 14–16 Uhr letzter Einlass, sonst nur nach Voranmeldung, Tel. 013 08-86 26 45, www.mapperton.com).

Montacute House

Reise-Atlas: S. 238, A/B 3
Ein lohnender Ausflug in den Norden Beaminsters führt nach Montacute House bei Yeovil im südlichen Somerset. In prachtvollem Glanz erstrahlt das aus Ham-Hill-Stein erbaute elisabethanische Landschloss. Seine **Long Gallery** ist die längste von ganz England, gefüllt mit Porträts aus der Stuart- und Tudorzeit, Leihgaben der Londoner National Portrait Gallery. Die formalen elisabethanischen **Gärten** mit Obelisken, Mauern, exzentrisch in Form geschnittenen Hecken *(Topiary)* und Pavillons sind sehr sehenswert (Haus: Mitte März–Okt. Mi–Mo 11–17 Uhr, Garten: Apr.–Okt. Mi–Mo 11–18, sonst Mi–So 11–16 Uhr, NT).

Beaminster Bridge House Hotel: Tel. 013 08-86 22 00, www.summerlodgehotel.com. Bestes Hotel der Umgebung mit gutem Restaurant, DZ ab £ 60.
B&B The Fox Inn: Corscombe bei Beaminster, Tel. 01935-89 13 30. Die hübschen Doppelzimmer in dem Gastro-Pub (s. u.) kosten £ 55–100.

Evershot: Wie im Film

Im nahen Evershot, das nur aus einer Dorfstraße mit intakter historischer Fassade besteht, wurde Jane Austens ›Emma‹ verfilmt: »Thanks to the people of Evershot« heißt es im Abspann – viele Dorfbewohner wirkten als Statisten mit, und man rühmt sich, kaum jemand habe ein Kostüm gebraucht. Das Austen-Feeling ist käuflich: Wer sich für 100 bis 200 £ pro Nacht in der Summer Lodge einmietet und vor den Kaminen in der gepflegten Lounge beim Tee entspannt, fühlt sich angenehm ins 18. Jh. versetzt. Das Essen in diesem Luxusetablissement ist vorzüglich, die Zimmer großzügig und das gesamte Erlebnis vom Feinsten. **The Summer Lodge,** Luxushotel der Gruppe Chateau&Relais, Nigel and Margaret Corbett, Tel. 01935-834 24, Fax 830 05, DZ um £ 165. Die preiswertere Alternative in Evershot ist das **Acorn,** ein ehemaliges Inn, das sich zum Gastro-Pub mit Gästezimmern gemausert hat (DZ £ 60). Im Restaurant isst man sehr gute, innovative Landküche mit den Fisch- und Wildspezialitäten der Region.

The Fox Inn: Corscombe bei Beaminster, Tel. s. o. Eines der besten Gastro-Pubs der Region, bietet Landküche und frischen Fisch, Dinner um £ 30 pro Person.
Zu den bei Anwohnern beliebten, preiswerteren Pub-Restaurants um Beaminster gehören außerdem: **The New Inn** in Stoke Abbot; **The Three Horsehoes** in Powerstock; **The Marquis of Lorne** in Nettlecombe (besonders mit Kindern!).

Dorchester und Umgebung

Reise-Atlas: S. 238, B 4
Alle Wege führen nach Dorchester, sagt die Landkarte. Dorchester ist mit seinen 15 000 Einwohnern die kleinste Provinzhauptstadt in Südengland, errichtet auf dem porösen Kalkstein, mit dem die Eisenzeitler das riesige **Maiden Castle** bauten: Diese ovale Hügelfestung, ein vierfacher Erdwall mit vier bis fünf Ringen, bis zu 25 m hoch und knapp 1000 m lang, gehört zu den bedeutendsten prähistorischen Zeugnissen Europas aus der Zeit vor ca. 3000 Jahren.

Auf dem Höhenweg zwischen Dorchester und Weymouth fanden die Römer Steinsegmente, mit denen sich solide Gebäude errichten ließen. Noch heute ist die Anlage Dorchesters vom römischen Durnovaria geprägt. Ausgrabungen zeigen die Struktur einer mittelgroßen Stadtanlage. Bäder, Brunnen, Mosaikböden, Wandmalereien und Grabanlagen lassen sich nachweisen. Maiden Castle diente als Amphitheater.

Die auf dem Stadtgebiet ausgegrabene Römervilla **Roman House** zeigt einen Mosaikboden aus dem 4. Jh. und man vermutet, dass Dorchester zu Römerzeiten ein Zentrum dieser Kunst war.

Dass die Römer mehr Sinn für Straßenbau bewiesen als später die Angelsachsen, bestätigt sich einmal mehr: Ein ›Highway‹, die Via Iceniana, verband London mit Exeter. Eine Reihe archäologisch und geologisch interessanter Routenvorschläge durch Dorset ist in der Tourist Information von Dorchester erhältlich.

Interessant ist ein Besuch im **Dorset County Museum:** Die komplexe geologische Beschaffenheit des Landes, die Naturgeschichte und das römische Dorchester sind hier in einer anschaulichen Sammlung präsentiert. Der Thomas Hardy-Room ist eine Replik seines Arbeitszimmers, und liebevoll zusammengestellte Gegenstände ländlicher Alltagskultur erzählen von ›Hardyland‹ (Dorset County Museum, vorwiegend naturhistorisches Museum der Region, www.dorsetcountymuseum.org, High West Street, Dorchester, Mo–Sa 10–17 Uhr).

Auf den Spuren von Thomas Hardy

Thomas Hardy (1840–1928) ist Dorset, und Dorset ist Hardy. Der große Erzähler hat das ländliche County in seinen minutiösen Zeitgemälden derart ausführlich konserviert, dass die Tourismusindustrie heute aus dem Vollen schöpfen kann und sicherstellt, dass man an jeder Straßenecke an den Dichter erinnert wird: von Routenvorschlägen, organisierten Touren, Souvenirs bis hin zu einer Vielzahl von Veröffentlichungen über Hardys ›Wessex‹ und sein Dorset wird das Leben des Dichters dokumentiert und reproduziert. Die Hardy-Gesellschaft macht sich die Pflege der literarischen Hinterlassenschaft zur Aufgabe. Verständlich ist es ja: Kaum jemand hat so anschauliche Dokumente ländlicher Alltagskultur hinterlassen, ein Stück englischer Identität geschaffen, die sich hier einmal nicht in Empire-Geschichte und glamourösen Landsitzen spiegelt, sondern in der Kleinstadt, nicht im müßigen *country life,* sondern im landwirtschaftlichen Lebenskampf. Ohne Hardy wäre unser heutiges Bild von Dorset nicht vollständig.

Außerhalb des südlichen Halbrings, der durch die Straßenführung der A 35 entsteht, liegt das von Hardy selbst entworfene Haus **Max Gate** (Alington Avenue). Hier lebte der Dichter von 1885 bis an sein Lebensende. Nur von außen kann man es sich ansehen.

Mehr Aufschluss gibt sein Geburtshaus **Hardy's Cottage** im nahe gelegenen **Lower Bockhampton** (Thomas Hardy's Cottage, Lower Bockhampton, April–Okt. So–Do 11–17 Uhr, ohne Auto schlecht zu erreichen). Der Garten ist zu besichtigen und dahinter liegt ein herrlicher Wald. Hardys Grabstätte befindet sich auf dem Friedhof der St. Michael's Church im Nachbarort **Stinsford**. Nebenan in **West Stafford** liegt ›Keeper's Cottage‹, das in Hardys Erzählung ›The Waiting Supper‹ geschildert wird. Heute ist es ein familiäres, einfaches und äußerst geschmackvolles B&B. Wer in Stinsford weilt, sollte ei-

SCHÖNE NEUE WELT – POUNDBURY

Es war einmal ein Prinz, der hasste moderne Häuser aus Glas und Beton und liebte alles, was alt war und ihn an seine Vorfahren erinnerte. Am Westrand der Stadt Dorchester lagen 160 ha Farmland, Poundbury, das zum Herzogtum Cornwall gehörte – und da der Prinz Herzog von Cornwall war, war er rechtmäßiger Besitzer dieses Landes. Eines Tages kamen die Leute von Dorchester zu ihm und sagten: Unsere alte Stadt ist zu klein, wir brauchen neue Häuser. Neue Häuser? Sollte das malerische Dorset mit seinem winzigen alten Hauptstädtchen durch neue Häuser verbaut werden? Das konnte der Prinz nicht zulassen. Da kam ihm eine Idee ...

Mit dem Bau von Poundbury wurde 1992 begonnen. Wenn man durch seine Gassen schlendert, könnte man meinen, dass die Geschichte des Ortes so anfing. Die kleine, verwinkelte Siedlung mit idyllischen Wohnhäusern, Kopfsteinpflaster und einem Saum aus Farm- und Parklandschaft verrät erst auf den zweiten Blick, dass sie auf dem Reißbrett des Architekten und Prinzenfreundes Leon Krier entstanden ist. Eine Fälschung ohne Original: Hinter dem antiken Look der mit heimischem Stein verblendeten Außenmauern winden sich Kabelanlagen, die jeden Digitalfreak vor Neid erblassen lassen. Nicht eine einzige Antenne, geschweige denn eine Satellitenschüssel ist zu sehen.

Urban village-Projekte wie Poundbury sind ein Versuch englischer Stadtplaner, sterilen Vorort-Siedlungen aus Bungalows und Einfamilienhäusern entgegenzuarbeiten. Sie folgen strikten Auflagen zur Infrastruktur und Bebauung: eine gemischte Nutzung der vier durchschnittlich 40 ha großen Viertel ist vorgeschrieben – zum Arbeiten, Wohnen und Einkaufen. Die Anzahl der Arbeitsplätze und Haushalte soll identisch sein, alles lässt sich in 10 Minuten zu Fuß erreichen.

Nachbarschaftsgefühle sind erwünscht. Die Bevölkerung, zwischen 3000 und 5000 Einwohnern pro Viertel, rekrutiert sich aus unterschiedlichen Gruppen der englischen *middle classes*. Wohnungsanwärter, die nicht ins Bild passen, werden diskret abgewiesen. Öffentliche Einrichtungen wie Schulen, Sport- und Kulturzentren gehören ebenso zum Konzept des *urban village* wie Einkaufsmöglichkeiten, Grünanlagen und genügend Ärzte. Auffällig ist das Bemühen um eine ideale Infrastruktur. Doch was, wenn Einwohner durch Krankheit oder Alter ihren Job verlieren? Oder wenn Haushalte wegen Scheidung auseinanderbrechen und alleinerziehende Mütter zurückbleiben? All dies ist im Plan nicht vorgesehen. Wer England kennen lernt, wird feststellen, dass sich in der Idee des *urban village* tief verwurzelte englische Lebensentwürfe abbilden: mit dem Arzt auf der Straße ein Schwätzchen halten, zu Fuß zum Shop und in die Kirche, geselliges Leben über den Gartenzaun, Small Talk über die Lieblingsthemen Garten, Häuser, Hunde und Nachbarn. Und der Prinz sorgt für ökologische Correctness seiner Kreation: Solarenergie, Naturmaterialien – in Verbindung mit der englischen Idealgesellschaft ein perfekter englischer Mikrokosmos.

Der ›Riese von Cerne Abbas‹

nen Spaziergang entlang dem traumverlorenen Flussarm auf dem Gelände des Stinsford Agricultural College machen. Unvermittelt ragt eine Skulptur aus dem Wasser: König Arturs Schwert ›Excalibur‹, von einer Faust umschlossen. Majestätisch thront der vom College bezogene Landsitz auf dem Hügel, eine einzigartige Allee aus Blutbuchen säumt die Auffahrt durch das satte Weideland, ein verstecktes Juwel Dorsets.

Athelhampton House

Reise-Atlas: S. 238, B 4
Zu den Sehenswürdigkeiten in Dorchesters Umgebung gehört das 3 km nördlich gelegene Athelhampton House. Die Geschichte des Hauses und seiner Familien ist über tausend Jahre alt und der Tudor-Landsitz befindet sich seit über 500 Jahren in privater Hand. Natürlich verkehrten Thomas Hardy und seine Frau Emma hier – seine Familie führte Arbeiten am Haus durch. Besonders sehenswert ist die Great Hall mit ihren Glasfenstern und Steinbögen. Im formalen, architektonischen Garten mit Auflösung zu Flussuferszenen – 1997 Garten des Jahres in Dorset – dominieren die 110 Jahre alten Eibenpyramiden; Mauern und Hecken begrenzen die schlichten Gärten, die sich durch einzigartigen historischen Baumbestand auszeichnen. Ein Besucht lohnt (Athelhampton House, bei Puddletown, östl. Dorchester, April–Okt. So–Fr 10.30–17 Uhr, Nov.–März nur So).

Milton Abbey

Reise-Atlas: S. 238, C 3
Die ursprüngliche Klostergründung Milton Abbey, knapp 10 km nordöstlich von Athelhampton gelegen, geht auf König Athelstan zurück; 1309 begann der Bau der riesigen gotischen Benediktinerabtei. Unweit entstand ein Marktstädtchen namens Middleton. Dieses wuchs auch nach dem Baustopp der Abtei durch Heinrich VIII., als der Besitz von einem Günstling des Herrschers erworben wurde. Im 18. Jh. dann kaufte Joseph Damer Dorf, Ländereien, das Kloster und den Titel Lord Milton, 1. Lord of Dorchester. Dem neuen Landlord gefielen weder Geräusch noch Geruch des Städtchens vor seiner Haustür. So ließ er es kurzerhand abreißen und dafür auf dem nächstgelegenen Hügel errichten – eine gleichförmige Siedlung mit reetgedeckten Cottages entlang der steilen Straße.

Beeindruckend und einsam liegt der Landsitz Milton Abbey im Tal. Heute wird das klassizistische Herrenhaus im

Landschaftspark von Lancelot ›Capability‹ Brown von einer Privatschule für Jungen genutzt.

Cerne Abbas

Reise-Atlas: S. 238, B 3
Schlagen wir weiter einen Kreis um Dorchester gegen den Uhrzeigersinn: Eines der schönsten Pubs der Umgebung mit bester Küche, das ›Brace of Pheasants‹, hat sich im grünen **Plush** versteckt. Leicht erreicht man von dort den ›Naked Giant‹, den ›**Riesen von Cerne Abbas**‹: Splitternackt und keulenschwingend zieren die weißen Umrisse des 60 m hohen Giganten das Weideland. Warum ist er hier? Niemand weiß es genau, obwohl man ihn wegen der gewaltigen Ausmaße seines Geschlechts für ein Fruchtbarkeitssymbol hält. Heute ist das Rätsel Eigentum des National Trust. Ein weiteres Highlight ist der **Tudor Pub Royal Oak** in Cerne Abbas, sowohl wegen seiner Küche als auch wegen seiner liebevollen und gemütlichen Einrichtung.

Minterne Gardens

Reise-Atlas: S. 238, B 3
Begibt man sich von hier auf die A 352 Richtung Sherborne, erreicht man nach 3 km Minterne Magna. Kurz vor dem Ort kann man Lord Digby, bzw. seinem herrlichen Landschaftsgarten aus dem 18. Jh. einen Besuch abstatten. Minterne Gardens in einem sanft zulaufenden Talkessel, dem Minterne Valley, ist seit 350 Jahren im Besitz der Churchills und der Digbys. Außer dem klassischen englischen Park wurde in jüngerer Zeit ein dichter Dschungel angelegt. Die empfindlichen, exotischen Pflanzen müssen eng beieinander stehen, da sie keinen Wind vertragen. Stolz ist die Familie auf die alte Metasequoia, deren Samen die Vorfahren im 19. Jh. aus dem Himalaya mitbrachten. Minterne Gardens ist ganz besonders sehenswert zur Rhododendronblüte im April/Mai und im Herbst zur Laubfärbung. Das Herrenhaus hat der Lord in Appartements für pensionierte Edelleute umbauen lassen (März–Mitte Nov. tgl. 10–19 Uhr).

Dorchester Tourist Information: Antelope Walk, Tel. 013 05-26 79 92, Mo–Sa 9–17 Uhr.

Casterbridge Hotel: 49 East Street, Dorchester, Tel. 013 05-26 40 43, www.casterbridgehotel.co.uk. 15 geschmackvoll eingerichtete Zimmer, DZ £ 80–98.
Bed and Breakfast Keeper's Cottage: West Stafford, Dorchester, Tel. 013 05-26 43 89, www.keeperscottage.net. Außergewöhnlich charmantes Idyll östlich von Dorchester, DZ £ 55.

Pub The Brace of Pheasants: Plush, Tel. 013 00–34 83 57. Sehr gute Landküche, Wild- und Fischgerichte sowie Desserts vom Feinsten in herrlichster Country-Side, Dinner um £ 28 pro Person: ein kulinarisches Highlight der Region.
Tudor Pub Royal Oak: Cerne Abbas. Lunch & Dinner um £ 15 pro Person, gute Auswahl an Fisch- und Wildgerichten.

Bahn: von London Waterloo mit First Great Western Trains nach Dorchester South, von Bristol nach Dorchester West.

DORSET – DER OSTEN

Die faszinierende Küste zwischen den Seebädern Weymouth und Bournemouth erschließt sich vor allem dem Wanderer auf dem Coast Path. Die Häuser und Steinmauern der Purbeck-Halbinsel scheinen wie mit der kargen Landschaft verwachsen, während im Landesinnern Marktstädte wie Wimborne und Dorchester sowie das Blackmoor Vale mit ländlichem Charme und guter Gastronomie locken.

Halbinsel Purbeck

Reise-Atlas: S. 238, C 4
Die Landzunge Purbeck Island begrenzt das südliche Hafenbecken von Poole. Steinbrüche, in denen der Purbeck-Stein abgebaut wird, haben Narben in der Landschaft hinterlassen, doch gibt es erstaunlich viele Naturreservate.

Im Städtchen **Swanage** wurde im großen Stil mit dem Purbeckstein gehandelt. Seit dem Mittelalter benutzten englische Bauherren ihn im ganzen Land für Grabmäler, Kathedralen – wie z. B. die Londoner St. Paul's Cathedral – und Repräsentationsbauten. Viele Häuser in Swanage haben Reimporte des verarbeiteten Steins in ihre Fassaden integriert: das Portal der alten Town Hall zierte z. B. einst ein Londoner Stadthaus.

Wandervorschläge

Auf der südlichen Halbinsel Purbeck zwischen Kimmeridge und Swanage lassen sich herrliche Wanderungen improvisieren – zahlreiche Parkplätze und überschaubare Aussichtspunkte sorgen dafür, dass man sich nicht verläuft.

In **Osmington,** 2 km östlich von Weymouth, beginnt ein Küstenwanderweg, auf dem man bis zur Studland Bay laufen kann. Berühmt sind vor allem die Naturwunder **Durdle Door,** ein natürliches Felstor im Wasser, und **Lulworth Cove,** ein kreisrunder Naturhafen und ein Fossilienparadies mit erstaunlichen Felsformationen. Nirgendwo wird ein Wanderer für relativ geringe Anstrengungen mit so viel spektakulärer Natur belohnt. Zwischen Lulworth Cove und Kimmeridge liegt ein militärisches Sperrgebiet, das wegen der Schießübungen nur am Wochenende und während der Schulferien geöffnet ist. Man sollte auf dem Wanderweg bleiben und entsprechende Hinweise ernst nehmen. **Kimmeridge Bay** ist wegen ihrer Artenvielfalt unter Wasser ein Mekka für Taucher; das Dorset Wildlife Trust Information Centre informiert über das hier lebende Meeresgetier. Von Kimmeridge führt der Weg über sehr steile

Passagen nach **St. Aldhelm's;** die normannische Kapelle thront auf dem Kliff, der Blick ist spektakulär. Man belohnt sich im schönen Worth Tea Shop in **Worth Matravers,** der fast am Wegesrand liegt.

Eine alternative **Rundwanderung** bietet sich vom Dorf **Kimmeridge** an: Am Clavel Tower vorbei an der Küste biegt man in Swyre Head Richtung Kingston ab. Von hier aus kann man z. B. nach **Corfe Castle** wandern, um anschließend über **Church Knowle** und **Steeple** wieder zurück nach Kimmeridge zu laufen (ca. 8 km).

Corfe Castle

Reise-Atlas: S. 238, C 4
Die Ruinen von Corfe Castle thronen stolz und malerisch auf einem Hügel, nicht zu übersehen in der sonst weithin flachen Landschaft. Die ursprünglich unter Wilhelm dem Eroberer errichtete Normannenburg wurde schließlich zum Landsitz der Bankes-Familie, die später in Kingston Lacy residierte. 1646 machten Oliver Cromwells Truppen Corfe Castle fast dem Erdboden gleich, und, wie es heißt, gelang ihnen dies nur durch Verrat. Zu Füßen des Burghügels quält sich heute sommers der Ausflugsverkehr zu den Stränden der Purbeck-Halbinsel durch die engen Gassen des Burgdorfs, vorbei an blumengeschmückten grauen Häusern aus Purbeckstein. (März tgl. 10–17, April–Okt. tgl. 10–18, Nov.–Feb. tgl. 10–16 Uhr, NT). Bevor man sich an den Aufstieg zu den Ruinen macht, kann man sich im Castle View Visitors' Centre über die Burggeschichte sowie Geologie, Flora und Fauna der Halbinsel Purbeck informieren.

Wareham

Reise-Atlas: S. 238, C 4
Wareham hatte vermutlich schon Charme, bevor Thomas Hardy hier geboren wurde. Seine rechtwinkligen Straßenzüge stammen aus angelsächsischer Zeit. Verträumt liegt das Städtchen inmitten einer weiten Marschlandschaft am Fluss Frome. Viele kleine Geschäfte und Antiquitätenläden säumen die Hauptstraße. In der **St. Martin's Church** am nördlichen Ende des Zentrums befindet sich neben herrlichen, blassen Fresken eine Darstellung des heiligen Martin aus dem 12. Jh.: Ritterlich teilt er mit dem Schwert seinen Mantel mit einem Bettler. Bemerkenswert ist der (neue) Sarkophag von T. E. Lawrence (›Lawrence von Arabien‹, † 1935). Dem Dekan der Salisbury Cathedral gefielen die sexuellen Präferenzen des legendären Arabienkenners und Geheimdienstlers nicht, und so wurde sein steinernes Abbild in arabischem Gewand hierher in die St. Martin's Church verbannt – vielleicht, weil St. Martin so großzügig war …

Das Cottage von T. E. Lawrence, **Clouds Hill** ist 7 km westlich, bei Bovington, zu besichtigen (April–Okt. Do–So 12–17 Uhr, NT).

Purbeck Information & Heritage Centre: Holy Trinity Church, South Street, Tel. 019 29-55 27 40, tic@purbeck-dc.gov.uk, Mo–Sa 9.30–17 Uhr

Lulworth Cove ▷

Am Strand von Bournemouth, den Pier im Blick

Priory Hotel: Church Green, Wareham, Tel. 019 29-55 27 72, www.theprioryhotel.co.uk. Eines der schönsten Luxushotels der Region am Ufer des Frome. Zumindest einen Tee an den Ufern des Flusses sollte man sich hier gönnen und sich dabei die fantastischen Gärten des Hotels ansehen, DZ um £ 165.
The Old Granary: The Quay, Wareham, Tel. 019 29-55 20 10. Restaurant mit Zimmern, die preiswertere Alternative in Wareham: DZ £ 95, Dinner um £ 30 pro Person.
Kimmeridge Farmhouse: Kimmeridge, Tel. 019 29-48 09 90, kimmeridgefarmhouse@hotmail.co.uk. Schönes B&B am Meer, DZ £ 50.

Poole – Bournemouth – Christchurch

Reise-Atlas: S. 238/239, C–D 4
Poole und Bournemouth gelten als Europas größtes urbanes Wohngebiet ohne Industrie. Insgesamt leben hier 260 000 Menschen, davon knapp die Hälfte in Poole. Im Sommer zieht es vor allem englische Besucher und Segelfreunde sowie europäische Sprachschüler an.

Poole

Dass Poole den nach Sidney größten Binnenhafen der Welt hat, ist Grund zum Frohsinn – dieser liegt gewissermaßen in der blau schimmernden Luft über dem zerklüfteten Becken des Naturhafens, der mehr an einen See erinnert. Unmengen von Schiffen bewegen sich in den zahlreichen kleinen Häfen ungezählter kleiner Molen und Buchten. Von **Poole Harbour** aus verkehren neben Frachtern die Personenfähren zur Isle of Wight, die Autofähren zu den Kanalinseln Jersey und Guernsey sowie nach Frankreich.

Vor allem aber bevölkern passionierte Segelschulen, Segelfreunde und Segelsnobs den Naturhafen. Am Poole Quay geht Tag und Nacht die Post ab. Besonders stolz ist man auf das **Custom House** mit seinen geschwungenen Treppen, heute ein beliebtes Restaurant. Gelegenheit zum Essen gibt es zur Genüge; neben guten Fischküchen haben sich vor allem Inder und Mexikaner am Quay etabliert. Auch die schöne, georgianische **Altstadt** bietet einige Auswahl. Unterschätzte und somit nicht kommerzialisierte Sehenswürdigkeiten sind die Villen der 30er und 60er Jahre des 20. Jh., die den nordöstlichen Rand der Hafenpromenade zieren: Zwischen Kiefern und Laubbäumen der Avenue und der Sandbanks Road liegen die manchmal bizarren, für England ungewöhnlich modernen Wohnhäuser. An dieser ›Millionaires Row‹ stehen die Zweitwohnsitze vermögender Hobbysegler. Das Stakis-Hotel und das Harbour Lights Hotel sind ein besonderer optischer Genuss!

Brownsea Island
Die größte der vielen Inseln im Hafen ist Brownsea Island, ein Naturreservat des National Trust, auf dem nur Pfadfinder übernachten dürfen. Oder Angestellte der Londoner Kaufhauskette John Lewis – diese werden zu Fortbildungen ins kaufhauseigene Schloss auf Brownsea verschickt und lernen dort, nur von seltenen Vögeln gestört, wie man Kunden glücklich macht (Brownsea Island, NT, April–Juli, Sept. tgl. 10–17, Aug. 10–18, Okt. 10–16 Uhr, Fähre ab Poole Quay, Fahrtzeit 30 Min.).

Compton Acres

Unbedingt sehenswert ist der herrliche Garten Compton Acres: In großer Vielfalt gedeihen die Bäume, Pflanzen und Blumen vor dem Hintergrund der Kiefernwälder und dem Seeblick: Ein japanischer Garten, ein Fels- und Wassergarten, ein Heide-Garten und vieles mehr sind mit Liebe zum Detail gestaltet (Compton Acres, Canford Cliffs, Poole, tgl. 9–17 Uhr letzter Einlass, www.comptonacres.co.uk).

Bournemouth

Ein ausgesprochen touristisches Seebad – Spaß für einen halben Tag, wenn man sich auf den auf englisches Klientel zugeschnittenen Rummel einlassen möchte. Wer gern Menschen – und speziell Strandurlaub machende Engländer, Sprachschüler und Rentner – beobachtet, sollte sich ins freundliche Westbeach am Pier Approach begeben: ein Restaurant mit bestem Blick über Sandstrand und flanierende Massen.

Die Geschichte der Stadt beginnt im Jahr 1811, als sich der Gutsherr Louis Tregonwell in dem einsamen Heideland der Bucht ein Sommerhaus baute. Dazu pflanzte er erste Kiefern, die heute so charakteristisch die Silhouette von Bournemouth zieren. Ende desselben Jahrhunderts hatten sich bereits 60 000 Bewohner an den Stränden mit dem guten Klima niedergelassen. Die Zugverbindung und die viktorianische Leidenschaft für Seebäder hatten ihren Teil dazu beigetragen. Die Stadt bietet heute alles, was sich betuchte Pensionäre, Konferenzbesucher und Sprachschüler wünschen: 10 km Sandstrand, großzügige Gartenanlagen, Theater, Orchester, Kinos, Restaurants und elegante Shopping-Paradiese mit Glaskuppeln; die mehrstöckigen, viktorianischen Stadthäuser mischen sich mit den Art déco-Gebäuden; auch hier finden sich gut erhaltenen Bauten der 1930er Jahre.

Christchurch

Dieser östlichste Küstenzipfel Dorsets wäre vermutlich ein Vorort von Bournemouth geworden, wären da nicht die Flüsschen Stour und Avon, die sich gegen die Übernahme aus dem Westen verbünden: das Örtchen liegt jenseits ihrer Mündung in verträumter Idylle. Die große **Kirche,** ein Bilderbuch der Zeitalter, entstand auf den Ruinen der normannischen Festung, angefangen bei den schlichten, ungewöhnlich leichten romanischen Bögen bis zum spätgotischen *Perpendicular Style* der Marienkapelle. Die kunstvollen, bunten Fenster illustrieren das Leben der Jungfrau Maria. Die beste Aussicht genießt man von dem gut 40 m hohen Turm.

Poole Tourist Information: 4 High Street, Tel. 01202-25 32 53, www.pooletourism.com, tgl. 10–17 Uhr
Bournemouth Tourist Information: Westover Road, Tel. 01202-45 17 31, www.bournemouth.co.uk, tgl. 9.30–17.30 Uhr, So 10.30–17 Uhr

The Mansion House: Thames Street, Poole, Tel. 01202-68 56 66, www.themansionhouse.co.uk. DZ £ 125.
Bed & Breakfast: Renate Wadham, deutsche Gastgeberin, 53 Branksea Avenue, Hamworthy, Poole, Tel. 01202-67 34 19, johnrenate@lineone.net. Komfortables B&B, angenehme Verbindung aus englischem Wohnkomfort und deutschem Standard, £ 45 pro Person.
Hotel/Pub Fisherman's Haunt: an der B3347 5 km nördlich von Christchurch. Preiswertes, traditionelles Essen, angenehme Zimmer (£ 48–75).

Mansion House: s. o. Das Hotel besitzt das beste Restaurant in Poole, asiatisch-englische Fischküche mit ländlichen Einflüssen der Region, Dinner um £ 40 pro Person.
Mez Creis: 16 High Street, Poole, Tel. 01202-67 49 70. Sea Food Restaurant, Dinner um £ 25 pro Person.
The Custom House: Poole Quay, Tel. 01202-67 67 67. Café, Bar, Restaurant, italienische Trend-Brasserie mit Lunch & Dinner, um £ 25 pro Person.
Westbeach: Pier Approach, Bournemouth, Tel. 01202-58 77 85. Hervorragender Blick auf das Strandleben, außerdem ziviles Lunch/Dinner (Fisch, Steak und vegetarische Alternativen, um £ 25 pro Person).
La Mamma Pizzeria: 51 Bridge Street, Christchurch. Einfach, gut und preiswert um £ 15 pro Person.
Olde George: Castle Street, Christchurch. Das freundliche Pub bietet mittags und abends eine gute Auswahl an englischer Küche.
Parkway Fish Bar: 113 Parkstone Road, Poole. Zum besten Fast-Food Restaurant in ganz England gewählt: hier stehen die Fans manchmal Stunden, um sich ihr geliebtes Fish & Chips abzuholen.
Halfway Fish Bar: 112 Bournemouth Road, Parkestone, Poole. Auch dieser Fish & Chips-Lieferant hat zahlreiche Anhänger, die auf ihre Wahl schwören.

Segelferien und Kurztörns: The Harbour Office, 20 New Quay Road, Hamworthy, Poole, Tel. 012 02-44 02 33, Fax 44 02 31.

Flug: Flughafen Bournemouth ca. 15 km nordöstlich mit u. a. Verbindungen auf die Kanalinseln Jersey und Guernsey (www.flybournemouth.com)
Bahn: von London Waterloo Station mit First Great Western Trains
Bus: Im Raum Poole-Bournemouth betreibt die Busgesellschaft Wilts&Dorset (www.wd.co.uk) ein engmaschiges Busnetz, das die meisten Sehenswürdigkeiten erschließt.

Ausflüge ins Landesinnere

Wimborne Minster

Reise-Atlas: S. 238, C 3
Unweit von Bournemouth liegt das liebliche Wimborne Minster mit seiner gescheckten **Kathedrale** aus weißem, grauem und dunkelbraunem Stein. Hier kann man seine stilgeschichtlichen Kenntnisse unter Beweis stellen: massive normannische Bögen im Hauptschiff, der Obergaden im *Perpendicular,* die Fenster im Chor im *Early English* und die Krypta im *Decorated Style.* Die massigen Zwillingstürme der Kathedrale dominieren das Zentrum der Marktstadt. Im Jahre 1600 war während eines Gottesdienstes der hohe Kirchturm eingestürzt. Obwohl die Straßen voller Menschen waren, wurde niemand verletzt. Aus Respekt vor den Kräften des Himmels baute man die beiden neuen Türme etwas solider. Im Westturm befindet sich eine astronomische Uhr von 1320, die das ptolemäische Weltbild zeigt. Berühmt ist **The Chained Library** über der Sakristei, eine Privatbibliothek, die ab 1686 ein jeder betreten durfte: eine der ersten öffentlichen Bibliotheken Englands! Das kostbare Lesegut ist angekettet.

Im **Priest's House** aus dem 16. Jh., direkt neben dem Tourist Information Centre zeigt ein ausgezeichnetes Museum die Einrichtung unterschiedlicher Stilepochen. Zum Haus gehört ein von Mauern geschützter kleiner Garten (23–27 High Street, April–Okt. Mo–Sa 10.30–17 Uhr, Juni–Sept zusätzlich So 14–17 Uhr).

Von Freitag bis Sonntag verwandelt sich die Stadt in einen riesigen **Markt:** Die riesige Marktgemeinde bringt an jenen Tagen über 400 Aussteller auf die Beine. Auch der Einzelhandel blüht – einige gute Delikatessen-Läden und ein wunderbarer Tea-Room direkt an der Kathedrale locken auch an Wochentagen.

Kingston Lacy

Reise-Atlas: S. 238, C 3
Auf der B 3082 erreicht man nach ca. 5 km Kingston Lacy, einen der schönsten Landsitze Dorsets. Erbaut wurde das Herrenhaus um 1665 von der Bankes-Familie, der man Corfe Castle als Familiensitz abgenommen hatte. Dieses seltene Beispiel für den barocken Klassizismus des Architekten Sir Roger Pratt wurde in den 30er Jahren des 18. Jh. einem Facelifting unterzogen: Seine roten Ziegelmauern wurden in den hellen Stein gekleidet, dem Kingston Lacy sein stolzes Aussehen verdankt. Doch auch innere Schönheit zählt: In der Eingangshalle glänzt ein Treppenaufgang aus Carrara-Marmor.

William Bankes (1786–1855), Kunstkenner, Sammler und Weltreisender, brachte aus Ägypten einen Obelisken, vom Kontinent Gemälde von Tizian, Rembrandt, Rubens, Murillo, Velázquez und aus der Schule Raffaels mit; von van Dyck und Reynolds ließen sich die Bankes höchstselbst porträtieren. Der National Trust übernahm den ungeheuren Besitz des kinderlosen Erben Ralph Bankes im Jahre 1981. In mühsamer Kleinarbeit restaurierten unzählige Fachleute den gesamten Besitz –

und dokumentierten dies bis ins letzte Detail. Mit Kingston Lacy statuierte der Trust ein Exempel seiner Arbeit. Natürlich ereigneten sich immer wieder besondere Höhepunkte in Form ›größter Schenkungen‹ in der Geschichte des Trust, doch Bankes schoss den Vogel ab: Neben Haus und Kunst vermachte er dem Trust 64 km^2 Land, das u. a. Corfe Castle, Badbury Rings (eine ringförmige Anlage aus der Eisenzeit) und Studland Bay umfasst (Haus: April–Okt. Mi–So 11–17 Uhr; Park März–Okt. tgl. 10.30–18 Uhr, im Winter nur Sa, So 10–16 Uhr, Jan. geschlossen).

Wanderung

Von Kingston Lacy kann man eine lange (12 km), aber leichte Wanderung unternehmen: In Pamphill Green bei Kingston Lacy Park läuft man von der Kirche am Almshouse zur Flusslandschaft des Stour. Man folgt dem Fluss ca. 1 km Richtung Westen, anschließend an der Cowgrove Farm ein kurzes Stück auf dem Roman Way. Man folgt der Beschilderung zur Barford Farm; kurz vor dem Briefkasten der Barford Farm biegt man links ein und nimmt anschließend den Stour Valley Way am Fluss Richtung White Mill wieder auf. Dort folgt man der Beschilderung nach Shapwick und hält sich an der nächsten Kreuzung rechts. Nach knapp 1 km erreicht man Badbury Cottages. Hier biegt man rechts ab und läuft an der äußeren Grenze des Anwesens von Kingston Lacy entlang – an der nächsten Ecke hält man sich links. Nach ca. 600 m erreicht man die geteerte Straße, die an den Kingston Lacey Gardens entlang führt. Man hält sich links Richtung Pamphill Green, biegt nicht rechts in den Stour Valley Way ein, sondern erst auf die Straße in Pamphill Green, die zum Ausgangspunkt zurückführt.

Wimborne Minster Tourist Information Centre: 29 High Street, Tel. 012 02-88 61 16.

Long Lane Farmhouse: Long Lane, Colehill, Wimborne, Tel. 012 02-88 78 29, patricksmyth@btinternet.com. Etwa 2,5 km vom Zentrum Wimborne Minster entfernt in ländlicher Ruhe, Bed & Breakfast ab £ 25 pro Person.

Märkte: Farmers' Market in Wimborne Minster mit lokalen Spezialitäten Fr morgens, am Wochenende Flohmarkt (Sa 9–13 Uhr)

Bus: gute Verbindungen von Wimborne Minster nach Poole

Ins Blackmoor Vale

Wie eine Achse, die Dorchester, Blandford Forum und Salisbury verbindet, verläuft die A354 parallel zum **Dorset Cursus,** jener rätselhaften vorzeitlichen ›Rennbahn‹ – so wurde sie jedenfalls im 18. Jh. gedeutet – von fast 10 km Länge in Nachbarschaft der ebenfalls vorzeitlichen Ringstruktur der **Badbury Rings.** In dieser Region haben Gesteinsablagerungen über Jahrtausende eine terrassenartig gewellte Landschaft geschaffen. Sie besteht fast ausschließlich aus Weideland und Dörfern. Die besten Pubs liegen in **Tarrant Monkton,** ca. 8 km von Kingston Lacy entfernt, und nördlich der A354 in **Farnham.**

Die A 350 verbindet die Marktstadt Blandford Forum mit Shaftesbury. Die Straße verläuft entlang der Grenze zwischen dem Blackmoor Vale und der Erhebung Cranbourne Chase und bietet spektakuläre Ausblicke in das Tal.

Sherborne

Reise-Atlas: S. 238, B 3
In Sherborne, das idyllisch und geborgen im Nordwesten Dorsets liegt, bietet die **Abteikirche St. Mary The Virgin** mit ihrem Fächergewölbe eines der schönsten Beispiele spätgotischer *Perpendicular*-Architektur. Ihre Gründung geht auf das Jahr 705 zurück. Später wurde sie Kirche eines Benediktinerklosters. Was wir heute sehen, stammt bis auf das normannische Südportal aus ihrem Wiederaufbau im 15. Jh. Am nordöstlichen Ende der Kirche haben die Brüder Alfreds des Großen, Ethelred und Ethelbert, ihre Grabmäler. Im Klostergebäude mit seiner Kapelle befindet sich heute eine bekannte Elite-Schule, die Sherborne School. Das **Almshouse** (1437) gilt als seltenes Beispiel für mittelalterliche Profanarchitektur.

Zwei Schlösser stehen sich in Sherborne gegenüber: **Olde Castle** und **New Castle.** Gemeinsam ist ihnen die Verbindung mit dem Gelehrten, Dichter und Entdecker Sir Walter Raleigh. Der Günstling Elisabeths hatte der Königin die Burg aus dem 12. Jh. gewissermaßen ›abgeschwatzt‹. Als Seefahrer und Parlamentarier musste er häufig zwischen Devon und London reisen – was war da günstiger als ein Wohnsitz in Dorset? Weil er nichts dafür bezahlen musste, verlor er wohl auch schnell die Lust an seiner feudalen Unterkunft. So baute er sich im Jahre 1594 am Fuß der Burg den Jagdsitz zu einem stattlichen, modernen Herrenhaus um, dem New Castle (Garten: April–Okt. Di–Do, Sa, So 11–16.30 Uhr, Haus: Sa 14.30–16.30 Uhr, www.sherbornecastle.com). Die alte Burg fiel den Truppen Oliver Cromwells zum Opfer. Ihnen verdanken wir die ausgesprochen romantischen Ruinen, die zwischen den Zedern und Laubbäumen gegenüber dem See zu sehen sind. Sie sind Teil der Konzeption der Garten-

Sturminster Newton

Für den netten, kleinen Ort Sturminster Newton spricht einiges: erstens ein prima B&B, zweitens ein prima Pub (The Bull Inn, Town Bridge) und drittens die Tatsache, dass man von hier aus gleichermaßen Sherborne und Shaftesbury besuchen kann. Außerdem befindet sich kaum 2 km von hier ein wunderbares, luxuriöses Landhotel mit entspannter Atmosphäre, Plumber Manor. Die Familie der jungen Betreiber wohnt seit Generationen hier, und man hat das Gefühl, in ein großzügiges, gastfreundliches *family home* zu kommen (Tel. 012 58-47 25 07, www.plumbermanor.com, gute anglo-französische Landküche, DZ £ 100–155). Viele Gründe also, sein Lager hier aufzuschlagen und dann durchs Blackmoor Vale nach Sherborne zu fahren.

landschaft von Lancelot ›Capability‹ Brown, der von den Nachfolgern Raleighs, der Digby-Familie, für die Gestaltung dieses schlichten, großzügigen Parks engagiert wurde. Obwohl die Digbys nun 400 Jahre im Besitz des Sherborne Castle sind, wird es mehr mit dem Schicksal des traurigen Helden Sir Walter Raleigh in Verbindung gebracht (Old Castle, April–Sept. 10–18, Okt. 10–13 und 14–17 Uhr, EH).

Sherborne Tourist Office: 3 Tilton Court, Digby Road, Tel. 019 35-81 53 41, April–Okt. Mo–Sa 9–17.30, Nov-März 10–15 Uhr

The Grange Restaurant & Hotel: Oborne, Sherborne, Tel. 019 35-81 34 63, www.thegrangehotel-dorset.co.uk. DZ um £ 95.
Stourcastle Lodge: Gough's Close, Sturminster Newton, Tel. 012 58-47 23 20, www.stourcastlelodge.co.uk. Sehr gemütliches B & B, das Dinner sollte man woanders einnehmen, DZ £ 80.

The Pheasants: 24 Greenhill, Sherborne, Tel./Fax 019 35-81 52 52.
Bistro & Café: Mo–Sa 9–17 Uhr, Do–Sa auch Dinner, 82 Cheap Street, Sherborne, Tel. 019 35-81 21 80.

Shaftesbury

Reise-Atlas: S. 238, C 3
Eine Landpartie von Sherborne nach Shaftesbury zählt zu den stillen Vergnügen einer Dorset-Reise, nämlich auf traumverlorenen Landstraßen ungestört Auto zu fahren. Am Rand des Tals, auf dem Sandsteinplateau von Cranborne Chase, liegt Shaftesbury, berühmt für seine Kopfsteinpflastergasse **Gold Hill.** Von hier oben offenbart sich ein fantastischer Blick über das parkähnliche Weideland des Blackmoor Vale. Immer wieder muss die Straße als Film- und Fernsehkulisse herhalten.

»König Alfred«, wissen Bewohner in einem Tonfall zu berichten, als hätten sie ihn persönlich gekannt, »der wusste, wo er baut, war ein erstklassiger Stratege«. Hier oben hatte dieser einst ein Kloster gegründet, Äbtissin war seine Tochter. Ihre Heiligsprechung sowie die spätere Grablegung König Eduards des Märtyrers gaben Shaftesbury seine historische Bedeutung. Gemeinsam mit der Abtei von Glastonbury besaß dieses Kloster mehr Land als die Krone. Im Mittelalter standen in dieser zum Pilgerort gewordenen Klosterstadt zwölf Kirchen. Außer der St. Peter's

Stock Hill

Wer sich nach gehobenem Luxus und kontinentaler Küche sehnt, macht sich auf zu Peter Hauser nach Gillingham. Der gebürtige Österreicher und seine Frau betreiben hier seit 1985 ein kleines Country-Hotel der feinsten Kategorie, Stock Hill House. Das Gemüse kommt ausschließlich aus dem eigenen Küchengarten, und die zehn Gästezimmer lassen wirklich nichts zu wünschen übrig (Stock Hill, Gillingham, ca. 5 km nordwestlich von Shaftesbury, Tel. 017 47-82 36 26, um £ 45 pro Person, Kinder erst ab 7 Jahren willkommen).

Church ist kein Zeugnis des mittelalterlichen Glanzes erhalten. Im **Abbey Museum** sind die Gebeine Eduards des Märtyrers zu sehen und eine Vielzahl von Funden und Gegenständen der Alltagskultur liebevoll zusammengestellt (April–Okt. tgl. 10–17 Uhr, www.shaftesburyabbey.co.uk).

Shaftesbury Tourist Information Centre: 8 Bell Street, Tel. 01747-85 35 14, im Sommer tgl. 10–17, sonst Mo–Fr 10–13, Sa 10–17 Uhr

Cliff House: St. John's Hill, Shaftesbury, Tel. 01747-85 25 48, www.cliff-house.co.uk. Exquisites, geschmackvolles B&B mit großen Zimmern und netten Gastgebern, DZ £ 60.

La Fleur de Lys: Shaftesbury, Salisbury Road, Tel. 01747-85 37 17. Vorzügliche New English Cuisine um £ 30 pro Person.
The Benett Arms: Semley, Shaftesbury, Tel. 01747-83 02 21. Schönes Pub mit gutem Essen und überdurchschnittlicher Weinkarte, Dinner um £ 24 pro Person.
The Raj of India: 28 Salisbury Street, Shaftesbury, Tel. 01747-85 25 85. Indische Küche um £ 18 pro Person.

In Zeiten riesiger Einkaufscenter ist der Haushaltswarenladen **›Hardings‹** eine Sehenswürdigkeit: Was man schon immer gesucht hat, hier findet man es: von merkwürdigen Schrauben, eigenartigen Papierwaren, abenteuerlichen Werkzeugen bis hin zum Künstlerbedarf. Das Angebot ergänzt sich angenehm mit den schmucken, individualistischen Läden in Shaftesburys High Street.

Blick vom Gold Hill in Shaftesbury

PZ.481
PZ.481
SS.266

Cornwall

St. Ives

Atlas S. 234–235, A-F 1-4

DIE NORDKÜSTE VON CORNWALL

Einsam und schlicht wirkt die Landschaft im cornischen Norden. Vor allem Wanderer finden hier ihr Glück: ungezähmte Natur, dramatisches Küstenpanorama und eine intakte Flora – Wildblumen und Heidekraut an den Klippen, dschungelartige Wäldchen an kleinen Flüssen, die sich zwischen den baumlosen Steilhügeln den Weg ins offene Meer bahnen.

Von Morwenstow nach Newquay

Morwenstow

Reise-Atlas: S. 235, F 1
Dieser winzige Ort ist kein Dorf, sondern eine Gemeinde. Nur drei Gebäudekomplexe findet man hier: das Pub **The Bush Inn,** dem seine wohlhabende Vergangenheit durch exklusive Bewirtung der British Army am gepflegten Interieur anzumerken ist. Sehenswert ist auch die **Rectory Farm** mit ihrem einladenden Tea-Room. Die Krönung ist die Kirche St. Morwenna and St. John the Baptist und das dazugehörige Pfarrhaus mit Meerblick, The Old Vicarage. **St. Morwenna** ist eine unterhaltsame Kirche für Gläubige und Ungläubige gleichermaßen: Steinerne Gesichter von Vögeln und Menschen blicken aus den normannischen Bögen auf die Kirchgänger herab. Antilopen und Nilpferdköpfe aus Stein leisten ihnen Gesellschaft.

Die eindrucksvollsten Spuren hinterließ der exzentrische Vikar Robert Stephen Hawker, der von 1834 bis 1875 die damals verarmte und abgelegene Gemeinde führte. Er glaubte nicht nur an Gott, sondern an alle möglichen magischen Kräfte. Verheiratet war er mit seiner Patentante. Nicht selten beerdigte er Schiffbrüchige, einmal eine ganze Mannschaft, der er als Grabstein deren Galionsfigur aufs Grab setzte. Aus angeschwemmten Schiffsplanken baute er sich eine Hütte zwischen den Klippen der Steilküste. Hier saß er oft, schrieb Gedichte und Balladen und rauchte dazu sein Opiumpfeifchen – eine typisch viktorianische Oberschichtsgewohnheit.

Ein wenig religiöse Melancholie liegt noch heute über Morwenstow, der Friedhof scheint lebendiger als der Ort selbst. Die vier Schornsteine des **Pfarrhauses** sind den Kirchtürmen der ehemaligen Dienststellen des Vikars nachempfunden. Wie viele andere Pfarrhäuser Englands befindet sich die Old Vicarage heute in privater Hand. In diesem Fall ist es ein Glück für Reisende, denn das unaufdringliche und in seiner freundlichen Atmosphäre kaum zu übertreffende Bed & Breakfast gehört zu den eindrucksvollsten Unterkünften der Region. Es gibt hier eine Fan-Gemeinde stets wiederkehrender Gäste.

Old Vicarage: Morwenstow, Jil and Richard Wellby, Tel. 01288-33 13 69. Bed & Breakfast £ 27 pro Person, Dinner (empfehlenswert) im Haus £ 27 inkl. Drinks; man sollte sich hier rechtzeitig telefonisch anmelden, da das alte Pfarrhaus trotz seiner Abgelegenheit eine begehrte Unterkunft ist.

The Bush Inn: Morwenstow, tgl. 19–22.30 Uhr. Urgemütliches Pub, kein Dinner.
Rectory Farm Tea-Rooms: Rectory Farm, Morwenstow, Jill Savage, Tel. 01288-33 16 37. Tea-Room-Idyll mit einer guten Auswahl kleiner Gerichte, Sammelpunkt für Weitgereiste, tgl. bis 17.30 Uhr.

Wandern: Morwenstow ist idealer Ausgangspunkt für Küstenwanderungen auf dem Grund und Boden des National Trust. Zwischen Morwenstow und Week St. Mary liegt eine Reihe normannischer Kirchen im Stil von St. Morwenna and St. John the Baptist: Der **Scenic Church Trail** ist eine ausgearbeitete Strecke von 56 km, die zu den sehenswertesten Kirchen der Nordwestküste führt: nach Stratton, Launcells, Poughill und Bude.

Bude

Reise-Atlas: S. 235, F 1
Das Küstenland südlich von Morwenstow eignet sich bestens zum Wandern – knapp 10 km läuft man bis nach Bude. Seit den Anfängen des Familientourismus ist dieses Städtchen durch seinen breiten, sauberen Sandstrand **Sandy Mouth** eine Attraktion für Surfer und junge Familien. Der nördliche Teil des Strandes eignet sich besonders zum Schwimmen. Auf einem Höhenspaziergang südlich der Widemouth Bay blickt man auf die typischen Felsfaltungen im Schiefer der nördlichen Steilküste. Das Städtchen Bude ist ein unspektakulärer Ferienort mit ebenso unspektakulären Geschäften.

Bude Tourist Information Centre: The Crescent, Tel. 012 88-35 42 40, www.visitbude.info

Rundwanderung von Morwenstow

Links an der Kirche vorbei folgt man dem Public Footpath am Meer Richtung Süden. Vorbei an Hawkers Hut führt der Küstenpfad in ein Tal. Auf der gegenüberliegenden Seite kann man den rechts ins Wasser ragenden Higher Sharpnose Point besteigen und eine der spektakulärsten Aussichten über die cornische Nordküste genießen. Anschließend hält man sich unten am Bach entlang taleinwärts und gerät in einen kleinen Wald. Zwischen meterhohen Farnen, wilden Wiesen und verwachsenen Bäumen führt der Weg auf ein Feld, hinter dessen höchstem Punkt verlockend das Pub von Morwenstow, The Bush Inn, auftaucht (Gehzeit ca. 1 Std.).

Boscastle

Reise-Atlas: S. 235, E 2
Südlich von Bude liegt Boscastle, ein steiler, in einer Felsbucht verborgener Fischerhafen: Gleich drei Kirchen versorgen die Seelen der Bewohner. Geistergeschichten und Schmugglerlegenden spuken in Boscastle in allen Ecken, und nicht zufällig findet man gerade hier ein **Museum of Witchcraft** (Museum der Hexerei).

The North Cornwall Coast & Countryside Service: Boscastle Visitor Centre, Boscastle Car Park, Tel./Fax 018 40-25 00 10, visitorcentre vc@boscastle.fsnet.co.uk. Hilft mit Unterkunft und Informationen über den Church Trail, Rund- und Radwanderungen, den Coastal Path und aktuelle Angebote in der Region.

Tintagel

Reise-Atlas: S. 235, E 2
Statt den 6 km langen Weg auf der Straße zurückzulegen, kann man auf dem ausgeschilderten Küstenpfad weiter nach Tintagel wandern. Tintagel ist einen Besuch wert, wenn es auch seit dem 19. Jh. als Touristenattraktion herhalten muss und einem Jahrmarkt ähnlicher ist als einem intakten Küstenort. Immerhin verwandeln sich die Legenden über König Artus und den Ort seiner Geburt in **King Great Halls** in Wirklichkeit. Ganz gleich, was dran sein mag an Sagen und Legenden: Eine Besteigung der in den aufragenden Fels gebauten Mauerreste ist ein Erlebnis. Ausgrabungen dokumentieren, dass hier keltische Mönche im 5. Jh. in einem Kloster mit Bibliothek, Kapelle, Gästehaus, Mensa und Badehäusern zu leben wussten; Scherben aus dem Mittelmeerraum lassen vermuten, dass Öle, Wein und andere Luxusgüter importiert wurden. Die Burgmauern, zwischen denen wir heute klettern, stammen aus dem 13. Jh., einer Zeit, in der die Legenden um Artus äußerst lebendig waren. Sollte der Bau dieser nor-

Stand hier König Artus' Wiege?

mannischen Festung auf dem Grund einer heiligen Stätte der Besiegten die neue Herrschaft symbolisieren? Dramatisch ist dieser Ort noch heute: Tief unten tobt das Meer, und hoch oben pfeift den Besuchern der Wind um die Ohren.

Port William: Trebarwith. Gut 3 km südlich von Tintagel liegt dieses gemütliche Pub einsam und direkt am Wasser.

Port Isaac

Reise-Atlas: S. 235, E 2
Extrem steile, enge Straßen haben das 10 km südlich von Tintagel gelegene Port Isaac vermutlich vor dem Massentourismus bewahrt: Ein Reisebus bliebe auf halbem Wege in der einspurigen Zufahrtsstraße stecken. Es empfiehlt sich, oben zu parken und zwei Minuten ins Dorf hinunter zu laufen.

KÖNIG DER LEGENDE – ARTUS

Wer in Cornwall nach Spuren von König Artus und seiner Tafelrunde sucht, wird schnell fündig werden – nur darf man sich nicht von den ›ExcaliBurgers‹ abschrecken lassen, die in Tintagel und andernorts serviert werden. In Kellywick – heute Killibury – soll sich Artus' bevorzugter Jagdsitz befunden haben, in der Feste Carlyon am Ufer des Fal mag er mit Königin Ginevra Hof gehalten haben; sein Schwert Excalibur liegt vielleicht auf dem Grund des Dozmary Pool im Bodmin Moor und selbst für das jenseitige Avalon findet sich ein diesseitiges Pendant: Nans Avallon.

Artus ist der legendäre Held schlechthin: Herr der Tafelrunde, Blüte der Ritterlichkeit, mystischer König im Sagennebel. Seit rund tausend Jahren haben er und seine Ritter unzählige Dichter (und Dichterinnen) inspiriert; von Robert Wace und Geoffrey of Monmouth über Marie de France, Chrétien de Troyes und Wolfram von Eschenbach bis hin zu Jean Cocteau und schließlich Marion Zimmer Bradley in unserer Zeit.

Wenn man die wuchernden Ranken der Dichtungen aus 14 Jahrhunderten beiseite räumt, findet sich ganz weit unten an der Wurzel ein Körnchen Wahrheit. Denn einen historischen Artus hat es vermutlich tatsächlich gegeben: zwar nicht als König, aber als britischen Heerführer in der Zeit der Völkerwanderung.

Mitte des 6. Jh. berichtet der Mönch Gildas in seiner Chronik über den Niedergang Britanniens von der langen Friedenszeit, die durch einen Sieg über die Sachsen bei Badon Hill (Mons Badonicus) gekommen sei, doch erwähnt Gildas mit keinem Wort den Namen Artus. Erst die im 10. Jh. verfasste Chronik ›Annales Cambriae‹ (›Annalen von Wales‹) hält fest, dass Anno Domini 518 in der Schlacht von Badon Hill drei Tage und drei Nächte lang Artus »mit dem Kreuz unseres Hern Jesus Christus auf den Schultern« gegen die Sachsen gekämpft habe und als Sieger hervorgegangen sei. 21 Jahre darauf, für das Jahr 539, berichtet ein Eintrag, dass Artus und mit ihm Modred in der Schlacht von Camlann fielen. Weder Badon noch Camlann sind heute eindeutig identifizierbar: Vielleicht heißt Badon heute Bath, oder eher Badbury? Die Schlacht von Camlann könnte an den Ufern des Camel stattgefunden haben: vielleicht in der Nähe von Slaughterbridge, wo einige Jahrhunderte später Sachsenkönig Egbert die Cornen schlug?

Ausgrabungen bei Cadbury in der Grafschaft Somerset haben die Überreste einer bedeutenden eisenzeitlichen Befestigungsanlage zu Tage gefördert; es gibt ernst zu nehmende Stimmen, die in Cadbury die Burg Camelot vermuten. Doch dafür gibt es auch andere Anwärter, allen voran das cornische Tintagel. Die Ruinen der Burg, die noch heute so stolz auf ihrer Klippe trutzt, sind zwar nicht älter als 800 Jahre (sieben Jahrhunderte zu jung für Artus), aber hier haben Archäologen ebenfalls Spuren einer früheren Besiedlung gefunden, Scherben von kostbarem Tongeschirr und Weinkrügen aus dem Mittelmeerraum: Einst muss hier eine mächtige Persönlichkeit gelebt haben – war es König Artus?

Für Fischfans, die es unprätentiös lieben, ist das Fischerdorf im wahrsten Sinn des Wortes ein gefundenes Fressen: Gleich zwei einfache, aber gute Pub-Restaurants liegen an dem winzigen Hafen, und bei dem direkt an der Mündung des Hafens gelegenen Fischhändler kann man frischen Fisch, Krebsfleisch und Schalentiere einkaufen. Der Fish & Chips Shop ist ebenfalls hervorragend.

Padstow

Reise-Atlas: S. 235, E 2
In den engen Gassen des ehemaligen Fischerdorfs an der Camel-Mündung drängen sich in der Hochsaison die Besucher, und Gourmets mit gut gefülltem Geldbeutel und großem Appetit reisen von weither nach Padstow zu Rick Stein's Seafood-Imperium: mittlerweile hat er drei Restaurants in Padstow, angefangen mit seinem bekannten Seafood Restaurant (s. Tipp-Kasten).

Der von 16 ha Wildpark umgebene 500jährige Herrensitz **Prideaux Place** dient heute häufig als Drehort, u. a. für die Verfilmung von Rosamunde-Pilcher-Romanen (Haus: Führungen Ostern, Mitte Mai–Okt., Park: 12.30–17 Uhr).

Fischguru Rick Stein

Der Name des auf Fisch spezialisierten Chefkochs hat entscheidend zur heutigen Identität der cornischen Nordküste beigetragen und Padstow zu seinem überregionalen Ruf verholfen. Heute halten viele Feinschmecker seinen seit Jahren als Top-Restaurant bekannten Fischtempel für *over the top* – sowohl preislich als auch in seinem Führungsstil: Ohne Reservierung geht fast nichts. Und jetzt die gute Nachricht: Immer mehr Köche verstehen, mit hochwertigen frischen Produkten umzugehen. Die Rolle des Fischgurus Rick Stein hat den gastronomischen Ehrgeiz der Region geschürt, und er beschäftigt mittlerweile mehrere Spitzenköche in seinem Restaurant, Bistro und Café. Vielerorts sind Alternativen entstanden, z. B. im Cornish Cottage Hotel auf den Höhen von Polzeath nordöstlich von Padstow (s. S. 170).

Rundwanderung zum Stepper's Point

Von Padstow aus kann man eine Rundwanderung unternehmen: Auf den Klippen führt der Coastal Path zur **Hawkers Cove.** Von dort blickt man auf **Doom Bar** – jene tückische Sandbank, die Hunderte von Schiffen zum Kentern brachte. Über **Stepper's Point** am Ende der Landzunge läuft man bei Foxhole landeinwärts Richtung Crugmeer und kommt schließlich wieder an den Parkplatz von **Prideaux Place.** Das Küstengebiet südwestlich von Padstow ist mit Sandstränden gesegnet. Der schönste davon ist **Constantine Bay,** wo die Atlantikwellen einrollen – Surfer lieben es – und große Sanddünen geben diesem Strand seinen besonderen Appeal.

Padstow Tourist Information Centre: Red Brick Building, North Quay, Tel. 018 41-53 34 49, padstowtic@visit.org, Mo–Fr 10–17, Sa 10–16, So 11–16 Uhr

St. Petroc's: 4 New Street, Padstow, Tel. 018 41-53 27 00, www.rickstein.com. Attraktives, kleines Hotel, DZ £ 100–160
Old Mill Country House: Padstow, Tel. 018 41-54 03 88. Bed & Breakfast DZ £ 60–90, auch Dinner, 4-Gang-Menü um £ 23 pro Person.

The Seafood Restaurant: Riverside, Padstow, Tel. 018 41-53 27 00, www.rickstein.com. Das bekannteste unter Rick Steins Restaurants, exquisites Lunch/Dinner, £ 50–100 pro Person.,
Rick Stein's Cafe: 10 Middle Street, Padstow, Tel. 018 41-53 27 00, www.rickstein.com. Das günstigste Etablissement des Padstower Rick-Stein-Imperiums, modernes Cafe mit hervorragender Fischkarte, um £ 33 pro Person Lunch/Dinner, tgl. außer So.
Cornish Cottage Hotel: Polzeath, nordöstlich von Padstow, Tel. 012 08-86 22 13, www.cornish-cottage-hotel.co.uk. Hier kommen Feinschmecker auf ihre Kosten, und die Einrichtung im Laura Ashley-Stil sollte niemanden von der modern-klassischen Küche ablenken. Hauptgerichte £ 7–14
Pizzas at Rojanos: Padstow, Tel. 018 41-53 27 96. Sehr gute Pizzen, dünner Teig, auch zum Mitnehmen, um £ 12 pro Person.

Paddy 'Obby 'Oss: traditionelles Frühlingsfest in Padstow am 1. Mai

Fahrradverleih: in Wadebridge, ca. 10 km im Landesinnern, Tel. 012 08-35 42 40.
Surfen: Constantine Bay, südwestlich von Padstow ist beliebt bei Surfern.

Bus: Verbindungen von Bodmin und Newquay nach Padstow

Newquay

Reise-Atlas: S. 235, D 3
Wer die B 3276 Richtung Newquay fährt, sollte in Carnewas halten und sich Zeit für einen Besuch bei den **Bedruthan Steps** nehmen. Wie riesige Kulissen ragen die Felsbrocken aus dem flachen Sand. Auf den zum Strand hin abfallenden Wiesen kann man wunderbare Sonnenbäder nehmen.

In Newquay kann man in der Hauptsaison das Ergebnis der Formel Sandstrand plus Sommerferien plus Jugend geteilt durch Alkohol und laute Musik erleben. *It's fun, isn't it?* Mit seinen neun Stränden besitzt Newquay alles, was ein Badeort braucht. Surferwellen, Fastfood, Disco, Restaurants, Shopping, Sport und Hotels *en masse.* Der schönste und am wenigsten überlaufene Strand ist **Crantock Beach.**

Newquay Tourist Information Centre: Municipal Offices, Marcus Hill, Tel. 016 37-85 40 20, im Sommer Mo–Sa 9–18, So 10–17 Uhr

Wassersport: Surfbretter und Wet Suits kann man sich an den Stränden leihen. Informationen über Wassersport: Inter Celtic Watersports, Newquay, Tel. 012 88-35 42 40, Fax 35 57 69. Das empfohlene Wassersportzentrum der Region ist: Offshore Extreme, 6 Marcus Hill, Newquay, Tel. 016 37-87 70 83, off1shore@aol.com.

Flug: Der Flughafen Newquay liegt rund 10 km nordöstlich; Verbindungen nach London.

Bedruthan Steps

Bahn: Stichstrecke The Par–Newquay von der Hauptroute London–Penzance

Bodmin Moor

Von Camelford ins Moor

Reise-Atlas: S. 235, E–F 2
Im Städtchen Camelford ist das **British Cycling Museum** eine Attraktion für Fahrradfanatiker: es bietet eine ständig wachsende Sammlung von mehr als 400 Modellen und eine Bibliothek zum Thema Fahrrad (So–Do 10–17 Uhr). Camelford ist auch ein guter Ausgangspunkt für eine Wanderung zu den beiden höchsten Tors im Bodmin Moor. Von Camelford aus sind es 6 km in südöstlicher Richtung zum **Rough Tor,** dem zweithöchsten Punkt des Moors. Erstaunlich sind die unterschiedlichen Perspektiven, wenn man sich den bizarren Felstürmen nähert: Der Tor wirkt mal groß, mal klein, mal nah, mal fern, obwohl sich der Abstand beim Wandern nur langsam verändert. Man kann vom Rough Tor ca. 3 km durch das tief grüne Tal des River de Lank wandern, um den höchstgelegenen Tor, **Brown Willy** (ca. 500 m), zu ersteigen.

Der **Cheesewring,** ein von der Natur geformter Stapel aus riesigen, rundlichen aufeinander liegenden Steinen, ist neben den Tors die bekannteste Sehenswürdigkeit südöstlich der A 30. Doch sind die Attraktionen des Bodmin Moor nicht alle der Natur geschuldet. Das berühmte Pub **Jamaica Inn** wurde durch den Tourismus, den Daphne Du Mauriers gleichnamiger Roman in Schwung gebracht hat, entzaubert. Ihr selbst hat der Erfolg des Romans Kopfzerbrechen bereitet: »As a motorist I pass with some embarassment, feeling myself to blame … as an author I am flattered, but as a one-time wanderer dismayed. (»Es ist mir unangenehm, wenn ich mit dem Auto vorbeifahre, und ich mache mir Vorwürfe … als Schriftstellerin fühle ich mich geschmeichelt, als Wandernde aber bin ich bestürzt.«)

Camelford Tourist Information Centre: Tel. 018 40-21 29 54, tgl. 10–17 Uhr

Bridge House: 2 Victoria Road, Camelford, Tel. 018 40-21 23 71. Das winzige, gepflegte Haus bietet preiswert Lunch, Tea und Dinner im Bistrostil.

Lanhydrock House

Reise-Atlas: S. 235, E 2
Lanhydrock House südöstlich von Bodmin, ein mehrfach modernisiertes Landhaus aus dem 16. Jh., darf als kultureller Höhepunkt der Region gelten: Zunächst ein Spaziergang durch die offene Parklandschaft mit ihren Buchenalleen, dann der Eintritt durch das **Torhaus** in den ummauerten **Garten** mit seinen auffälligen Eiben. Wie schwebende Kegel wirken die vielen in Form gestutzten Gewächse auf dem millimeterfein geschnittenen Rasen. Ihr anmutiges Aussehen verrät nichts über ihre Heilkraft: Die hochgiftige Pflanze wurde zum Schutz der Tiere nur in hausnahen Gärten angepflanzt. Inzwischen hat man die Heilkräfte der Eibe entdeckt. Jedesmal, wenn der Gärtner

die Schere anlegt und die Bäume stutzt, wandern die Abfälle ins Labor und beginnen ein neues Leben als Therapeutikum gegen Krebs – in Lanhydrock ist die Ausbeute besonders reich.

In den 49 zu besichtigenden Räumen des Hauses herrscht viktorianischer Geschmack: Das Meißner Porzellan wird keinem Besucher entgehen. Königin Victorias Liebe zu Deutschlands Prestigeporzellan spiegelt sich in den Landhäusern der Oberschicht immer wieder. Vergnüglich ist ein Gang durch den riesigen Küchentrakt und die oberen Familienräume. Das britische Talent, Geschichte lebendig zu machen, zeigt sich hier in den täuschend echt wirkenden Lebensmittelimitationen, die in den Küchen- und Lagerräumen herumliegen, den in Zimmern verstreuten Kleidungsstücken und Spielsachen, aufgeschlagenen Büchern und lebensgroßen Nachbildungen der Bewohner. In Lanhydrocks 35 m langer **Long Gallery** ist die gewölbte Stuckdecke mit den Tierdarstellungen se-

Durch das Torhaus betritt man den Garten von Lanhydrock House

AM RANDE DER WELT – STREIFZUG DURCH DIE CORNISCHE GESCHICHTE

Wenn man bei Launceston den Tamar überquert, überschreitet man eine Landesgrenze – zumindest eine Ex-Landesgrenze. Cornwall oder Kernow hieß dieser Zipfel Erde schon vor zwei Jahrtausenden, als die Römer vorbeikamen und neben dem Namen auch notierten, dass dies »der Rand der bewohnbaren Welt« sei.

Bewohnt war Kernow schon lange vor den Römern: Die Überreste des mit 6000 Jahren ältesten Dorfes in Großbritannien befinden sich in der Nähe von Redruth; schon in vorchristlichen Zeiten gab es einen regen Handelsaustausch zwischen Cornen, Griechen und Phöniziern. Kernow ist ein keltisches Land, das bemerkt man heute vor allem an den Ortsnamen, die immer unaussprechlicher werden, je weiter man nach Westen reist: Mevagissey, Caerhays, Men-An-Tol – Englisch ist das nicht. »By Tre, Lan, Ros, Car, Pol and Pen y shall know most Cornishmen«, erklärt ein alter Vers, der die häufigsten cornischen Namenselemente aufzählt.

Die Kelten kamen um das 3. und 2. vorchristliche Jh. nach Britannien, das 55 v. Chr. von Cäsars Truppen besetzt wurde. Nach Cornwall kamen die Römer allerdings nie – fürchteten sie vielleicht, über den Rand der Welt ins Nichts zu purzeln?

Maskentanz mit uralten Wurzeln: das Frühlingsfest Paddy 'Obby 'Oss in Padstow

Die Kelten waren tapfere Krieger, hatten aber auch ihre kultivierten Seiten: Barden und Druiden (und Druidinnen!) standen in hohem Ansehen. Möglicherweise glaubten die Kelten an Seelenwanderung und Reinkarnation. Es gibt einen Bericht, nach dem die Gallier im heutigen Frankreich ihre Toten des Nachts in Boote setzten und übers Meer in Richtung Cornwall schickten – könnte hier das keltische Paradies gelegen haben?

Nach dem Abzug der Römer im Jahr 410 fielen in Britannien Germanen ein, Angelsachsen, die die Kelten in unwirtliche Randgebiete abdrängten: nach Schottland, Wales und Cornwall. Zu dieser Zeit erhob sich in Cornwall ein Heerführer, der die Angelsachsen bekämpfte, zurückwarf und seinem Land eine Generation lang Wohlstand und Frieden bescherte. Sein Name: Artus. Längst ist er Legende; in Tintagel soll er geboren worden sein, sein Schwert Excalibur versunken im Dozmary Pool (im Bodmin Moor) liegen, er selbst bei Nans Avallon in die Anderswelt der Insel Avalon gereist sein. Eine Sage natürlich, aber wenn man auf den Klippen in Tintagel steht, laufen einem doch Schauer über den Rücken – vielleicht, vielleicht …

Doch auch Artus konnte die Geschichte nicht aufhalten. Im Jahre 926 vertrieb der angelsächsische König Athelstan »das abscheuliche Volk der Cornen« (so eine zeitgenössische Chronik) aus Exeter und setzte den Fluss Tamar als Grenze zwischen seinem Reich und dem des ungeliebten Keltenstammes fest. Und so verläuft die Grenze heute noch. Allerdings – darauf pochen viele Cornen – wurde Kernow nie wirklich erobert, da der damalige (und letzte) cornische König Hywel einen Friedensvertrag mit Athelstan abschloss.

In Wirklichkeit aber war es wohl doch so, dass Athelstan und seine englischen Nachfolger das kleine keltische Land nach und nach ihrem Reich einverleibten. Zwar herrschte nun ein englischer König über die Cornen, zwar galten hier englische Gesetze, aber in Sprache und Gebräuchen blieb Kernow vorerst keltisch. Die Kelten zogen sich langsam, jedes Jahrhundert ein bisschen weiter, nach Westen zurück. Da war es von Vorteil, dass Cornwall am Rand der Welt lag; so konnten sich Eigenheiten behaupten, blieben Legenden, Festtage und vor allem die Sprache vorerst erhalten. Noch im 17. Jh. beschrieben die wenigen Reisenden, die sich in diesen entlegenen Zipfel wagten – wie die Abenteurerin Celia Fiennes, die zu Pferd ganz Großbritannien durchstreifte – Cornwall als ein fremdes, in vielem anderes Land.

Aber nach weiteren hundert Jahren war die cornische Sprache beinahe ausgestorben: 1778 starb Doly Pentraeth, die letzte bekannte cornische Muttersprachlerin. Im folgenden Jahrhundert wurde eine durchgehende Eisenbahnlinie von London nach Cornwall gebaut – das Ende der cornischen Isolation war gekommen.

Heute ist von keltischer Eigenart in Cornwall kaum etwas übrig geblieben, aber die Sprache erlebt ein Comeback – es gibt wieder einen Gorseth, einen Rat der Barden, und es werden (für Cornen wie für Besucher) Sprachkurse angeboten.

Rhia Herrard

henswert. Besonders im Frühjahr lohnt ein Spaziergang durch den **Park:** Rhododendren und Magnolien in Fülle! Im Sommer ist der Park ideal zum Picknicken (Lanhydrock House, Bodmin, Haus: April–Okt. Di–So 11–17.30, Garten: tgl. 10–18 Uhr).

Launceston

Reise-Atlas: S. 235, F 2
Die Hügellage von Launceston im cornischen Binnenland erinnert an ein französisches Provence-Städtchen. Die verschachtelte Innenstadt wird von den Ruinen einer normannischen Burg gekrönt, dem ›**Castle Terrible**‹. Mit ihr wie mit zahllosen anderen Wehranlagen in Südengland manifestierte Wilhelm der Eroberer seinen Willen zur Macht. Die sehenswerte **St. Mary Magdalene's Church** ist außen mit unzähligen kleinen Ornamenten aus Stein übersät. Ihre Ostseite ziert ein Relief der Maria Magdalena. Wem es gelingt, im Wurf eine Münze in dem Reliefvorsprung zu platzieren, dem geht laut Volksmund ein Wunsch in Erfüllung.

Tor Cottage: Chillaton, Lifton (bei Launceston), Devon, Tel. 018 22-86 02 48, www.torcottage.co.uk. B & B mit dem Standard eines feinen, winzigen Hotels mit Pool für Hausgäste, alle bewohnen ihren eigenen Trakt, £ 65 pro Person, Kinder nicht erlaubt – für anspruchsvolle Erwachsene eine Oase.

Springer Spaniel: Treburley, Tel. 015 79- 37 04 24, an der A 388 zwischen Launceston und Callington. Beliebtes Gastro-Pub, Dinner um £ 25.

Von Newquay nach St. Ives

Nach St. Agnes und Portreath

Reise-Atlas: S. 235, D 3
Der 3 km lange, breite Sandstrand **Perran Bay,** 4 km südlich von Newquay, lädt zur Strandwanderung ein. Hier ragt der riesige Felsbogen Arch Rock aus dem Sand. Vom kleinen Ort St. Agnes lässt sich die **St. Agnes Heritage Coast** erkunden. Die abgebrochenen Schornsteine der leer stehenden Zinnminen erinnern an die Arbeit, die hier noch vor nicht allzu langer Zeit geleistet wurde. Üppige Blumengärten trotzen den grauen Cottages, die heute meist von Rentnern bewohnt und gepflegt werden. Die steile Gasse **Stippy-Stappy** wurde zu einem Pilgerpfad der Touristen. Beliebtestes und kuriosestes Pub der Region ist das **Railway Inn** mit einer Sammlung von Schuhen von ›gewöhnlichen‹ Leuten und Berühmtheiten aus aller Welt. Einen guten Aussichtspunkt bildet **St. Agnes Beacon** mit einer Höhe von 200 m. Bei klarem Wetter genießt man von hier aus einen Blick ins Bodmin Moor und sieht sogar Cornwalls südliche Küste bis hin zum exponierten Felsenberg St. Michael's Mount.

Südlich von **Portreath** kann man auf dem Boden des National Trust zum **Hell's Mouth,** einem Kessel aus schwarzem Fels und tosenden Wellen unterhalb des 70 m hohen Kliffs, laufen. Vom nah gelegenen **Navax Point** aus sieht man bereits die Bucht von St. Ives.

Tabb's: Tregea Terrace, Portreath, Tel. 012 09-84 24 88. Wochentags (außer Di) wird nur Dinner angeboten, an Sonntagen ist das Restaurant bereits zum Lunch geöffnet, um £ 25 pro Person.

Turk's Head: The Quay, St. Agnes, Tel. 017 20-42 24 34. Pub und B&B mit Meerblick, £ 29,50 pro Person, Dinner im Pub ist günstig, Hauptgerichte £ 6–12.

Surfen: Als sauberste Surferstrände der Region gelten Porthowan und Portreath.

Redruth

Reise-Atlas: S. 235, D 3
Der Weg nach St. Ives führt zunächst in die Nähe von Redruth. ›Red‹ bedeutet auf Cornisch ›Furt‹ und ›ruth‹ (ruyth) ›rot‹. Ihren Namen ›Rote Furt‹ verdankt die alte Marktstadt im Hinterland der Nordwestküste vermutlich einem kleinen, unterirdischen Fluss, dessen Wasser durch die Minenarbeit rot verfärbt wurde. Bereits im Altertum förderten hier *tinners* Zinn. Gemeinsam mit dem Nachbarort **Camborne** war Redruth das Zentrum des Zinn- und Kupferbergbaus: 1850 wurden hier zwei Drittel des Kupfers weltweit gefördert, und in 350 Minen schufteten über 50 000 Arbeiter. Der Geschichte des Bergbaus ist in der **Kirche St. Euny's** ein düsteres Denkmal gesetzt: Hier befindet sich ein besonders langer Tisch für die vielen Särge, die nach Minenunfällen erheblichen Raum in der Kirche beanspruchten. Heute bemüht sich Redruth durch die Modernisierung der Stadt dem Image von Verfall und Untergang nach der Stilllegung der Minen entgegenzuwirken. Die Fußgängerzone in der Fore Street und die neu entstandenen Geschäfte sollen Reisende anziehen. Zu Recht besinnt sich Redruth auch auf seine architektonischen Qualitäten: In der Innenstadt findet man einige schöne georgianische Stadthäuser. Die Industrieruinen vermitteln nicht nur Trostlosigkeit, sondern geben Redruth und Umgebung eine ganz eigene historische Tiefenschärfe. Die vielen kleinen methodistischen Kirchen erinnern an John Wesley. Der Prediger und Begründer des Methodismus (1703–1791) war in Cornwall besonders erfolgreich und konnte die Mehrheit der Bergleute zu seinem Glauben bekehren.

St. Ives

Reise-Atlas: S. 234, C 3
Das im wahrsten Sinne des Wortes ›sagenhafte‹ Cornwall erzählt über das Künstlerstädtchen St. Ives eine besondere Geschichte: Die Missionarin Ia, so lautet die keltische Sage aus dem 5. Jh., habe auf einem Blatt die Irische See überquert, in der Bucht von St. Ives eine Siedlung erbaut und dieser ihren Namen gegeben.

Der kleine Ort aus dicht aneinander geklammerten, grauen Granithäuschen spielte einst eine führende Rolle in der cornischen Fischerei. Ein Vikar wusste zu berichten, dass der penetrante Fischgeruch bisweilen die Kirchturmuhr zum Stehen brachte. Seitdem die Sardinenschwärme verschwunden und die Touristen gekommen sind, gibt es Fisch fast nur noch in den vielen kleinen Restaurants, die neben Galerien und Geschäf-

Tate Gallery St. Ives

In dem modernen Bau hoch über dem nördlichen Porthmeor Beach bietet sich die Gelegenheit, Werke der Künstler von St. Ives am Ort und im Licht ihrer Entstehung zu sehen: von Patrick Heron, dem großen ungegenständlichen Maler Englands – er schuf auch das farbige Glasfenster im Eingangsbereich –, oder dem englischen Klassiker der Moderne, Ben Nicholson. Letzterer kam mit seiner Frau Barbara Hepworth und ihren drei gemeinsamen Kindern 1939 nach St. Ives. Wechselnde Ausstellungen, die Sammlung und zahlreiche Veranstaltungen bringen die Besucher der einzigartig gelegenen Galerie zusammen. Außerdem gibt es ein wunderbares Café mit Blick aufs Meer! (www.tate.org.uk, März–Okt. tgl. 10–17.30, Nov-Feb. Di–So 10–16.30 Uhr, kombinierte Tickets mit Barbara Hepworth Museum).

ten die Gassen am Hafen beleben.

Es sind heute weniger Fischer und Fischhändler als Künstler und Touristen, die in lauen Sommernächten den Hafen bevölkern. Manch einem Zeitgenossen steht jahrelanges Künstlerdasein im Licht von St. Ives ins Gesicht geschrieben. Das Licht ist tatsächlich etwas Besonderes: Gleich von drei Seiten wird es vom Wasser reflektiert und verleiht der Bucht und den Hügeln ihr eigenartiges Leuchten. Der Strand gehört zu den schönsten von Cornwall. Maler und Bildhauer finden in dieser intensiven UV-Bestrahlung und dem milden Klima, was sie suchen: ein einfaches Leben, vielfältige Natur, wildes Meer, Abgeschiedenheit und die Gemeinschaft mit anderen Künstlern.

Barbara Hepworth Museum

Der Besuch im ehemaligen Haus, Atelier und Garten von Barbara Hepworth ist für Kunstfreunde Pflicht: Hier ist unter Leitung der Tate eine schöne Auswahl ihrer an prähistorische und organische Formen erinnernden, eleganten Plastiken aus Stein und Bronze ausgestellt. Das Museum ist klein, kompakt und bietet eine Dichte an Exponaten. Die Atmosphäre in Haus und Garten gibt Aufschluss über das Anliegen der Künstlerin, ihr Formgefühl und ihre Auseinandersetzung mit Materialien (Öffnungszeiten wie Tate Gallery, s. Tipp-Kasten, Eintritt kombiniert).

Künstlerdorf St. Ives

St. Ives war auch Inspiration für eine der bedeutendsten Schriftstellerinnen des 20. Jh.: Bis zu ihrem zwölften Lebensjahr verbrachte Virginia Woolf hier ihre Sommerferien, und die Eindrücke und Naturerlebnisse aus der Kindheit bewegten sie ihr Leben lang. St. Ives beschreibt sie als »windige, lärmende, nach Fisch riechende, bewegte, enge Stadt; von der Farbe einer Muschel oder Schnecke; wie ein Klumpen Miesmuscheln auf einer grauen Mauer.«

Als Virginia Woolf in den 80er Jahren des 19. Jh. aus London in diesen abgelegenen Teil der Welt reiste, kamen bis auf wenige Künstler kaum Fremde nach St. Ives. Erst in diesen Jahren wurde der Fischerort mit seinen untergehenden Zinn- und Kupfergruben ans Eisenbahnnetz angeschlossen. So kamen mit dem Tourismus neues Leben und willkommene Einnahmen in die Stadt. Der Schriftsteller D. H. Lawrence hatte mit seiner Frau Frieda von Richthofen hier gelebt und gearbeitet, doch waren die beiden im Ersten Weltkrieg, wegen der Beziehung zu Deutschland unter Spionageverdacht, aus der Grafschaft ausgewiesen worden. Rosamunde Pilcher lässt viele ihrer Romane in ihrer Heimat um St. Ives spielen. Daphne Du Mauriers lebhafteste Kindheitserinnerung blieb das Ritual um den Fang der Sardinenschwärme: Jedes Jahr im August wimmelte es an den Ufern der Bucht nur so von silbern glänzenden Sardinen. Die Schwärme wurden von einem Wachposten erwartet. Mit dem Ruf »Hevva, Hevva!« (Schwarm) versetzte dieser den ganzen Ort in Bewegung und in blitzartiger Geschwindigkeit strömte eine Flotte von Fischerbooten zum Beutezug aus. Im nahe gelegenen Newlyn werden noch heute *pilchards* – Sardinen – verarbeitet.

St. Ives Tourist Information Centre: The Guildhall, Street an-Pol, Tel. 017 36-79 62 97, im Sommer Mo–Fr 9.30–17.30, Sa 9.30–17, So 10–12.30 Uhr

B&B The Count House: Trenwith Square, St. Ives, Tel. 01736-79 53 69. Wie ein französisches Landhotel, mit herrlichem Blick über die Bucht von St. Ives, £ 29,50 pro Person, außerdem 3-Gang-Dinner für Hausgäste £ 15 pro Person ohne Wein.

Camping Treglisson: Hayle, bei St. Ives, Tel. 017 36-75 31 41. Familienfreundlicher Campingplatz mit Spielplatz, kleinem Waschsalon und Swimming Pools, £ 10 pro Platz/Nacht.

Blue Fish: Norway Lane, St. Ives, Tel. 017 36-79 42 04. Das Lieblingslokal der Einwohner, hervorragende Fischküche mit mediterranen und asiatischen Einflüssen, um £ 30 pro Person.
Alba: Tel. 017 36-79 72 22, im alten Life Boat House. Jüngster Erfolg in der Restaurant-Szene von St. Ives, bietet moderne britische Küche mit asiatischen Variationen – zu den Köchen gehört ein japanischer Sushi-Meister. Hier gibt es auch interessante Alternativen zu dem reichen Angebot an Fisch, Dinner um £ 30.
Porthminster Beach Cafe: Tel. 017 36-79 53 52. Café ist eine irreführende Bezeichnung, es handelt sich um ausgereifte Restaurantküche – auch morgens zum Kaffee geöffnet, Terrasse, hervorragende mediterran-asiatische Küche mit frischem Fisch und köstlichen Alternativen, je nach Tageszeit und Gericht £ 10–50 pro Person.
Russetts: 3 Chapel Street, St. Ives, Tel. 017 36-79 47 00, nur mittags. Äußerlich unscheinbar, sehr gutes Essen (Fisch), *byo – bring your own (wine)!* Dinner um £ 18 pro Person.
Seafood Cafe: Fore Street, 017 36-79 40 04. Wie der Name verrät: in St. Ives geht es um Fisch, Fisch, Fisch, Dinner um £ 26 pro Person.
Café-Restaurant Tate Gallery: empfehlenswert, mit Terrasse und unverstelltem Meerblick.
Fish & Chips: Fastfood-Fans begeben sich nach Hayle in die Guildford Road, nach Kreisverkehr 100 m links: sagenhafte Fish & Chips!

Bahn: Stichstrecke von St. Erth an der Route London–Penzance

DER ÄUSSERSTE WESTEN: PENWITH, ISLES OF SCILLY, THE LIZARD

Hier ist England zu Ende: Am Westzipfel der kargen, rauen Penwith Halbinsel zwischen St. Ives und Penzance liegt Land's End. Die südwestlich gelegene, zerklüftete und wesentlich grünere Halbinsel Lizard lockt mit ländlicher Idylle und hohen Klippen. Weiter draußen, wie ins Meer gestreute Steine, liegen die Scilly-Inseln, berühmt für ihr mildes Klima.

Halbinsel Penwith

Reise-Atlas: S. 234, C 3–4
Von St. Ives folgt man der B 3306 in Richtung **Zennor** und ist im Nu mit der Welt allein. Wenige Kilometer südlich der Straße, im Landesinneren der Halbinsel, liegen drei prähistorische Hinterlassenschaften, die ohne die Hilfe einer guten Landkarte nicht leicht zu finden sind: Eine davon ist **Men-An-Tol,** ein Stein, dessen kreisrunde Öffnung Kinder vor Krankheit und Unglück schützen sollte, wenn man sie hindurch schob. Zur Sonnenwende im Jahr 1999 erfuhr der Stein neue Popularität, als Esoteriker in ihm die keltische Darstellung einer Sonnenfinsternis zu erkennen glaubten. Die Steinformation namens **Lanyon Quoit** (links von der Straße von Morvah nach Madron) steht wie ein riesiger Pilz mit drei Beinen auf weiter Flur im Gras. Das keltische Hüttendorf **Chysauster Village** nördlich von Gulval (zu erreichen von der B3311) ist eine der bedeutendsten Siedlungen Südenglands aus der Zeit vor etwa 2100 Jahren. Es besteht aus acht Häusern, die um einen ovalen Hof mit Gartenterrassen angeordnet sind.

Land's End

Reise-Atlas: S. 234, C 4
Besucher zieht es unweigerlich zum westlichsten Zipfel Englands. Am besten – und preisgünstigsten – nähert man sich diesem eindrucksvollen Ort zu Fuß: von Sennen über den Küstenpfad knapp 4 km durch das offene Heideland. Als könne das Land sich nicht recht entschließen, tatsächlich hier zu enden, ragen jenseits der Küste noch zahlreiche einzelne Felsbrocken aus dem Wasser.

Geld regiert auch diesen abgelegenen Teil der Welt – Millionär Peter de Savary kaufte sich in die National Trust-Küste ein und vermarktet das Ende Englands: ›Land's End Limited‹ mittels einer Art Vergnügungspark. Parken kostet drei Pfund. Dafür darf man dann über den Rummelplatz marschieren und sich von Fettgeruch und lauter Musik belästigen lassen. Merkwürdig unberührt von dem Kommerztheater absorbiert die umliegende Heide- und Küstenlandschaft ihre vielen Besucher. Immerhin: Das Right of Way der Wanderer bleibt unantastbar.

The Minack Theatre

Reise-Atlas: S. 234, C 4
Auf eines der bemerkenswertesten Zeugnisse angelsächsischer Improvisationskunst und exzentrischer Energie stößt man in Porthcurno: Hier begann in den 1930er Jahren die Arbeit am Minack Cliff Theatre. Theaterfans verdanken diesen magischen Ort der Initiative der Schauspielerin Rowena Cade, die ihren Klippengarten in ein Amphitheater aus Granitstein verwandelte. Als sie mit einer Amateurtruppe Shakespeares ›Sturm‹ in ihrem Garten inszenierte, waren die Besucher von der Schönheit der nächtlichen Szenerie so berührt, dass ab sofort regelmäßig Aufführungen stattfanden. Nach dem Zweiten Weltkrieg baute Rowena Cade Stein für Stein dieses unglaubliche Theater auf. Beton musste für den Weiterbau herhalten, als Granit zu teuer wurde. Mit einem einfachen Schraubenzieher verzierte Rowena die Steine mit keltischen Mustern und den Daten der jährlichen Aufführungen. Eine beinah märchenhafte Szenerie entsteht durch die Kulisse der Steine und Säulen vor dem offenen Meer, wenn im Sommer die Dämmerung herabsinkt. Das Repertoire reicht von Shakespeare bis zu den Dramatikern des 20. Jh. Auch Gilbert and Sullivan's amüsante Operetten finden großen Anklang. Wenn es nicht gerade in Strömen regnet, finden die Aufführungen bei jedem Wetter statt. Pullover und Regenschutz gehören zur Grundgarderobe der Theaterbesucher (Tel. 01736-81 01 81, www.minack.com)

Von Porthcurno nach Penzance

Reise-Atlas: S. 234, C 4
Einer der schönsten Strände der Region verbirgt sich unmittelbar links neben dem Minack Theatre. Vom Theater aus kann man links die steilen Stufen zum Strand hinunter laufen: **Porthcurno Beach** mit seinem türkisblauen, klaren Wasser liegt in einer windgeschützten Bucht. An der rechten Seite des Minack Theaters zwischen **Porthgwarra** und St. Levan beginnt eine besonders schöne **Küstenwanderung** (ca. 1 Std. 30 Min.), die auf einem Weg im Hinterland wieder zum Ausgangspunkt Porthgwarra zurückführt. Der gut ausgeschilderte Coastal Path ist hier sehr steil und führt über riesige Granitblöcke. Bei klarem Wetter sieht man bis Lizard Point.

Der Weg zur größten Stadt der Halbinsel, nach Penzance, führt vorbei an den **Merry Maidens,** einem Kreis aus 19 Steinen bei Trewoofe an der B 3315 südlich von Penzance. Nordöstlich der Straße stehen zwei Riesensteine, die **Pipers,** die mit dem westlichen Rand des Steinkreises eine Linie bilden. Eine Legende besagt, dass die Pipers im 10. Jh. zum Gedenken an König Athelstans Einzug in Cornwall gesetzt wur-

Einsame Erinnerung an die Vorzeit: Lanyon Quoit auf der Penwith-Halbinsel

den. Es ist denkbar, dass sie sich auf ein konkretes Ereignis beziehen, wie z. B. auf den Friedensvertrag zwischen dem König der Sachsen und dem letzten cornischen Herrscher Howel. Die Pipers und die Merry Maidens sind laut Volkssage ›zu Stein erstarrte Feiernde‹. Beinah heiter wirken diese im Kreise tanzenden Steine, und als ein Archäologe namens T.C. Lethbidge die Energiefelder der Steine auspendelte, tanzte auch sein Pendel unter ihren magischen Impulsen.

Eine weitere Sehenswürdigkeit ist die im Verborgenen liegende **Lamorna Cove,** eine romantische, grüne Bucht, die auch als Ausgangspunkt für einsame Küstenwanderungen dienen kann.

Mousehole

Reise-Atlas: S. 234, C 4
Über die Herkunft des Namens Mousehole (gesprochen: mausl) gibt es die unterschiedlichsten Geschichten. Fest steht, dass er zu dem winzigen, zwischen Granitblöcken eingezwängten Hafenort passt. Seine engen Gassen erobert man am besten erst am späten Nachmittag, wenn die Besucherströme wieder in ihren Bussen verschwunden sind.

Newlyn

Reise-Atlas: S. 234, C 4
Die Küstenstraße führt weiter nach

Newlyn. Tagsüber hat Newlyn neben seinem geschäftigen Hafenleben noch die sehenswerte **Fischfabrik** zu bieten. Sie ist der einzige Betrieb in England, wo noch *pilchards* verarbeitet werden, und fungiert gleichzeitig als Museum, das seinen Besuchern ausführlich die Geschichte der *pilchards* genannten Riesensardinen erzählt (The Pilchard Works, Tolcarne, Newlyn, Ostern–Okt. Mo–Fr 10–18 Uhr). Die Fische beginnen ihr Leben als Sardinen an den Küsten von Portugal, Frankreich und Spanien. Wenn sie älter als drei Jahre werden, machen sie sich in die kühleren Gewässer der cornischen Küste auf. Da mehr und mehr Sardinen gefischt werden, kommen immer weniger *pilchards* nach Cornwall. Melancholie überkommt jeden, der hier mittags ein Hafenpub aufsucht und sieht, wie tagelöhnende Fischer ihren Lohn liquidieren.

Wie St. Ives hat auch Newlyn seit dem späten 19. Jh. seine Künstlerkolonie. Die **Newlyn Art Gallery** beim Hafen zeigt vorwiegend zeitgenössische Kunst (24 New Road, Mo–Sa 10–17 Uhr).

The Smugglers: 12–14 Fore Street, Newlyn, Tel. 01736-33 15 01, sehr gutes Preis-Leistungsverhältnis, nur abends, Dinner um £ 22 pro Person.

Penzance

Reise-Atlas: S. 234, C 4

Der Kern der in grauem Stein gebauten, halbrunden Stadt Penzance mit 20 000 Einwohnern wirkt eher urban als kleinstädtisch. Georgianische Stadthäuser und Regency-Bauten finden sich in den kleineren Nebenstraßen, noble Häuser mit exotischen kleinen Gärten überraschen zwischen tristen Reihenhausfassaden. Die schmale **Chapel Street** mit ihren schönen georgianischen Häusern verbindet Hafen und Ortskern und ist die eigentliche Prachtstraße.

Das exzentrische **Ägyptische Haus** kann man hier im Vorübergehen leicht übersehen. Es gehörte einem Mann, der aus Steinen Geld machte: John Lavin (1794–1856) verkaufte Mineralien, Landkarten und Bücher in seinem ›Lavin's Museum‹. Mit diesem verspielten Bau hat der Mineralienkönig sich selbst und indirekt auch der cornischen Berufung zur Geologie ein Denkmal gesetzt. Im beliebten Pub **Turk's Head** zwischen Antiquitätenläden und Buchhandlungen, isst man gute, englische Gastro-Pub-Küche – abends ein gemütlicher Treff auf ein paar Drinks. Fast nebenan, in der Abbey Street, liegt das kleine, aber feine **Abbey Hotel** des Ex-Supermodels Jean Shrimpton, die sich hier nach ihrer Karriere in den 1960er Jahren einen Traum erfüllte.

Die **Penlee House Gallery and Museum liegt** zwischen Promenade und Alverton Street und besitzt die größte Gemälde-Sammlung der Newlyn School: Impressionistische Seebilder, in das besondere Licht der Halbinsel getaucht, illustrieren Leben und Geschichte am cornischen Meer, wie die Maler in Newlyn es sahen (Morrab Road, www.penleehouse.org.uk, Mai–Sept. Mo–Sa 10–17, Okt.–April 10.30–16.30 Uhr).

Penzance Tourist Information Centre: Station Approach, Tel. 017 36-36 22 07, Fax 36 36 00.

Abbey Hotel: Abbey Street, Tel. 017 36-36 69 06, www.theabbeyonline.com. Ästhetik, Fantasie und Charme strahlt die Einrichtung des eigenwilligen 6-Zimmer-Juwels aus: Badezimmer verschwinden hinter falschen Bücherwänden, ein goldener Engelsflügel entpuppt sich als Lichtschalter und überall finden sich erfreuliche Kuriositäten in dem stillen Haus mit Seeblick, DZ £ 100–165, Variationen und Angebote erfragen.
Summer House Hotel: Cornwall Terrace, Tel. 017 36-36 37 44, www.summerhouse-cornwall.com. Das Hotel verfügt über ein gutes Restaurant (s. Restaurants), DZ £ 75–95.

Wer nicht mitten in Penzance wohnen möchte, hat an guten Bed & Breakfasts einiges zur Auswahl:
Ednovean Farm: Perranuthnoe, Tel. 017 36-71 18 83, www.ednoveanfarm.co.uk, bei A 394 hinter Marazion, geschmackvoll eingerichtetes B&B mit Blick auf den St. Michael's Mount, DZ £ 65–77.
Tremearne Farmhouse: Bone Valley, Heamoor bei Penzance, Tel. 017 36-36 45 76, www.tremearnefarm.co.uk. Gepflegtes B&B im Grünen, außerdem zwei Cottages um £ 300/Woche, B&B um £ 32 pro Person.
Manor Farm: Botallack bei St. Just an der B 3306, Tel. 017 36-78 85 25. Freundliches B&B, £ 25 pro Person.
Jugendherberge (Youth Hostel): Castle Horneck, Alverton, Tel. 017 36-36 26 66, Fax 36 26 63.

Harris's: 46 New Street, Penzance, Tel. 017 36-36 44 08, harriss.restaurant@lineone.net. Seit Urzeiten Klassiker der anglo-französischen Küche in Cornwall, Lunch und Dinner, Dinner um £ 50 pro Person.
Abbey Restaurant: Tel. 01736-33 06 80, www.theabbeyonline.com. Neben dem Abbey Hotel (s. Unterkunft), ein Highlight moderner europäischer Küche, Dinner £ 23–50 pro Person.
Summer House: Cornwall Terrace, Tel. 01736-36 37 44, www.summerhouse-cornwall.com. Mittelmeeratmosphäre in Cornwall: frische, mediterrane Küche, 3-Gang-Menü £ 22,50 pro Person ohne Wein.
Turk's Head: Chapel Street, Penzance, Tel. 017 36-36 30 93. Gutes Gastro-Pub mit den üblichen Fischgerichten.

Logan Rock: Treen. **Turk's Head:** Chapel Street, Penzance (s. oben)
The Victoria Inn: Churchtown, Perranuthnoe, Penzance.

Bahn: Penzance ist Endstation der langen Eisenbahnstrecke der First Great Western Trains (www.firstgreatwestern.co.uk), die durch ein von Autobahnen nicht erschlossenes Gebiet führt – 5 Stunden dauert die Fahrt nach London.
Fähre: Von Penzance verkehren sowohl Fähren als auch Helikopter zu den Scilly Isles.

St. Michael's Mount

Reise-Atlas: S. 234, C 4
Für den St. Michael's Mount sollte man sich einen halben Tag Zeit nehmen. Der schroffe Felsen in der Bucht von Penzance hat eine lange Geschichte: Laut Legende erschien im Jahre 495 der Erzengel Michael den Fischern auf einem Felsen hoch über dem Meer. Dem Erzengel Michael sind als himmlischem Kämpfer gegen den Teufel viele Kirchen in Höhenlagen gewidmet. Sein Er-

St. Michael's Mount

scheinen führte auch hier zum Bau einer Kirche und zur Gründung eines keltischen Klosters im 6. Jh. Im Jahre 1090, nach der normannischen Eroberung, wurde das Kloster den Benediktinern vom Mont St-Michel in der Normandie als Dependance zugeteilt. Mit der Auflösung der Klöster durch Heinrich VIII. wurde der St. Michael's Mount als Eigentum der Krone zur Festung. Von hier aus wurden die Hafensteuern für Export- und Importgeschäfte erhoben. Im Jahre 1659 kaufte Colonel St. Aubyn die Insel, und in den folgenden beiden Jahrhunderten ließ er das Kloster in ein Herrenhaus umbauen. Seit 1954 lebt hier John St. Aubyn, 4. Lord St. Levan und erfolgreicher Geschäftsmann, als Untermieter des National Trust, dem die Familie den Berg samt Immobilien vererbt hat. Ausnahmsweise ist nicht Geldmangel das Motiv, sondern die Sicherheit, dass der National Trust in unvorhersehbaren Fällen den Besitz problemlos weiterführen kann.

Den Berg kann man auf zwei Arten erobern: Bei Ebbe wandert man auf einem Granitweg von Marazion hinüber. Bei Flut nimmt man eines der Boote, die ständig zwischen Ufer und Berg pendeln. Flache Schuhe sind ratsam, denn auf dem glatten Stein des groben Kopfsteinpflasters rutscht man leicht aus. Durch das Haus geht man zur South Terrace auf dem Dach des großen, viktorianischen Flügels. Man blickt auf den südöstlichen Cudden Point und in den Mauergarten in der Tiefe.

Im porzellanblauen Salon – der einstigen Marienkapelle – nahmen 1846 Königin Viktoria und Gatte Prinz Albert ihren Tee. Sie kamen ›spontan‹. Leider war nur die Haushälterin anwesend, »eine dicke und freundliche Dame«, wie es in Viktorias Tagebuchaufzeichnungen heißt. Die sich in diesem Raum gegenüberhängenden Porträts dokumentieren ein Ritual des 18. Jh.: Bei einem Streit schickte man seinem Widersacher ein Porträt von sich selbst. Schickte dieser ein ebensolches von sich zurück, so war der Streit besiegelt. Der National Trust betreibt auf dem St. Michael's Mount einen hübschen Tea-Room mit Restaurant namens The Sails Loft.

Isles of Scilly

Reise-Atlas: S. 234, A 4

Den Isles of Scilly sollte man mindestens einen ganzen Tag widmen, wenn nicht ein bis zwei Übernachtungen einplanen. Ein Trip auf die Inseln ist nicht billig, da es nur wenige Hotels und Restaurants gibt und man nur mit Boot oder – bei einer Tagestour – mit dem Helikopter anreisen kann. Beim Anflug auf St. Mary's bietet sich der eindrucksvollste Blick auf die ungefähr 100 winzigen Inseln. Keine ist breiter als fünf Kilometer und nur fünf sind überhaupt bewohnt: St. Mary's, Tresco, Bryher, St. Martin's und St. Agnes. Sie liegen da, als habe sie jemand willkürlich ins Meer gestreut: Schroffe Felsen und gerundeter Granit, Kiefern und Palmen, weiße Sandstrände, türkisfarbene Buchten, seltene Seevögel und exotische Pflanzen. Blumen sind heute neben dem Tagestourismus die größte Einnahmequelle der Scillioner. Autos gibt es nicht, dafür viel Sonne (›Scilly Isles‹ soll, neben anderen Interpretationen, Sonneninseln bedeuten) und Regen. Das milde Klima hat den exotischen Dschungel und den Palmengarten des berühmten Abbey Garden von Tresco gedeihen lassen. Allgegenwärtig ist die Schönheit der Natur. Wohin man blickt: Wasser, Felsen, Sand, Licht, Wind und Wetter – und jede Menge Himmel. Der Tourismus ist auf den Scilly Isles von besonderer Art: Nicht unbegrenztes Wachstum, sondern ›kontrollierter Anbau‹. Nur 2000 Betten für die weitgehend als Stammgäste bekannten Scillyfans. Ansonsten sind Tagestouristen die Norm. Bei der begrenzten Anzahl der Unterkünfte sollte man auf alle Fälle vorher buchen, wenn man übernachten möchte.

St. Mary's

Über die Sehenswürdigkeiten von St. Mary's stolpert man von selbst. Sogar diese größte aller bewohnten Inseln ist zu klein, um etwas zu verbergen. Stolz thront das **Star Castle** auf einem Hügel über Hugh Town. 1593 wurde die Burg von Sir Francis Godolphin für Elisabeth I. gebaut. Sie gehört zu einer Reihe von Festungsanlagen, die im 16. Jh. entlang der Südküste entstanden. Heute ist das Castle ein Hotel. **Hugh Town** selbst ist freundlich und wirkt trotz der vielen Tagestouristen unverdorben.

Tresco

Wer nur einen Tag bleibt, sollte sich zur Hauptattraktion der Insel Tresco aufmachen: Der **Abbey Garden** vor der

CORNWALL VON OBEN – DIE BILDER DER SCHWESTERN SWANBOROUGH

1978 begann eine Liebesaffäre: Die Zwillingsschwestern Janet und Patsy Swanborough entdeckten die Scilly-Inseln. Zunächst wollen die beiden Malerinnen nur einen Sommer dort bleiben, um zu arbeiten. Doch der Sommer ist längst vorbei, und die Zwillinge malen hier immer noch. Das lebendige Licht und die starken Farben der Inselwelt, die helle, klare Luft, das lebhafte Wetter und die allgegenwärtige Natur – für Maler, die sich mit Landschaft beschäftigen, die ideale Umgebung.

Doch ist es nicht Landschaftsmalerei, die unter der geduldigen Hand der eineiigen Zwillinge entsteht. Janet und Patsy malen gemeinsam und erwecken eine eigenwillige, mühsame und äußerst solitäre Kunstform zu neuem Leben: die Parallelperspektive, in der Grundriss und Flucht gleichzeitig zu sehen sind. Zu ihren bekanntesten Werken gehören ein Wandgemälde der Tresco Abbey Gardens (1982) und das Acrylgemälde ›Our Street‹. Letzteres zeigt die Hugh Street in St. Mary's (Scilly-Inseln) und entstand in den 1980er Jahren als Auftragsarbeit für die BBC. Minutiöse Details, klare Linien und naturgetreue Farben fesseln den Blick des Betrachters. Eine der größten Auftragsarbeiten, ›Trewithen Gardens and Nurseries‹, zeigt den Grundbesitz mit Miniaturen der Familienangehörigen, Angestellten und von Tieren. Heute ist das Gemälde, an dem die Zwillinge zwei Jahre lang arbeiteten, auf dem Landsitz bei Cornwalls Hauptstadt Truro selbst zu besichtigen. Im 19. Jh. wurde die Technik der Parallelperspektive benutzt, um Landbesitz aus der Vogelperspektive darzustellen. Der Aufriss in der Parallelperspektive erlaubt einen genauen Einblick in den Grundriss und ist Bestandsaufnahme und Kunstform zugleich: Treue zum Detail, Strenge, Analyse und Konzentration sprechen aus den Bildern. Schon die Vorarbeiten für die metergroßen Gemälde sind langwierig: Für die Darstellung des Klostergartens von Tresco mussten die Schwestern mehrmals das Dach der Klosterkirche erklettern, mit Skizzen, Fotos und Grundrissen experimentieren und Luftbildaufnahmen studieren.

Janet und Patsy einigen sich vorher, wer was am liebsten malt – und es funktioniert merkwürdigerweise sehr gut. Ob Haus, Baum, Wasser, Tier oder Pflanze, Straße, Boot oder Mensch: Jede arbeitet an ihren Gegenständen allein. Erstaunlich ist das Resultat – wer ahnt, dass hinter der konsequent durchgehaltenen Abbildung der Hugh Street von St. Mary's zwei Malerinnen stecken? Nicht weit von dieser Straße haben die Schwestern ihr Atelier, wo das Original zu sehen ist.

1990 erkrankten Janet und Patsy an einer seltenen Krankheit. Schmerzen in den Gelenken, Schwäche und chronische Müdigkeit führten dazu, dass die Schwestern phasenweise nur zehn Minuten am Stück arbeiten können. Doch sie lieben ihre Malerei und malen tapfer weiter. Ihr Studio ist regelmäßig geöffnet: Rosehill Studio, Rosehill, St. Mary's, Isles of Scilly, Tel. 01720-422266, www.rosehillstudio.co.uk.

Kulisse der im Meer verstreuten Inseln wirkt paradiesisch. Exotische Pflanzen und Früchte gedeihen hier, darunter Papyrus, Zimt und Mimosen. Man spaziert zwischen Blumen und Skulpturen, über Treppen und Terrassen, und wenn man den Garten schließlich in Richtung New Grimsby verlässt, fasziniert der Kontrast zwischen den hohen, alten Bäumen und dem ungewöhnlich kultivierten Land (tgl. 10–16 Uhr, www.tresco.co.uk).

St. Mary's Tourist Information: Tel. 017 20-422 35 36, tgl. 10–17 Uhr. Hier erhält man detaillierte Auskunft über Unterkünfte und Abfahrtszeiten der Boote, die zwischen den Inseln pendeln.

Island Hotel: Tresco, Tel. 017 20-42 28 83, islandhotel@tresco.co.uk. Spitzenhotel mit Gourmetrestaurant, DZ um £ 250.
New Inn: Tresco, New Grimsby, Tel. 017 20-42 28 44, www.newinn@tresco.co.uk. DZ um £ 200.
St. Martin's On The Isle: St. Martin's, Tel. 017 20-42 20 92, £ 130 B&B pro Person, auch Halbpension.
Bell Rock Hotel: St. Mary's, Church Street, Tel. 017 20- 42 25 75. £ 79 B&B pro Person, auch Halbpension.
Tregarthen's Hotel: St. Mary's, Tel. 017 20-42 25 40, www.tregarthens-hotel.co.uk, um £ 70 pro Person B&B, auch Halbpension.

Einige Boote bieten **Ausflüge** in die Naturschutzgebiete an, so dass man Seerobben und Vögel beobachten kann.

Flug:
Helikopter von Penzance: British International, The Heliport, Penzance, Cornwall, Tel. 017 36-36 38 71 oder 0 17 36-42 26 46.
Sky Bus: Land's End Aerodrome, St. Just, Cornwall, Tel. 03 45-10 55 55 oder Tel. 017 36-36 20 09. Flüge nach St. Mary's von Land's End, Exeter, Bristol, Plymouth, Southampton und Newquay.
Fähre: von Penzance: Isles of Scilly Steamship Company, Quay Street, Penzance, Tel. 03 45-10 55 55 oder 017 36-36 20 09.

Halbinsel The Lizard

Reise-Atlas: S. 235, D 4
Viele lassen die Halbinsel Lizard auf ihrem Weg nach St. Ives oder Penzance im wahrsten Sinne des Wortes links liegen. Vielleicht liegt es daran, dass die südlichste Region Englands so gar nicht zu gefälligem Konsum einlädt. Die Genüsse des einfachen Lebens findet man hier indessen zur Genüge – und in hoher Qualität.

Das flache Hochplateau der Lizard Peninsula liegt mehr als 100 m über dem Meeresspiegel: Raue Küste und Strände mit türkisblauem Wasser, Küstenpfade mit artenreicher Flora, winzige Fischerorte, Landwirtschaft, Wald, tiefgrüne Flussufer und Buchten. Zwischen Labyrinthen aus gewundenen, heckengesäumten Straßen findet man scheinbar zeitloses Dorfleben, elegante Herrenhäuser, Hafenidyllen oder Landschaftsdesign aus dem 18. Jh. Nichts von der ländlichen Geborgenheit Lizards scheint dem Tourismus zum Opfer gefallen zu sein. Die Schriftstellerin Daphne Du Maurier, die dem Frenchman's Creek mit ihrem gleichnamigen Roman zu ewigem Ruhm verhalf, aber auch Künstler und Kunsthandwerker, fühlten und fühlen sich von der Vielfalt und Einsamkeit dieser Landschaft inspiriert.

Helston und Umgebung

Reise-Atlas: S. 235, D 4
Wer von Penzance mit dem Auto anreist, fährt zunächst Richtung Helston. In dieser kleinen Marktstadt befindet sich das einzige Tourist Board auf der ganzen Halbinsel und Helston's Bike Service – Lizard Point lässt sich bestens mit dem Fahrrad erkunden. Gut denkbar ist ein Abstecher an Englands südlichsten Fischereihafen **Porthleven.** Frischeren Fisch als in Critchards alter Wassermühle bekommt man kaum: Jo Critchard ist eine viel gerühmte Köchin, und ihr Mann sorgt für die fröhliche Atmosphäre. Das Pub am Ort mit dem angemessenen Namen **Ship Inn** ist buchstäblich in die Steilklippen gebaut. Wenige Meter unter dem Fenster donnert das Wasser an die Hafenmauern. Gemütlich lodern Feuer in den riesigen Kaminen, und es herrscht bei jedem Wetter eine warme Atmosphäre. Auf ihre über 20 m hohe Turmuhr sind die Einheimischen besonders stolz.

Wenige Kilometer südwestlich ist das Süßwasserbecken **Loe Pool** nur durch Kieselmassen und Sandstrand vom Meer getrennt. Der helle Sand und das türkisblaue Meerwasser stehen in merkwürdigem Kontrast zu der fruchtbaren, grünen Küstenlandschaft und dem tiefblauen Wasser des Natursees. Angeblich hat hier König Artus' Schwert Excalibur zu seiner Wasserquelle zurückgefunden – doch auch Dozmary Pool im Bodmin Moor nimmt diese Rolle für sich in Anspruch. In Wendron bei Helston wurde die stillgelegte **Poldark Mine** zur Touristenattraktion; alte Schachtanlagen und ein nachgebautes Zinnarbeiter-Dorf sollen zum ›Minen-Erlebnis‹ verhelfen. Ob das zwischen Tea-Shop und Kinderspielplatz gelingt? (www.poldark-mine.co.uk, April–Sept. tgl. 10–17.30 Uhr)

Helston & Lizard Peninsula Tourist Information: 79, Meneage Street, Helston, Tel. 013 26-56 54 31, info@helstontic.demon.co.uk, Mo–Sa 10–17 Uhr

Fahrradverleih: Helston's Bike Services, Meneage Road, Helston, Tel. 013 26-56 45 64

Crasken Farmhouse: Helston, Jenny Ingram, Tel. 013 26-57 26 70. Wunderschönes, abgeschiedenes Haus, urgemütlich, £ 22,50 pro Person.

Trengilly Wartha Inn: Constantine, Tel. 013 26-34 03 32. Ambitionierte, modern-britische Küche, 2-Gang Menü £ 21,50, 3-Gang Menü £ 27; DZ £ 78.

Critchards: The Harbourside, Porthleven, Tel. 013 26-56 24 07. Restaurant mit zwei Hotelzimmern (DZ £ 60–65), innovative Fischküche in lockerer Atmosphäre, um £ 38 pro Person.
Hazelphron Inn: Gunwalloe, Helston, Tel. 0132 6-24 04 06. Mit Gästezimmern und köstlicher Fisch- und Landküche, wurde unlängst als eines der besten Pubs ausgezeichnet, um £ 25 pro Person.
The Ship: Porthleven. In den Felsen von Porthleven mit Blick über den Hafen, gute Fischküche, gemütliche Atmosphäre.

Wanderung: Von Mullion über Lizard Point nach Cadgwith

Reise-Atlas: S. 235, D 4
Um zu den westlichen Küstenorten zu gelangen, orientiert man sich entlang der A 3083, die Helston mit dem südlichsten Lizard Point verbindet. Von hier aus führen kleine Straßen an die durch den National Trust geschützte Küste, die sich fast durchgehend erwandern lässt. Bei Küstenwanderungen auf der Lizard Peninsula stößt man auf eine Vielfalt von z. T. seltenen Pflanzen, Interessierte sollten ein Pflanzenkundebuch im Gepäck haben.

Mullion ist das größte Dorf der Halbinsel. Auch sein Golfplatz nimmt einen Superlativ für sich in Anspruch: Er ist der südlichste in Cornwall. Mullions Kirche ist dem bretonischen Heligen Mellane gewidmet und hat, *isn't that English,* eine eigene kleine Tür für Hunde.

Die 20 km zwischen Mullion Cove und Cadgwith bieten besonders liebliches Küstenwandergebiet: Weicher Boden, eine Vielfalt von Pflanzen und ständig wechselnde Aussichten. Man wandert z. B. von Porth Mullion zur **Kynance Cove** mit einem herrlichen Sandstrand. Dann geht's weiter zum **Lizard Point,** Englands südlichstem Punkt. Hinter **Church Cove** mit seinen reetgedeckten Cottages sind es zum malerischen Fischerdorf Cadgwith knapp 5 km. Kurz vor dem Dorf kommt man an **Devil's Frying Pan** (des Teufels Bratpfanne) vorbei, einer runden, winzigen Felsbucht, die sich durch einen Tunnel in die Küste gespült hat.

Cadgwith gilt mit seinen reetgedeckten Cottages, den engen Gassen und prächtigen Blumengärten neben Helston als schönstes Fischerdorf der Halbinsel.

Die Ostküste von Lizard

Reise-Atlas: S. 235, D 4
Die Fahrt durch das Landesinnere führt durch die **Goonhilly Downs:** ein altes, natürliches Reservat für Pflanzen und Vögel, futuristisch aufbereitet mit den Satellitenschüsseln der Goonhilly Satellite Earth Station und modernen Windmühlen.

Der idyllischste Strand an der östlichen Küste Lizards heißt **Kennack Sands.** Auch wer hier wandert, erlebt Höhepunkte: Gen Osten hinter **Coverack,** einem berühmt-berüchtigten Schmugglernest, wird die Küste wieder steiler. Das Riff namens **The Manacles** hat in den vergangenen Jahrhunderten so manches Schiff zum Kentern gebracht. Und nicht nur hartgesottene Strandräuber freuten sich diebisch, wenn wieder mal ein reich beladenes Frachtschiff in den Manacle

Rocks auflief. Falsche Lichtsignale halfen gelegentlich etwas nach. In der Kirche der hübschen kleinen Stadt **St. Keverne** findet man Widmungen an jene, die an den Felsen der Manacles verunglückten. Glück und Unglück lagen in Cornwall nah beieinander: Es heisst, bei stürmischem Wetter hätten die Gemeinden in den Kirchen inbrünstiger für reichhaltiges Strandgut gebetet als für die Seelen der verunglückten Seeleute. Im frommen Land der ›Schmuggler und Seeräuber‹, wie Cornwall in alten Reisebeschreibungen genannt wird, war man eben auch pragmatisch. Einen Widerspruch wird man kaum darin finden, wenn man sich die damaligen Lebensbedingungen in der cornischen Abgeschiedenheit vor Augen hält. Inzwischen hat man andere Möglichkeiten der Selbsterhaltung entwickelt.

Roskilly ist der Name einer Bio-Farm, die einen alten Garten zum Biotop für Raubvögel umgewandelt hat und mit Produkten aus biologischer Milchwirtschaft wahre Köstlichkeiten herstellt. Darunter die überregional begehrte Roskilly's Icecream, die in der Tat nicht zu schlagen ist. Doch auch Pralinen, Fudge, Honig und Kosmetik werden in diesem professionellen Betrieb produziert. Zumindest eine Tea-Time oder ein Eis sollte man sich in den Croust House Tea-Rooms and Farm Shop nicht entgehen lassen. In den Farm- und Gartenanlagen kann man spazieren gehen oder picknicken.

Bakery Cottage: Coverack, Lizard Peninsula, Tel. 013 26-28 04 74. Gemütliches B&B, £ 18 pro Person.

Ennys: St. Hilary, bei Marazion (links der B 3280), Tel. 017 36-74 02 62. Edles und mehrfach ausgezeichnetes B&B (mit Dinner auf Wunsch) in geschmackvollem, komfortablen Farmhouse, £ 32,50–£ 45 pro Person, die Familiensuite kostet £ 80–130, oder man mietet eins der beiden Cottages: 2 Personen £ 250–485 pro Woche, 4 Personen £ 400–875 pro Woche .

Wassersport: Das Küstengebiet zwischen den Manacles und St. Anthony eignet sich besonders zum **Tauchen** (in Porthkerris Cove kann man sich Ausrüstung und Zubehör leihen). Wer lieber **segelt**, findet im Hafen von St. Anthony alles, was er braucht.

Trelowarren Estate

Reise-Atlas: S. 235, D 4

Zwar ist dieses Country House nicht eines der eindrucksvollsten, doch die gesamte Anlage hat als Ausflugsziel einiges zu bieten. Der Grundbesitz gehört zu den ältesten der Britischen Inseln. Noch vor der normannischen Eroberung war Trelowarren mit seinen über 400 ha bis zu den Ufern des Helford River Landbesitz. Seit dem 15. Jh. ist es Familiensitz der Vyvyans. Teile des Anwesens werden heute an eine christliche Bruderschaft verpachtet. Architektonisches Juwel ist die Kirche, in der wegen ihrer ausgezeichneten Akustik regelmäßig Sonntagskonzerte stattfinden.

Ein 6 km langer Rundgang auf dem Besitz führt zu dem alten keltischen **Halligye Fogou:** eine von Menschenhand geschaffene Höhle, über deren Bedeutung man sich nicht ganz klar ist. Diente sie zum Schutz oder war sie

Teil eines keltischen Sonnenrituals? Die Cornwall Craft Association veranstaltet in der zum Trelowarren Estate gehörenden Galerie regelmäßig Ausstellungen ihrer Mitglieder – handwerklich höchstes Niveau, Design, Buchbinderkunst, Schrift, Textildesign etc. sind in wechselnden Veranstaltungen vertreten. Das ebenfalls zum Anwesen gehörende Yard Bistro bietet zum Lunch wie zum Dinner exzellente Küche.

Yard Bistro: Trelowarren, Mawgan, Tel. 01326-22 15 95, So–Di abends geschl. Ausgezeichnete, moderne Küche, günstige Lunch-Angebote und Dinner, £ 12–20 pro Person.

Am Helford River

Reise-Atlas: S. 235, D 4
Die Umgebung von Mawgan, Frenchman's Creek und Helford wirkt durch die grünen Ufer des Helford River un-

gewöhnlich lieblich. **Helford Village** wird für seine Schönheit gerühmt: Das Auto lässt man oben am Parkplatz stehen und läuft die einzige, eng gewundene Straße des Dorfes bergab. Die Cottages scheinen sich an den Hügeln der winzigen Bucht festzuklammern. Das einzige Pub, The Shipwright's Arms, liegt direkt am Fluss.

Im kleinen Ort **Manaccan** geht abends die Post ab. ›The Lion's Den‹ ist Antiquitätenhandel und Bistro in einem. Geschmackvoll hat die etwas exzentrische, lebensfrohe Antiquitätenhändlerin Janet Ingram hier ihren Traum verwirklicht. Tagsüber trifft man die Ex-Londonerin rauchend und plaudernd in ihrem Privatparadies an, abends sitzt sie nebenan an der Theke. Unterhaltsam geht es in der ›Lasterhöhle der Löwin‹ immer zu.

Genau genommen gehört das Nordufer des Helford River nicht mehr zur Peninsula, aber landschaftlich bildet es mit dem durch Wasser abgegrenzten Teil eine Einheit. An der Flussmündung liegt der kleine Ort **Gweek.** Hier hat sich eine Rettungsstation für Robben etabliert, das **Seal Sanctuary:** Verletzte und lebensuntüchtige Atlantikrobben werden hier aufgenommen und versorgt, bis sie wieder selbst Fisch fangen können. Manche bleiben Dauergäste. Die Arbeit mit den Robben finanziert sich fast ausschließlich aus den Eintrittsgeldern und Spenden der Besucher. Besonders für Kinder ist das Seal Sanctuary eine Attraktion (Seal Sanctuary, Gweek, tgl. 10–17 Uhr).

Gleich vier Gärten gibt es zwischen Gweek und Falmouth, die beliebtesten sind am Nordufer des Helford River zu finden, am Hang zum Wasser: **Trebah Garden** ist ein dichter Urwald, könnte man meinen. Dass dieser Garten erst seit 20 Jahren allmählich wieder seine ursprüngliche Gestalt aus dem 19. Jh. gewinnt, merkt man ihm nicht an. Die riesigen Bäume, Rhododendren und

Heckenlabyrinth aus Kirschlorbeer in Glendurgan Garden

subtropischen Farne begleiten den Besucher bis zum Strand hinunter, der sich bestens zum Picknicken und zum Schwimmen eignet. In der Gunnera Passage fühlt man sich wie ein Zwerg: Die Blätter des brasilianischen ›Riesenrhabarbers‹ *Gunnera manicata* bilden ein Dach, unter dem man spazieren gehen kann. Als das Ehepaar Hibbert das Grundstück Trebah im November 1981 erwarb, wollten sich die beiden eigentlich nur in einem schönen, alten Haus mit etwas Wald zur Ruhe setzen. Nach einer Woche klingelte es an der Tür und ein Herr von der Cornwall Garden Society erkundigte sich höflich, wie viele Gärtner die Hibberts einzustellen gedächten. Der Garten sei 50 Jahre lang vernachlässigt worden – irgendwann sei es zu spät, ihn wieder instand zu setzen. Vorbei war es mit der Ruhe, doch mit Begeisterung wurde der Garten restauriert (im Ort Mawnan Smith, tgl. 10.30–17 Uhr).

Glendurgan Garden liegt in einem geschützten Tal und wirkt im Frühjahr zur Rhododendronblüte wie ein Feuerwerk aus Form und Farbe. Ganzjährige Attraktion ist ein ausgewachsenes, restauriertes Heckenlabyrinth aus dem Jahre 1833. Es macht großen Spaß zwischen den regelmäßig beschnittenen Kirschlorbeerhecken umherzuirren, dank der Hanglage verliert man die Zielgerade nie aus den Augen (in Mawnan Smith, Mitte Feb.–Okt. Mo–Fr 10.30–17.30 Uhr).

Frenchman's Creek Walk

Am Parkplatz oberhalb Helford Village beginnt einer der schönsten Rundwege der Region (1 Std.). Besonders am frühen Morgen ist der Frenchman's Creek Walk ein besonderer Genuss: Man läuft ins Dorf hinunter; statt die Brücke zu überqueren folgt man dem Fußweg nach Manaccan. An der Weggabelung hält man sich rechts und durchquert die Kestle Farm. Man folgt der Beschilderung nach Frenchman's Pill am Ufer entlang. An dieser Stelle ist der Fluss unheimlich und düster: Tote Äste ragen aus dem Wasser, die Bäume werfen riesige Schatten. Vom Hügel aus hat man Aussicht auf den Fluss und blickt nach Groyne Point, wo der Wald seit Jahrhunderten völlig wild wächst. Man klettert über den Zaun (Übertritt) und biegt rechts auf den Weg ab. Direkt hinter dem Viehgitter nimmt man links den ausgeschilderten Weg nach Pengwedhen. Zwischen Hecken folgt man dem rechten Zweig der Gabelung nach Penarvon Cove. Hier führt ein geteerter Weg nach Helford, der als Public Footpath am Pub Shipwright's Arms herausführt.

Carwinion: Mawnan Smith, Jane und Anthony Rogers, Tel. 013 26-25 02 58, www.carwinion.com. Bed and Breakfast £ 30 pro Person.

The Lion's Den: Manaccan, Lizard, Tel. 013 26-23 13 31. Antiquitätenladen mit Restaurantbetrieb.

DIE SÜDKÜSTE VON CORNWALL

Die landschaftlich äußerst reizvolle Südküste Cornwalls heißt auch ›cornische Riviera‹, und die malerisch in schmale Buchten gezwängten Fischerhäfen sind zu beliebten Ferienorten geworden. Wachsende Besucherzahlen bescheren ihnen auch Attraktionen wie Eden Project und das National Maritime Museum.

Falmouth

Reise-Atlas: S. 235, D 3

Falmouth scheint fast ausschließlich aus Hafen zu bestehen: Durch seine exponierte Lage im natürlichen Hafenbecken des River Fal hat es eine bewegte Geschichte in der internationalen Seefahrt: Nachdem die Festung **Pendennis Castle** unter Heinrich VIII. entstanden war, konnte Falmouth wachsen (EH, April–Sept. tgl. 10–18, Okt. 10–17, Nov.–März 10–16 Uhr). Das Einkommen des Städtchens war gesichert, als es 1689 der Hauptsitz von ›Falmouth Packets‹ wurde. Nach ganz Amerika, Portugal und Spanien wurde die Post versandt. Mit der Victorian Railway Mitte des 19. Jh. konnte sich Falmouth ganz allmählich auch zum Wohn- und Ferienstädtchen mausern. Seine Bedeutung liegt bis heute in der Dienstleistung: Neben Hotels, Konferenzzentren und Firmenniederlassungen hat es eine vielseitige Shopping-Meile und zwei richtig nette Pubs: das **Quayside Inn** auf der Arwenack Street und das **Chain Locker** am Custom House Quay.

Das 2002 eröffnete **National Maritime Museum Cornwall** präsentiert Seefahrtsgeschichte multimedial – spannend für kleine und große Besucher (Discovery Quay, www.nmmc.co.uk, tgl. 10–17 Uhr).

St. Mawes

Sehenswerter ist für Shopping-Verächter vielleicht die **Zwillingsfestung St. Mawes** auf der gegenüberliegenden Landzunge der Halbinsel Roseland (St. Mawes Castle, EH, April–Sept. tgl. 10–18 Uhr). Man kann mit dem Boot übersetzen und sich anhand der beiden Festungen ein wenig Geschichte vergegenwärtigen: Im Bürgerkrieg ergab sich St. Mawes ohne Zögern Oliver Cromwells ›Roundheads‹, während die Belagerten gegenüber in Pendennis erst nach fünf Monaten aufgaben – nachdem die Hälfte von ihnen gestorben und die übrigen ausgehungert waren. Die Vorstellung dieses Szenarios bedarf reichlich Phantasie, wenn man heute als Tourist auf der Landzunge Roseland den Blick aufs Meer genießt. Reizvoll ist ein Spaziergang zur **Kirche**

St. Just in Roseland. Von einer Anhöhe geht man zwischen Rhododendren und Fuchsien über den Friedhof zu dieser einsamen, anmutigen Kirche aus dem 13. Jh. hinunter. Sie ruht geradezu am Flussufer, umgeben von Stille, Palmen und Nadelbäumen.

Trelissick Garden

Anschließend nimmt man vielleicht ein Fährschiff nach Trelissick. Trelissick Garden versammelt Pflanzen aus aller Welt in herrlicher Lage. Von hier aus hat man einen besonders weiten Blick über Garrick Roads, die Buchten des River Fal. Der Garten ist von Parkanlagen umgeben und wegen seiner Vielfalt das ganze Jahr über attraktiv (Trelissick Garden and Park, Feock, März–Okt. Mo–Sa 10.30–17.30, So ab 12.30 Uhr).

Falmouth Tourist Information Centre: 28, Killigrew Street, Tel. 013 26-31 23 60, falmouthtic@yahoo.co.uk, April–Sept. Mo–Sa 9.30–17.30, So 10–14 Uhr, Okt.–März nur Mo–Fr

Crugsillick Manor: Ruran High Lanes, bei St. Mawes, Tel. 01872-50 12 14. Nobel-B&B (DZ £ 98) mit Familienanschluss in einem wunderschönen Herrenhaus, das seinen Gästen auf Wunsch Dinner serviert, 4 Gänge £ 27,50 – die Gastgeber geben einen originellen Einblick in die Gepflogenheiten der englischen Upper Class.

Pandora Inn: Restronguet Creek, Mylor Bridge, Tel. 01326-37 26 78. Sehr gutes, gemütliches Pub/Restaurant am Wasser, das stolz darauf ist, für jeden Gast das Richtige anzubieten. Entsprechend geben Gäste zwischen £ 10 und £ 200 für ein Essen aus.

Truro

Reise-Atlas: S. 235, D 3

Der Weg in die kleine Stadt Truro mit ihrer georgianischen Architektur lohnt durchaus. Einst war Truro so *en vogue* wie Bath; im 18. Jh. entstanden die eleganten Bürgerhäuser in der Lemon Street. Wohlstand kam mit den Zinnminen im frühen 19. Jh. Seine städtische Lebhaftigkeit verdankt Truro heute der Tatsache, dass es Hauptstadt und Handelsmittelpunkt der Grafschaft Cornwall ist. Trendbewusste Bars und Restaurants verströmen städtisches Flair. Die junge **Kathedrale** wurde im Jahre 1910 vollendet. Da Truro überdies landwirtschaftlicher Mittelpunkt der Region ist, muss man sich hier über Gottesdienste mit lebenden Schafen nicht wundern.

Identität offenbart sich in Truro in vielfältiger Form. So baute die BBC beispielsweise ihre erste, eigens auf Radio ausgerichtete Basis, Radio Cornwall, in Phoenix Wharf. Einrichtungen wie die **Art Gallery** beim Museum und die vielen regionalen Veranstaltungen, für die in der City Hall geworben wird, zeigen Engagement für cornische Belange. Zum Einkaufen britischer Markenartikel eignet sich Truro bestens – alle großen Filialen lassen sich mühelos bei einem Spaziergang durch die Innenstadt abklappern. Die vielerorts dokumentierte cornische Verbundenheit mit der Mineralkunde und dem Bergbau wird im **Royal Cornwall**

DAS EDEN-PROJEKT

Die Lost Gardens of Heligan (s. S. 200) waren dem Visionär Tim Smit nicht genug. Das Leben auf der Erde wächst weiter. Diesmal in einer ehemaligen Grube zur Gewinnung von Kaolin in den ›weißen Bergen‹ von St. Austell. Pflanzen, so Smit, seien die wichtigsten Lebewesen der Erde. Kann man ihre Bedeutung für den Menschen besser in ein Projekt übersetzen als mit der Erschaffung des Paradieses?

Der globale Garten, von dem Tim Smit träumte, wurde mit zwei riesigen Gewächshäusern Wirklichkeit. Auf einer Fläche von 30 Fußballfeldern entstanden drei Klimazonen: in den beiden *Biome* genannten Treibhäusern feuchtwarmes Tropenklima und eine Warmzone sowie eine gemäßigte Zone im Landschaftsgarten draußen. Das größere der *Biomes* ist mit 15 000 m^2 und 50 m Höhe weltweit einzigartig, ein ganzer tropischer Regenwald findet darin Platz. Insgesamt wachsen über 100 000 Pflanzen auf dem Areal, 5000 Spezies aus aller Welt sind vertreten.

Aus der Vogelperspektive wirkt der ›Garten Eden‹ wie ein riesiges Gebilde aus organisch gewachsenen Strukturen: Seen, Terrassengärten, ein botanischer Garten, ein Amphitheater, Wege und Pfade umgeben die an Bienenwaben erinnernden *Biomes,* die in unterschiedlichen Größen und Formen ineinander übergehen. Ein chlorophyllfanatischer James-Bond-Bösewicht könnte sich diesen gigantischen Pflanzentraum erschaffen haben. In Wirklichkeit dient das Projekt als Bildungs- und Forschungsstätte, als weltgrößtes Naturmuseum.Pflanzen aus unterschiedlichsten Regionen der Erde, aus verschiedenen Entwicklungsstadien ihrer Kultivierung, Zierpflanzen zwischen Tropenhölzern, die Botanik Kaliforniens neben mediterranen Olivenbäumen öffnen die Augen für die Pflanzenvielfalt dieser Welt. Ein Besucherzentrum informiert ausführlich über die wissenschaftlichen Erkenntnisse aus dem Eden-Projekt. Und bei wem das Interesse so schnell wächst wie Edens Pflanzen, der kann sich hier in ein weltweites Netzwerk an Projekten einschalten (Eden Project, Winter 10–16.30, letzter Einlass 15 Uhr, Sommer 10–18 Uhr, letzter Einlass 16.30 Uhr, Di–Do im Aug. 10–20 Uhr, www.edenproject.com)

Museum abermals deutlich: Geologische Funde und Industriearchäologie stehen hier im Vordergrund (Mo–Sa 10–17 Uhr).

Truro Tourist Information: Boscawen Street, Tel. 01872-27 45 55, www.truro.gov.uk, Mo–Sa 9–17 Uhr

Creed House: Creed, bei Grampound, Tel. 01872-53 03 72. In einem großen Park, große, gemütliche Zimmer, grand, jedoch ohne Snob-Appeal, Familienfotos an den Wänden erzählen Geschichten von Hochzeiten und Safaris im kolonialen Indien, £ 40 pro Person.

Piero's: Kenwyn Street, Truro, Tel. 01872-22 22 79. Für englische Verhältnisse guter Italiener.
Eastern Promise: Grampound, Tel. 01726-88 30 33, nur abends, Mi geschl. Chinesische Küche, wer eine Pause von der neu-britischen Küche braucht ... um £ 25 pro Person.

Bahn: von London Paddington mit First Great Western Trains (www.firstgreatwestern.com)
Bus: lokale Verbindungen mit Truronian Bustravel (www.truronian.co.uk)

St. Austell

Reise-Atlas: S. 235, E 3
Bei dem Namen St. Austell denken die Einwohner Cornwalls an die ›Cornish Alps‹. Und die entstanden so: 1755 entdeckte William Cookworthy in der Gegend Porzellanerde. Niemand konnte ahnen, welche Ausmaße die Gewinnung von Kaolin annehmen würde. Nördlich von St. Austell wurden riesige, weiße Hügel aufgeworfen – die ›cornischen Alpen‹. Die Stadt wurde weltgrößter Exporteur des ›China Clay‹. Früher wurde das so genannte Kaolin ausschließlich zur Porzellanherstellung benutzt. Heute erzielt man damit Hochglanzeffekte bei Druckerzeugnissen und Farben. ›English China Clays‹ ist bis zum heutigen Tage Englands größtes Privatunternehmen. Das **Wheal Martyn China Clay Heritage Centre** informiert ausführlich über Förderung und Abbau des ›weißen Goldes‹ (April–Okt. tgl. 10–16, sonst tgl. 10–15 Uhr letzter Einlass), und das **Shipwreck Museum** im Ortsteil Charlestown ist nur durch eine Reihe von Tunneln zu begehen, durch die einst das Kaolin an die Docks transportiert wurde (März–Okt. tgl. 10–17, Aug. 10–18 Uhr).

Von Charlestowns Hafen blickt man über die St. Austell Bay nach Menabilly und Gribbin Head, die östlichste Grenze der Bucht. Im Küstengebiet südlich von St. Austell wird es wieder grün und ländlich: Auf einer riesigen Spinatplatte scheinen die Felder und die kleinen Dörfer zwischen Mevagissey und Portloe zu liegen.

The School House Restaurant: West End, Pentewan, St. Austell, Tel. 01726-84 24 74, So und Mo geschl. Nette Atmosphäre und ausgezeichnete modern-britische Küche, um £ 25 pro Person.

Bahn: von London Paddington mit Great Western Trains (www.firstgreatwestern.com)
Bus: mit Truronian Bustravel (www.truronian.co.uk) Verbindung u. a. zum Eden Project (Kombiticket mit Eintritt, im Bus zu lösen)

Mevagissey

Reise-Atlas: S. 235, E 3
Mevagissey ist ein touristisch restlos erschlossener Hafenort. Sehenswert ist der exponierte Küstenvorsprung **Dodman Point** ca. 6 km südlich des Ortes, wo schon viele Schiffe auf Grund liefen. Einer der schönsten, einsamen Strände westlich von Dodman Point ist der **Hemmick Beach.** Vermutlich haben die verzweigten und für Ungeduldige mühsam zu befahrenden Straßen diesen Strand vor dem Massentourismus bewahrt. Eindrucksvoll ist die Bucht **Porthluney Cove:** ein Halbmond aus Sand und grünem, kultiviertem Land. In der Mitte steht **Caerhays Castle,** eine im Jahr 1803 vom Baumeister John Nash errichtete Burg (Mai–Okt. Mo–Sa 11–16 Uhr).

Portloe und Veryan Bay

Reise-Atlas: S. 235, E 3
Das weiß gestrichene Dorf Portloe liegt in der Enge zweier Hügel und ist idealer Ausgangspunkt für Wanderungen in der Veryan Bay im Norden oder zur südlichen Garrans Bay. Hier gibt es außerdem die vergnüglichste Mischung aus Postamt, Gemischtwarenladen, Tea-Room und ernst zu nehmendem Restaurant in ganz Südengland: das unverfehlbare **Cottage Tregain.** Veryan Bay ist von den Landzungen Dodman Point und Nare Head umschlossen. Beide Orte sind reich an Wildvögeln und archäologischen Funden. Am Ort sollte man sich eine der informativen Broschüren des National Trust über diese Küstenregion besorgen und die Gegend um Portloe zu Fuß erobern.

Mevagissey ist noch immer ein aktiver Fischereihafen

The Lost Gardens of Heligan

Das Dornröschen unter den cornischen Gärten wurde erst 1990 von einem holländischen Prinzen, Tim Smit, aus 70jährigem Tiefschlaf wachgeküsst. Küssen ist für den Archäologen und Plattenproduzenten ohnehin eine der Aktivitäten, zu denen ein Garten anregen soll. Mit der aufwendigen Restaurierung dieser geheimnisvollen Mischung aus Dschungel, Zier- und Nutzgarten hat er jedenfalls einen Nerv britischer Identität getroffen. Dies verraten schon die Besucherzahlen, die in kaum einem Garten höher sind als hier. Beinahe 1000 Besucher laufen jeden Tag durch das einst verlorene Paradies. Der Garten steckt voller Geschichten: Die erste Ananasernte zum Beispiel fand 1997 statt, gerade rechtzeitig, um der Queen eine der Früchte zur Goldenen Hochzeit zu überreichen. Zeit sollte man für die kilometerlangen Fußwege durch die einzelnen Anlagen reichlich einplanen. Im Norden führen die Wege durch Hügel, vorbei an Gewächshäusern, einer Grotte, durch einen italienischen Garten, Mauergärten und vieles mehr. Im südlichen Teil von Heligan liegt das ›verlorene Tal‹, das *lost valley,* ein Dschungel mit Blick auf Mevagissey (The Lost Gardens of Heligan, Pentewan, St. Austell, Sommer tgl. 10–18, im Winter 10–17 Uhr, Kasse schließt um 16.30 bzw. 15.30 Uhr).

Fowey

Reise-Atlas: S. 235, E 3
Fowey (sprich: Foi) ist in die Hügel an der Mündung des gleichnamigen Flus-

Malerisch drängen sich die Cottages im Hafen: Polperro

ses gebaut. Kopfsteingepflasterte Gassen führen aus dem alten Dorfkern zum Hafen hinab. Aus dem Bodmin Moor fließt das Wasser des River Fowey in den malerischen Hafen mit seinen vielen Segelbooten, Yachten und Ozeandampfern. Schon im Mittelalter war Fowey aktiver Handelshafen; von hier aus wurden allerdings auch, wie an vielen Orten der Südküste, Plünderfahrten an die französische Küste unternommen. Die Einwohner von Fowey trieben ihre Seeräuberei besonders arg, und so nahm ihnen eines Tages der König zur Strafe ihre Schiffe weg. Heute sind die Hafenaktivitäten ziviler: Man segelt. Ein Bummel durchs Dorf lohnt wegen der charaktervollen Häuser und der vielen kleinen Läden. Im alten Count House am Hafen kocht man seit 20 Jahren feinsten Fisch: ›Food for Thought‹ ist neben anderen guten Küchen im Ortskern die Top-Adresse.

Von Fowey führt eine Autofähre nach Bodinnick. Hierher kam Daphne Du Maurier im Jahre 1926 mit ihren Eltern und blieb, bevor sie im Jahre 1943 das Landhaus in Menabilly mietete, Menabilly House, 24 Jahre lang Heimat Daphne Du Mauriers und Vorbild ihres ›Manderley‹ aus dem berühmten Roman ›Rebecca‹ (s. S. 203). Ihr Sohn ist wieder in diese Gegend, in dieses Haus zurückgekehrt und lebt dort noch heute.

Fowey Ticket Shop & TIC: 5 South Street, Tel. 017 26-83 36 16, fowey tic@visit.org.uk, Mo–Fr 9–17.30 Uhr

Food for Thought: Town Quay, Fowey, Tel. 01726-83 22 21. Bester Fisch.

Restormel Castle

Auf dem Weg nach Plymouth fordert der weit ins Land eingeschnittene River Fowey einen Schlenker ins Landesinnere. Der Umweg führt über Lostwithiel mit der besonders gut erhaltenen mittelalterlichen Festungsanlage Restormel Castle (etwa 1 km nördlich vom Ort, April–Sept. tgl. 10–18, Okt. 10–17 Uhr).

Polperro

Reise-Atlas: S. 235, F 3

Der winzige, geschützt gelegene Hafen Polperro hat eine große Vergangenheit in Schmuggel und *pilchard*-Fischerei. Die weißen Cottages nisten auf engstem Raum an den steilen Ufern des kleinen Flusses Pol und wetteifern um einen Blick auf die Bucht. Über dem Ort liegen Parkplatz und Bushaltestelle, und man läuft knapp 10 Minuten ins Dorf hinunter. Vor hundert Jahren war der Hafen nur mit Maultieren zu erreichen. Das Überlisten der Zollsegler, indem man Tee und Alkohol bei Nacht und Nebel einführte, war im Vergleich zu den kühnen Raubzügen der südcornischen Piraten harmlos. The Coombes, Polperros Hauptstraße, ist heute eine Shopping-Meile aus Souvenirläden und Fast Food-Restaurants. Umso angenehmer überrascht das kleine Cottage ›Kitchen‹ mit vegetarischen Gerichten.

Kitchen: The Coombes, Polperro, Tel. 01503-27 27 80. Modern, für Vegetarier geeignet, Dinner, £ 25 pro Person.

Looe

Reise-Atlas: S. 235, F 3
In East Looe parkt man ebenfalls am besten gleich auf dem Parkplatz rechts hinter der Brücke und erobert den Hafen zu Fuß. Beinah hanseatisch wirken die Häuserreihen, und die Luft in Looe riecht geschäftig. Kein Wunder, denn seit über 700 Jahren kontinuierlicher Hafeneinkünfte ist Looe ein prosperierendes, stolzes Städtchen. Sein breiter Sandstrand lockt im Sommer jede Menge englische Besucher – nicht die-Klientel der Countryside allerdings, sondern jene laute, Fastfood-konsumierende Menge, die man auf Dauer lieber meidet. Zwischen den Docks versteckt sich ein unscheinbares, aber hervorragendes Fischrestaurant, das Trawlers, an dem man wegen seiner schlichten Einrichtung ohne weiteres vorbeilaufen würde.

Bekannt ist Looe durch den Haifischfang. Haie kamen mit den Transatlantikschiffen in die milden Ausläufer des cornischen Golfstroms. Sie ernährten sich von Küchenabfällen großer Ozeandampfer. Früher warf man bei Eintreffen in europäische Gewässer ein paar vergiftete Brocken ins Wasser. Doch der Artenschutz schob einen Riegel vor diese pragmatische Lösung, und so gelangten Haie ungehindert in die südenglischen Gewässer – sehr zum Leidwesen der Fischer, denn die Tiere zerbeißen die Netze. In den 1950er Jahren kam man auf die Lösung: Angelsport. Hochseeangler aus ganz Europa fanden sich in Looe ein, um auf Haifischfang zu gehen. An Sommerabenden ist die Rückkehr der Haifischflotte das große Ereignis. Einblick in die Fischerei Looes bekommt man in ›Living From The Sea‹, Haifischmuseum und Aquarium mit Schalentieren (in East Looe, Buller Quay, tgl. 10–18 Uhr).

Tourist Information Centre: Looe, The Guildhall, Fore Street, Tel. 01503-26 20 72, www.southeastcornwall.co.uk, tgl. 10–17 Uhr

Trawlers Fish & Seafood Restaurant: East Looe, Buller Quay, Tel. 01503-26 35 93, nur abends. Frischeste lokale Fischküche, gepflegtes Dinner um £ 70 pro Person.

Bahn: Eine Stichstrecke, die Looe Valley Line, führt von Liskeard an der Hauptroute London–Penzance nach Looe.

Antony House

Reise-Atlas: S. 235, F 3
Wer von Looe über Torpoint Richtung Plymouth fährt, wird Antony House kaum verfehlen. Das Haus aus dem frühen 18. Jh. besticht schon von außen durch seine perfekten Proportionen, seine majestätische Symmetrie und die immense Größe – innen bezaubert die feine, gediegene Wohnkultur der Carew-Familie. 1961 überließ Sir John Carew Pole das Haus dem National Trust. Damit wurden die Privaträume der Familie drei Tage pro Woche der Öffentlichkeit einsehbar. Der Sohn gleichen Namens von Sir John Carew Pole bewohnt das Haus heute mit seiner Familie, und zwischen antikem Mobiliar findet man Indizien mo-

TRÄUME VON MANDERLEY DAPHNE DU MAURIER UND CORNWALL

Als Daphne Du Maurier 19 Jahre alt war, kauften ihre Eltern ein Ferienhaus in Fowey. Daphne war fasziniert von dem Haus ›Ferryside‹, von Fowey und dem gesamten Land. »Mein wahres Selbst ist in Fowey, nicht in London«, notierte sie in ihr Tagebuch. »Fowey ist alles, was ich will.« Sie schrieb ihre ersten Romane in Ferryside, im nassen, stürmischen cornischen Winter, unternahm jeden Tag Spaziergänge auf den Klippen und fühlte sich ganz in ihrem Element.

Auf einem dieser Spaziergänge entdeckte sie Menabilly, ein leerstehendes Haus, »schlafend wie Dornröschen im Märchen«. Als ihr Mann, ein Armeeoffizier, in den 1930er Jahren nach Ägypten versetzt wurde und Daphne Du Maurier als seine Frau notgedrungen mit ihm gehen musste, saß sie in der Hitze in Alexandria an ihrem neuen Buch und wünschte sich ins stürmische, nebelverhangene, kühle Cornwall: nach Menabilly. »Letzte Nacht träumte ich, ich wäre wieder in Manderley …«. Mehr fast als die rätselhafte ›Rebecca‹ steht Manderley-Menabilly im Vordergrund des Romans. Während des Zweiten Weltkriegs gelang es Du Maurier, einen Mietvertrag von 20 Jahren Dauer für das allmählich verfallende Menabilly zu arrangieren – eine wahnwitzige Idee mitten im Krieg, da Materialien wie Arbeitskräfte rar waren. Doch rationale Argumente prallten an ihr ab. Daphne Du Maurier war dabei, ihr Dornröschenhaus wachzuküssen. 26 Jahre lang sollte sie in Menabilly leben, neben ›Rebecca‹ inspirierte das Haus noch zwei weitere Romane.

Fast alle ihre erfolgreichsten Erzählungen sind in Cornwall angesiedelt: ›Jamaica Inn‹, eine Schmugglergeschichte aus dem Bodmin Moor, ›Rebecca‹, ›Castle D'Or‹, eine Erzählung über Tristan und Isolde, ›Frenchman's Creek‹, eine Piratengeschichte, und ›Die Vögel‹. Das Land war ihre wahre große Liebe. ›Ich schäme mich, es zu gestehen«, schrieb sie einem Freund, »aber ich glaube, Mena ist mir lieber als die Menschen.« Als ihr Mann nach Kriegsende einen Posten im Verteidigungsministerium antrat, blieb sie in Menabilly, anstatt mit ihm nach London zu ziehen. Wollte er sie sehen, musste er sich am Wochenende ins entfernte Cornwall bemühen. Im Garten hatte sie eine ›Schreibhütte‹ mit Blick aufs Meer bauen lassen, »nur ein paar Meter entfernt von dem Ort, an dem ich begraben sein möchte«. Selbst im Tod wollte sie Cornwall und Menabilly nahe sein.

dernen Lebens: Die Familienfotos in der Bibliothek, ein digitaler Wecker oder ein halb gelesener Roman neben dem Bett erinnern uns daran, dass wir nicht in einem Museum, sondern bei einer Familie zu Gast sind. Die geschmackvollen Heckengärten mit ihren ausgesucht schönen Beeten wirken wie weitere Zimmer des Hauses. Ein Hochgenuss ist ein Barfuß-Spazier-

Antony House

gang auf den Graswegen des angrenzenden Antony Woodland Garden, dessen separater Eingang am nordöstlichen Rande des wohlproportionierten Anwesens liegt (Antony House, NT, Torpoint bei Plymouth, Di–Do, Juni–Aug. auch So jeweils 13.30–17.00 Uhr, und Woodland Garden, März–Okt. tägl. 11–17.30 Uhr).

Cotehele House

Reise-Atlas: S. 235, F 3
Das knapp 15 km nördlich von Saltash gelegene Cotehele House bei Calstock ist das genaue Gegenteil: Der am Steilhang des Tamar gelegene Garten wird mit jedem Schritt hangabwärts zu einem tieferen Dschungel. Oben thront grimmig und vornehm der Tudor-Landsitz aus Granit. Seit mehr als sechs Jahrhunderten ist die legendäre Familie des Earl of Mount Edgcumbe hier ansässig. Im Haus tickt die älteste Uhr Englands. Mittelalterliches Drama kommt Besuchern angesichts des mit Waffen und Trophäen geschmückten Rittersaals in den Sinn. Durch ein Fenster in der oberen Etage erspäht man die im Saal Ankommenden. In den Privatgemächern finden sich Durchblicke zu den Repräsentationsräumen. Nur allzu lebhaft kann man sich vorstellen, wie in diesen Zimmern im Mittelalter gelauscht, spioniert und intrigiert wurde. Ungewöhnlich ist die reiche Sammlung von Brüsseler und Antwerpener Tapisserien, welche in fast allen Räumen die Wände bedecken. Wie diese Wandteppiche in den Besitz der Fami-

lie gerieten, ist bis heute ungeklärt. Die bewegte Familiengeschichte der Edgcumbes und ihr Leben in Cotehele ist außerdem in der ›Mount Edgcumbe House Collection‹ in Plymouth dokumentiert (Cotehele House, NT, St. Dominick bei Calstock, April–Sept. tgl. 11–17, Okt. Sa–Do 11–17 Uhr)..

Mount Edgcumbe Country Park

Reise-Atlas: S. 236, B 4
Mount Edgcumbe Country Park, der zweite Besitz der Familie am Plymouth Sound im äußersten Südosten Cornwalls, ist ebenfalls sehr sehenswert, besonders der herrliche Landschaftsgarten auf einer Landzunge, rundum von Meer umschlossen (Mount Edgcumbe Country Park, Cremyll Torpoint, Landschaftsgarten tgl. 8 Uhr bis Dämmerung, Haus und formale Gärten April–Sept. So–Do und an Feiertagen 11–16.30 Uhr).

REISEINFOS VON A BIS Z

Alle wichtigen Informationen rund ums Reisen auf einen Blick – von A wie Anreise bis Z wie Zeitungen

Extra: Ein Sprachführer mit wichtigen Redewendungen, einem Überblick über die englische Speisekarte und Zahlen

Angeln in der Brandung ist beliebter Freizeitspaß

REISEINFOS VON A BIS Z

Anreise

… mit dem Flugzeug
Direkte Linienflugverbindungen bestehen von Frankfurt/Main und München mit British Airways und von Berlin mit dem Billigflieger easyjet nach Bristol.

Mit Zwischenstopp in London ist die Auswahl noch größer: Außer Bristol werden mehrere Regionalflughäfen im Westen von London aus angeflogen: Newquay und Plymouth mit Air Southwest von Gatwick (North Terminal), Newquay mit Ryanair von Stansted.
Flughäfen: www.bristolairport.co.uk, www.plymouth-airport.co.uk, www.newquay-airport.co.uk.
Flugangebote: www.ba.com, www.easyjet.com, www.ryanair.com, www.airsouthwest.com

…mit dem Zug
Per Zug führen alle Wege in den Westen Englands über London, zunächst mit dem Thalys ab Köln bis Brüssel (2 Std. 20 Min.), wo man in den Tunnelzug Eurostar steigt. Der Eurostar fährt in 2 Std. 40 Min. von Brüssel durch den Kanaltunnel bis London Waterloo. Von diesem Bahnhof verkehren zwar auch Züge nach Bournemouth, Plymouth und Exeter (mit South West Trains). Die meisten Züge gen Westen fahren aber ab Paddington, wohin man sich am besten per U-Bahn quer durch die Stadt begibt (ca. 45 Min.–1 Std.). Die Eisenbahngesellschaft First Great Western schickt ihre Züge von Paddington nach Bristol (1 Std. 20 Min.), Exeter (2 Std.), Plymouth und Penzance (5 Std. 30 Min.). Tickets hat man sich am besten schon im Voraus besorgt (s. S. 222).
Internet-Buchungsadressen und Fahrplanauskunft:
www.eurostar.com
www.britrail.co.uk
www.nationalrail.co.uk
Tel.-Auskunft: 084 57-48 49 50 (24-Std.-Service, Nummer gilt innerhalb Großbritanniens)
www.firstgreatwestern.co.uk
www.wessextrains.co.uk
www.southwesttrains.co.uk

… mit dem Bus
Zwischen Deutschland und Großbritannien verkehren regelmäßig Reisebusse. Die Eurolines-Busse fahren über die Strecke Berlin–Hannover–Dortmund, Hamburg–Bremen, Leipzig–Dresden oder München–Stuttgart–Frankfurt–Köln–Aachen nach London. In der Regel wird über Nacht gefahren, so dass man am frühen Morgen in London Victoria Station ankommt.
Buchung und Information:
Deutsche Touring GmbH
Am Römerhof 17
60486 Frankfurt/Main
Tel. 069-7 90 30
Fax 069-70 60 59
www.deutsche-touring.com

… mit der Fähre
Wer lange Seereisen nicht scheut, der reist von der französischen Bretagne aus bequem direkt in den Westen Englands: Cherbourg–Poole (4 Std. 15 Min. bzw. Highspeed 2 Std. 10 Min.), St. Malo–Portsmouth (ca. 9 Std.) und Roscoff–Plymouth (6 Std.) mit Britanny Ferries, Le Havre–Portsmouth (5 Std. 30

Min.), Caen/Ouistreham–Portsmouth (nur April–Sept. 3 Std. 30 Min.) mit P&O Ferries. Diese Strecken haben ihren Preis, zur langen Schiffsreise sind noch ein bis zwei Tage Anreise quer durch Frankreich einzukalkulieren, bei Nachtfähren die Kabinenpreise.

Auf der klassischen Kanalstrecke Calais–Dover (1 Std. 30 Min.) verkehren SeaFrance, P&O und Hoverspeed/Seacat, vom belgischen Dunkerque nach Dover die Norfolkline (2 Std.). Der Nachteil auf dieser Route: Bis ins West Country sind ca. 320 km (Dover–Bristol) bzw. 584 km (Dover–Penzance) zurückzulegen – bei der hohen Verkehrsdichte in Südostengland mit stets überfüllten Straßen im Großraum London (die Durchquerung des Stadtgebiets ist mautpflichtig) eine stressige Angelegenheit.

Preisbeispiele (einfache Fahrt, Pkw unter 5 m Länge mit 2 Pers.): Dunkerque–Dover 145–195 €; Cherbourg–Poole ab 150–200 €; bei Nachtfahrt mit einfacher Zweibettkabine: Roscoff–Plymouth ab ca. 270 €–360 €, St. Malo–Portsmouth ab 280 €–360 €.

Für **Buchungen** wendet man sich am besten an ein Reisebüro oder im Internet an folgende Adressen:
www.britanny-ferries.com
www.poferries.com
www.seafrance.com
www.norfolkline.com

Agentur für Britanny Ferries:
SNCM Germany
Berliner Str. 31–35
65760 Eschborn
Tel. 061 96/94 09 11/12
Fax 48 30 15
infosncm@t-online.de

... durch den Tunnel

Nicht übers Wasser, sondern durch den Tunnel reist man zusammen mit seinem Fahrzeug im Eurotunnel-Shuttle-Zug (Fahrtzeit 35 Min.). Buchung im Voraus: www.eurotunnel.com. Kosten: ab 193 €.

Ärztliche Versorgung

Der National Health Service (NHS), der staatliche Gesundheitsdienst, stellt seine Leistungen Reisenden kostenlos zur Verfügung. Geht man direkt zum Facharzt, fallen Honorare an, die bar bezahlt werden müssen. Diese werden bei Vorlage der Belege von deutschen Krankenkassen erstattet. Eine zusätzliche Reisekrankenversicherung ist dennoch empfehlenswert.
www.nhsdirect.nhs.uk

Apotheken

Kleine Apotheken nach deutschem Muster gibt es kaum. Gängige Medikamente sind erheblich preisgünstiger als in Deutschland, die Filialen z. B. der Drogerie-Supermarktkette Boots' bieten in fast jedem Ort ein breites Sortiment. Am Tresen sind hier auch vom Arzt verschriebene Mittel auf Rezept *(prescription)* erhältlich.

Autofahren

Generell empfiehlt es sich, das dünn besiedelte Südwestengland mit dem Auto zu bereisen. Bus- und Zugverbindungen sind nicht immer zuverlässig. Viele Sehenswürdigkeiten wie Gärten und Schlösser erreicht man nur mit dem Auto. Außerdem bietet der Süden Englands landschaftlich reizvolle Strecken, die nicht anders zu entdecken sind.

Auf den vielen kleinen Landstraßen ist ein rechtsgesteuerter englischer Leihwagen von Vorteil. Ist man mit einem linksgesteuerten Wagen unterwegs, muss man die Einstellung der Scheinwerfer dem Linksverkehr anpassen. An den Linksverkehr gewöhnt man sich schnell.

Die Durchschnittsgeschwindigkeit ist niedriger als in Deutschland. Offiziell gelten folgende Höchstgeschwindigkeiten: 30 mph (48 km/h) in Ortschaften, 60 mph (96 km/h) auf zweispurigen Landstraßen und 70 mph (112 km/h) auf Autobahnen. Viele Straßen in Südwestengland sind jedoch einspurige Strecken, auf denen man äußerst zurückhaltend fahren sollte. Die Fahrer von Wohnwagengespannen sollten daran denken: Die Straßen sind zum Überholen oft zu schmal und zu unübersichtlich, so dass sich eine Schlange von PKW bildet. Sobald mehr als zwei Fahrzeuge hinter einem Wohnwagen fahren, sollte man anhalten und die anderen Autos vorbeilassen.

Parken: Parkgebühren werden in vielen Städten erhoben. Das am Automat gekaufte Ticket legt man deutlich sichtbar ins Autofenster *(pay and display);* Doppelte gelbe Linien signalisieren absolutes Parkverbot, bei einfachen gelben Linien ist Parken am Straßenrand in dem angegebenen Zeitraum erlaubt.

Pannenhilfe: AA (Automobile Association) und RAC (Royal Automobile Club) sind Partner des ADAC bzw. ÖAMTC (s. S. 216). Ein Auslandsschutzbrief ist empfehlenswert. Den Straßenzustand und Verkehrsmeldungen erfährt man unter Tel. 09 90-50 06 00 (AA-Servicetelefon).

Behinderte

Die meisten öffentlichen Gebäude, Museen und andere Attraktionen sowie auch zahlreiche Hotels und Restaurants sind auf behinderte Besucher eingerichtet. Für Rollstühle geeignete Einrichtungen sind in den meisten Prospekten deutlich gekennzeichnet. Nähere Informationen finden sich in einer Broschüre zum Thema, die bei VisitBritain (Adresse s. S. 214) bestellt werden kann.

Buchung behindertengerechter Unterkünfte bei:
Holiday Care/Tourism for All Holidays Ltd., 7th floor, Sunley House,
4 Bedford Park, Croydon CR0 2AP,
Tel. 0845-124 99 74 72,
holcare.res@virgin.net,
www.holidaycare.org.uk

Diplomatische Vertretungen

Deutsche Botschaft
23 Belgrave Square, London
SW1X8PC
Tel. 020-78 24 13 00,
Fax 78 24 14 35,
mail@german-embassy.org.uk,
www.german-embassy.org.uk

Österreichische Botschaft
18 Belgrave Mews West, London
SW1X8HU,
Tel. 020-72 35 37 31, Fax 73 44 02 92, information@austria.org.uk,
www.austria.org.uk

Schweizer Botschaft
16-18 Montagu Place,
London W1H2BQ
Tel. 020-766 16 60 00
Fax 77 24 70 01
www.swissembassy.org.uk

Einkaufen und Souvenirs

Das allgemein hohe Preisniveau in Großbritannien lädt nicht gerade zur großen Einkaufstour ein, aber leidenschaftliche Shopper entdecken ein akzeptables Preisniveau bei Antiquitäten, Silber, Textilien und Büchern. Im West Country stolpert man geradezu über **Antiquitäten**läden selbst in den kleinsten Orten. Außerdem locken Antique Markets an Wochenenden in den Town Halls kleiner Marktstädte, z. B. in Wells. Die Preise für Sterling-Silber sind erstaunlich günstig.

Wer sich gern einrichtet, wird an den **Interieur**-Läden Spaß haben, wo Textilien, Vorhangstoffe, Kissen etc. aus aller Herren Länder zu bewundern sind. Englands Import an asiatischen Antiquitäten, Stoffen, und dekorativen Gegenständen ist beachtlich.

Bücherfreunde werden alte wie neue Bücher zu fairen Preisen finden. Antique Book Shops sind stets einen Besuch wert.

Auch in Englands Städten werden sich die Shoppingmeilen, die so genannten High Streets, immer ähnlicher, so dass die – durchaus gute Ware anbietenden – Ketten wie Jigsaw, Gap, Hobbs etc. fast in jeder Stadt die Fußgängerzonen dominieren.

Einreise- und Zollbestimmungen

Reisende aus Deutschland, Österreich und der Schweiz benötigen einen gültigen Reisepass oder Personalausweis. Kinder unter 16 Jahren (Österreich: unter 13 Jahren) einen Kinderausweis oder müssen im Pass der Eltern eingetragen sein. Autofahrer benötigen ihren Führerschein und den Kfz-Schein.
Haustiere: Hunde und Katzen können mit einem ›Tierpass‹ unter bestimmten Bedingungen direkt mitgenommen werden. Nähere Informationen erteilt die Britische Botschaft:
Wilhelmstr. 70–71,
10117 Berlin,
Tel. 030-20 45 70, Fax 20 45 75,
www.britischebotschaft.de.
Alle anderen Tiere, die nach Großbritannien eingeführt werden, müssen sich einer längeren Quarantänezeit unterziehen.
Zoll: Seit Beginn des Europäischen Binnenmarktes dürfen für den Eigenbedarf von EU-Bürgern über 18 Jahren u. a. bis zu 3200 Zigaretten, 3 kg Tabak, 90 l Wein, 110 l Bier und 10 l hochprozentiger Spirituosen zollfrei eingeführt werden.

Elektrizität

Der Wechselstrom hat 240 Volt bei 50 Hertz. Kontinentale Elektrogeräte mit 230-Volt-Spannung können benutzt werden, benötigen aber einen Adapter. In vielen Hotels besitzen die Steckdosen eine Sicherung, die auf eine geringe Ampèrezahl ausgelegt ist, so dass kontinentale Elektrogeräte nicht funktionieren. Ein Zwischenstecker mit einer Sicherung von mindestens fünf Ampère schafft hier Abhilfe.

Feiertage

1. Januar – Neujahr (New Year's Day)
Karfreitag (Good Friday)
Ostermontag (Easter)
1. Mai (May Day oder Labour Day)
1. und 2. Weihnachtsfeiertag (Christmas Day und Boxing Day)
Zusätzlich gibt es als arbeitsfreie Tage die so genannten Bank Holidays:
Spring Bank Holiday (letzter Montag im Mai)
Summer Bank Holiday (letzter Montag im August)

Fotografieren

Fotofans finden eine Fülle von Motiven im West Country: atemraubende Klippen, grüne heckenreiche Landschaften, malerische Dörfer, Herrenhäuser, Schlösser und Burgen sowie natürlich wunderschöne Gärten. Von zu Hause sollte man allerdings einen ausreichenden Filmvorrat mitnehmen, denn die Preise für Filmmaterial im Land sind hoch.

Besonders im Sommer herrscht bei schönem Wetter an der Küste häufig leichter Dunst – mit Hilfe eines Polfilters und feinkörniger Filme mit möglichst niedrigen ISO-Werten gelingen dennoch sehr gute Fotos.

Frauen unterwegs

Frauen reisen überall in Großbritannien ohne weiteres allein oder auch zu zweit. Im Pub holt frau sich ganz selbstverständlich den Drink am Tresen wie alle anderen auch. Einzelzimmer sind häufig teurer als Doppelzimmer, aber das gilt nicht immer, vor allem außerhalb der Hochsaison sind faire Zimmerpreise durchaus zu haben.

Geld und Geldwechsel

Das britische Pound Sterling (GBP, £) hat 100 Pence (p, umgangssprachlich ›pii‹). 1 £ = ca. 1,50 €, 1 € = ca. 0,69 £. 1 sFr = 0,43 £ , 1 £ = 2,35 sFr. Kreditkarten werden fast überall akzeptiert, Euroschecks dagegen nicht. Bargeld erhält man wie zu Hause problemlos am Geldautomaten, mit Hilfe seiner ec/maestro-Karte unter Angabe der PIN-Nummer.

In England ist es üblich, Anzahlungen und Buchungen z. B. der Unterkunft, eines Mietwagens oder eines Flugtickets telefonisch unter Angabe der Kreditkartennummer abzuwickeln. Zu den am häufigsten akzeptierten Karten gehören Visa und Mastercard, nur bedingt American Express. Ausnahmen bilden kleine B&Bs und Geschäfte oder preiswerte Restaurants, die nicht auf Kreditkartenzahlungen eingestellt sind.

Gesundheitsvorsorge

Besondere Impfungen sind für eine Reise nach Großbritannien nicht notwendig. Die Reiseapotheke füllt man mühelos und kostengünstig unterwegs auf. Chronisch Kranke sollten u. U. einen Reisevorrat ihrer verschreibungspflichtigen Medikamente mitnehmen.

Informationsstellen

... in Deutschland
Visit Britain /Britain Visitor Centre
Hackescher Markt 1
10178 Berlin
Tel. 08 01/46 86 42 (Prospektbestellung zum Ortstarif)
Fax 030/31 57 19 10
gb-info@visitbritain.org

... in Österreich
Britain Visitor Centre
c/o British Council
Schenkenstraße 4
1010 Wien
Tel. 0800-150 170 (gebührenfrei)
Fax 01-533 26 16 85
a-info@visitbritain.org

... in der Schweiz
VisitBritain
Badener Str. 21
8004 Zürich
Tel. 0844-007 007 (zum Ortstarif) oder 04 33 22 20 00
Fax 04 33 22 20 01
ch-info@visitbritain.org

... im West Country
South West Tourism, Exeter EX2 7WH, Tel. 0870 442 0880, Fax 0870 442 08 81, post@swtourism.co.uk
Offizielle Touristeninformationsstelle für u. a. Bristol & Bath, Cornwall, Devon, Dorset

Cornwall & Devon Holidays
P.O. Box 57, Exeter, Devon EX2 5WT
corn.dev@btinternet.com
Versendet auf Anfrage auch deutschsprachige Infos zu Devon und Cornwall

Cornwall Tourist Board
Pydar House, Pydar Street,
Truro, Cornwall TR1 1EA,
Tel. 018 72-32 29 00, Fax 32 28 95
Offizielle Auskunftsstelle für Cornwall, Infos auf Englisch

Informationen im Internet

Im Internet findet man eine Vielzahl interessanter Websites zum West Country – hier nur eine kleine Auswahl:
www.visitbritain.com/de und
www.visitbritain.com/chde
Die offizielle Website der Britischen Fremdenverkehrszentrale in deutscher Sprache – umfassende Informationen über das ganze Land, von Anreise über Aktivangebote bis zu Detailfragen; eine Fülle von Links ermöglicht eine individuelle Reiseplanung
www.visitsouthwest.co.uk
und **www.westcountrynow.com**
Sehr gute, übersichtlich gestaltete englischsprachige Seite für den ganzen Südwesten von Wiltshire über Bristol und Bath bis nach Cornwall
www.celebratingsomerset.com
Hübsch gemachte Seite mit guten Links zu den regionalen Infostellen und zu vielen Somerset-typischen Details
www.dorsetcc.gov.uk
Die offizielle Website für die Grafschaft Dorset mit guten Hinweisen und Links in englischer Sprache
www.cornwall-devon.com
Aktuelle Tipps zum Reisen in Cornwall und Devon, z. T. deutschsprachig

www.cornwalltouristboard.co.uk
Umfassende Seite zu Cornwall mit aktuellen Infos

Karten

Empfehlenswert für Urlaubsreisen sind die ›Leisure Maps‹ (Estate Publications). Darin finden Sie Sehenswürdigkeiten, Fährverbindungen, Campingplätze, Naturschutzgebiete, Reiterareale und Informationsbüros. Devon und Cornwall werden in Karte 4 abgedeckt, Dorset und Somerset in Karte 3.

Die Profi-**Wanderkarten** der Royal Geographical Society heißen Ordnance Survey Maps und sind in gut sortierten Kartenhandlungen zu bekommen. Die Landranger Series im Maßstab 1:50 000 reicht für eine genaue Orientierung meist aus, zum Wandern empfehlen sich die äußerst detaillierten Outdoor Leisure Maps im Maßstab 1:25 000. Die Homepage www.ordnancesurvey.co.uk hilft mit lokalen Detailfragen weiter.

Lesetipps

Belletristik und Reiseberichte

Daphne Du Maurier: Die Cornwall-Saga. Roman einer Landschaft. Frankfurt/Main 1989. Die Autorin zahlreicher berühmter Bestseller-Romane (s. S. 203) hat ihrer Wahlheimat, die sie so sehr inspiriert hat, ein literarisches Denkmal gesetzt.

O Britannien, von deiner Freiheit einen Hut voll. Deutsche Reiseberichte des 18. Jahrhunderts, hrsg. von Michael Maurer. Leipzig und Weimar 1992.

Pilcher, Rosamunde: Karussell des Lebens; Die Muschelsucher u. a. (Reinbek 1999ff.). Die meisten der über ein Dutzend Romane der 1924 in Lelant bei St. Ives geborenen Schriftstellerin spielen in Cornwall. Viele wurden auch dort fürs deutsche Fernsehen verfilmt.

Theroux, Paul: The Kingdom by the Sea. London 1983.

Reiseführer

Good Food Guide; Good Pub Guide. Die jeweils aktuellen Auflagen dieser Gastro-Führer sind sehr nützlich, um unterwegs die schönsten Einkehrmöglichkeiten zu entdecken.

Nowel, Ingrid: Südengland, Richtig Reisen. Köln 2000.

Sager, Peter: Südengland. Architektur und Landschaft, Literatur und Geschichte. Köln 2001.

Walter, Kerstin: Gärten in Südengland. Der Reiseführer für Gartenfreunde. Köln 2000. (nur noch antiquarisch)

WHICH? Good Bed & Breakfast Guide und Special Places to Stay in Britain s. S. 220

Landeskunde

Bryson, Bill: Reif für die Insel. England für Anfänger und Fortgeschrittene. München 1995.

Gelfert, Hans Dietrich: Typisch englisch. Wie die Briten wurden, was sie sind. München 1995.

Netzer, Hans-Joachim: Alle Straßen enden am Meer. Streifzüge durch die Britischen Inseln. Frankfurt 1981.

Ohff, Heinz: Gebrauchsanweisung für England. München 1988.

Paxman, Jeremy: The English. A Portrait of a People. London 1998.
Schubert, Christian: Großbritannien – Insel zwischen den Welten. München 2003.

Maße und Gewichte

1 inch	(in)	=	2,54 cm
1 foot	(ft)	=	12 inches = 38,48 cm
1 yard	(yd)	=	3 feet = 91,4 cm
1 mile	(mi)	=	1,61 km
1 acre	(ac)	=	4047 m^2 = 0,4 ha
1 pint	(pt)	=	0,57 Liter
1 gallon	(gl)	=	4,55 Liter
1 ounce	(oz)	=	28,35 g
1 pound	(lb)	=	16 ounces = 453,6 g
1 stone	(st)	=	6,35 kg

Notruf

999 für Polizei *(police),* Feuerwehr *(fire brigade)* und Krankenwagen *(ambulance)*
Pannenhilfe: AA Breakdown Service, Tel. 03 45-88 77 66.

Öffnungszeiten

Die Öffnungszeiten für Geschäfte sind allgemein großzügiger als in Deutschland: abends an Werktagen häufig bis 19 oder 20 Uhr, Sa bis 18 Uhr und So meist 11–17 Uhr.
Läden: generell Mo–Sa 9–18 Uhr, Supermärkte sind häufig bis 22 Uhr und in der Regel täglich geöffnet. Anders als in Deutschland können Boutiquen, Mode- und Möbelgeschäfte, Buchläden etc. in Innenstädten auch sonntags geöffnet sein.
Banken: Mo–Fr 9.30–15.30 Uhr
Postämter: Mo–Fr 9–17.30 Uhr, Sa 9–12.30 Uhr. Kleinere Postämter auf dem Land sind meist 13–15 Uhr geschlossen.
Pubs und Restaurants: s. S. 40

Post und Porto

Postämter gibt es nur noch in Städten. Auf dem Land sind Postagenturen oft in kleinen Läden oder auch in einem Supermarktkomplex untergebracht. Sie sind außen mit dem roten Royal-Mail-Schild gekennzeichnet. Auch die Briefkästen sind rot, die Briefmarke für eine Postkarte oder ein Standardbrief innerhalb Europas kostet 38 pence. In sehr kleinen Verkaufsstellen wie Andenkenläden usw. sind oft nur innerbritische Marken erhältlich.

Radio und Fernsehen

Die Zimmer in den Hotels und Guest Houses sind meist mit Farbfernsehgeräten ausgestattet, der Empfang deutscher Sender eher die Ausnahme. Der TV-Regionalsender Westcountry (wie ITV1) bringt auch für Urlauber interessante Lokalnachrichten für den Südwesten, mit Veranstaltungstipps und natürlich einem ausführlichen Wetterbericht.

Reisekasse und Preise

England ist ein teures Reiseland. Die Kaufkraft des britischen Pfundes liegt bei ca. 1€. Für eine **Übernachtung** in einem Bed & Breakfast rechnet man im Durchschnitt 30 £, ein reichhaltiges **Abendessen** in einem guten Pub kostet ungefähr 12 £. **Benzinkosten** liegen bei gut 0,80 £/Liter. Zugreisen sind etwa ein Drittel teurer als in Deutschland.

Trotz hoher Preise ist es möglich, in England preiswert zu reisen: Wandern, Radfahren und viele andere Aktivitäten sind gratis, und Picknicken ist fast überall möglich. Das englische Frühstück ist so reichhaltig wie eine Hauptmahlzeit. In den meisten Pubs gibt es ein preiswertes Lunch (5–10 £),

An vielen Sehenswürdigkeiten oder Küstenorten ist mit **Parkgebühren** zu rechnen. **Eintrittspreise** beim National Trust oder Museen variieren, im Durchschnitt bezahlt man 3–5 £. Wer viele Sehenswürdigkeiten wie Burgen und Herrenhäuser besuchen möchte, spart mit dem **Great British Heritage Pass** Eintrittsgelder. Dieser vier, sieben oder 15 Tage gültige Pass gilt für alle von National Trust (NT) und English Heritage (EH) unterhaltene Sehenswürdigkeiten und ist bei Britain Direct (s. S. 222) erhältlich, oder auch in England bei größeren Tourist Information Centres. Auch eine Jahres-Mitgliedschaft im **National Trust** ist möglich. Nähere Informationen:
National Trust,
P.O. Box 39, Bromley,
Kent BR1 3XL,
Info-Tel. 08 70-458 40 00,
www.nationaltrust.org.uk

Sicherheit

Großbritannien ist ein höfliches, zivilisiertes Reiseland, in dem Reisende fast ausnahmslos zuvorkommend und ehrlich behandelt werden. Besonders der ländliche Südwesten ist ein sicheres Reiseland, die Kriminalitätsrate liegt unter dem Landesdurchschnitt für Großbritannien. Wie überall, sollte man jedoch keine Wertsachen im geparkten Auto lassen. Das gilt vor allem in den Touristenzentren zur Hochsaison und auf Parkplätzen bei gut besuchten Sehenswürdigkeiten.

Telefonieren

Die staatliche Telefongesellschaft British Telecom (BT) hat viele der alten, roten Telefonzellen gegen neue, graue Kabinen ausgetauscht. Telefonkarten *(phonecards)* sind weit verbreitet und in Drogerien, Postämtern, Lebensmittelgeschäften und an Zeitungskiosken erhältlich. Sie können sich in fast jeder Telefonzelle zurückrufen lassen. Die Nummer steht auf einer Hinweistafel in der Zelle.
Vorwahl Großbritannien: 00 44
Vorwahl Deutschland: 00 49
Vorwahl Österreich: 00 43
Vorwahl Schweiz: 00 41
Vorwahl London im britischen Netz:
020-7....(Innenstadt)
020-8... (Außenbezirke)
Auskunft *(enquiries)*:
Inland 192
Ausland 153
In Zweifelsfällen hilft ›das Fräulein vom Amt‹ der gebührenfreien Auskunft: 100.

Trinkgeld

Üblich in Taxis und Restaurants sind 10–12 %; in manchen Restaurants ist die *service charge* bereits im Endpreis enthalten *(service included)*. Auch dann freut man sich über ein Trinkgeld. Häufig gibt es auf der Rechnung den Hinweis *»service not included«* – hier ist ein Trinkgeld auf jeden Fall angemessen.

Umgangsformen

Reisende finden den englischen Alltag auf Anhieb angenehm einfach. Höflichkeit ist Gesetz: *please take your litter with you, please don't touch …* Verbotsschilder liest man geradezu gern – und sie verbieten ja gar nicht, *thank you for not smoking,* sie erinnern nur daran, dass man aus Rücksicht auf die Umgebung sowieso gerade nicht rauchen wollte. Nach Aufdringlichkeiten sucht man im öffentlichen Leben vergebens. Selten wird man angestarrt, als Fremder behandelt oder belehrt. Die englische Hilfsbereitschaft macht ihrem Ruf stets Ehre, doch macht sich niemand zum Privatpolizisten. Wird man trotzdem darauf hingewiesen, dass man schlecht geparkt hat, so hat man vermutlich einer Mutter mit Kinderwagen den Weg versperrt: *Would you awfully mind parking a bit further to the right …?*

Die Spielregeln des öffentlichen Lebens sind subtil und in ihrer Tradition der Rücksichtnahme haben sie sich so entwickelt, dass alle gewinnen – ob beim Schlangestehen auf dem Postamt oder auf Wanderungen im Genuss des unerschütterlichen Right of Way (s. S. 49).

Engländer sind keine Prinzipienreiter. ›Richtig‹ oder ›falsch‹, welch blasse Kriterien – das betrifft auch dem Umgang mit der eigenen Historie. Geschichte muss Spaß machen! Englands Könige und Helden sind Persönlichkeiten, ebenso vielschichtig wie die Spuren, die sie auf der Insel hinterließen. Viele Engländer haben ohnehin einen differenzierten Abstand zu extremen Meinungen und einseitigen Interpretationen, auch wenn die Sensationspresse gelegentlich ein anderes Bild zeichnet.

Unterkunft

Hotels

Bei Hotels ist auf Preis, Anzahl der Zimmer und Zielgruppe zu achten. Hochpreisige Hotels ab £60 pro Person aufwärts sind in England immer ihr Geld wert. Die mittelpreisige Variante wird häufig von Ortsansässigen oder Touristeninformationsstellen empfohlen, doch sollten Sie diese als Urlauber kritisch unter die Lupe nehmen. Oft werden diese Hotels während der Woche von Vertretern und Geschäftsreisenden belegt, und an Wochenenden für Familienfeste genutzt. Für Individualreisende kann das unangenehm werden, denn der Service ist überlastet, oft gibt es laute Musik und es herrscht Unruhe. Erkundigen Sie sich nach *functions oder events,* bevor Sie buchen. Sinnvoll ist es, auf Bed & Breakfast auszuweichen.

Bed & Breakfast, Guest Houses

Bed & Breakfast ist die typische Übernachtungsart, wenn man Großbritannien bereist. Man wohnt dabei in einem Privathaus. Meist gibt es zwei oder drei Gästezimmer – immer häufiger mit eigenem Bad oder Dusche –, die am Rande des häuslichen Geschehens liegen.

Die Privat-Vermieter orientieren sich zwar zunehmend an professionellen

Standards, sind vielfach aber immer noch bemüht, ihre Gäste individuell zu betreuen. Das zeigt sich besonders am Frühstück, das vom stereotypen Standardmenü aus *cereals* (Cornflakes, Müsli), *toast, bacon and eggs, sausage, baked beans* und *tomato* bis hin zu fantasiereichen Varianten mit unterschiedlichen Beilagen und geräuchertem Fisch reicht. Manche B&Bs offerieren ihren Gästen auch ein Abendessen *(dinner)*, zu dem man sich rechtzeitig anmelden muss. Insgesamt gilt, dass das Preis-Leistungs-Verhältnis in den Bed & Breakfast-Unterkünften deutlich gestiegen ist. Oft liegen die Privathäuser abgelegen auf dem Land. Lassen Sie sich immer den Weg beschreiben.

Guest Houses sind professionell geführte preiswerte B&Bs mit mehr als zwei oder drei Zimmern bis hin zu Hotelstandard. Besonders häufig sind sie in Städten und in den Badeorten, wo sich oft ganze Straßenzüge eine Unterkunft an die andere reiht.

Wer Luxus liebt und persönliche Gastgeber einem Hotelbetrieb vorzieht, kann sich in ein B & B der Organisation Wolsey Lodges einmieten. Es handelt sich um luxuriöse Privathäuser auf dem Land mit den Zimmer-Standards eines Landhotels. Meist haben diese Häuser nicht mehr als drei Gästezimmer mit Bad. Die Gastgeber bieten ein anspruchsvolles Dinner an; anders als in Hotels und B&Bs speisen sie mit ihren Gästen, gepflegte Konversation wird erwartet. Die Preise liegen zwischen 30 und 50 £ pro Person und Nacht, ohne Abendessen.

Wolsey Lodges, 9 Market Place,
Hadleigh, Ipswich, Suffolk, IP7 5DL
Tel. 014 73-82 20 58, Fax 82 74 44,
www.wolsey-lodges.co.uk

Kategorien

Da Südwestengland eine besonders beliebte Reiseregion ist, ist die Konkurrenz unter den Hotels, Bed & Breakfasts und Guest Houses groß. Ehrgeizige Hoteliers und Gastgeber sind auf Qualität bedacht, doch herrscht Widerwille gegen Standardisierung. Das ist verständlich, denn die Unterkünfte sind so individuell wie ihre Wirtsleute, die *landlords* und *landladys*. Die Standards werden an Kriterien wie Parkplatz, Lift, TV, Fitnessstudio und den so genannten *facilities* wie WC/Dusche oder Bad auf dem Zimmer *(en suite)* oder Heißwasserbereiter zum Teekochen auf dem Zimmer festgemacht – deshalb sehen sich viele Unterkünfte zu Recht nicht angemessen repräsentiert. So kann ein Zimmer mit Teekessel, Teebeuteln und Kondensmilch höher bewertet sein als eines, in dem der Gastgeber ein Tablett mit frischem Tee und Kuchen serviert oder mit andere Extras, die aber nicht kategorisiert werden.

Dazu kommt, dass sich in den letzten Jahren unterschiedliche Organisationen mit unterschiedlichen Kriterien ans Werk machen: Die Kategorien der AA (Automobile Association) unterscheiden sich von denen des ETB (English Tourist Board) oder des RAC (Royal Automobile Club). Sterne, Rosetten und Kronen, Punkte und Empfehlungen wie *approved, commended, highly commended* und *de luxe* stehen nebeneinander und verwirren den Gast. Der Versuch, einheitliche Kategorien zu schaffen, scheiterte ebenfalls – die einen wollen *facilities*, die anderen beurteilen Service, Geschmack oder Einrichtung und die nicht unwesentliche Frage, ob die Gastgeber ihre Gäste herzlich empfangen.

Empfehlenswerte Hotelführer
Erfahrene Inspektoren der Verbraucherorganisation WHICH? (wie Stiftung Warentest) haben brauchbare Führer herausgegeben: Sowohl der WHICH? ›Good Hotel Guide‹ als auch der WHICH? ›Good Bed & Breakfast Guide‹ sind Publikationen einer unabhängigen Organisation, die Unterkünfte als gesamte Erfahrung beurteilt und beschreibt (online unter www.which.net). Empfehlenswert ist auch ›Special Places to Stay in Britain‹ (Alisdair Publishing). Erhältlich sind die Führer in allen Buchhandlungen in England (auch in Deutschland über den Buchhandel zu beziehen).

Camping
Südwestengland hat ein breites Angebot an Campingplätzen. Es empfiehlt sich, bei den Tourist Information Centres (TICs) nach den besten Plätzen zu fragen.

Generell gilt: Im Inland sind die Campingplätze ruhiger und grüner als direkt am Meer. Vor allem an den populären Küsten kann es turbulent zugehen, weil hier Massen von jungen Engländern Urlaub machen.

Zuverlässig informiert der Führer ›Camping and Caravan Parks in Britain‹, in England erhältlich in jedem Tourist Office, in Deutschland und Österreich kostenlos erhältlich über VisitBritain (s. S. 214). Außerdem geben Auskunft: www.campingandcaravanningclub.co.uk oder www.caravanclub.co.uk.

Ferienhäuser und -wohnungen
Unterkünfte für Selbstversorger *(self-catering accommodation)* werden überall in großer Zahl angeboten, vom gemütlichen Cottage auf dem Land bis zum Ferienapartment mit Meerblick. Besonders Familien mit Kindern sind bei dieser Art Unterkunft am besten aufgehoben. VisitBritain (s. S. 214) verschickt eine kostenlose Broschüre, ›Holiday Homes‹, in der sowohl Direktanbieter als auch Agenturen verzeichnet sind. Weitere Adressen findet man in der ebenfalls von VisitBritain verschickten Broschüre ›Entdecken Sie Grossbritannien‹. Auch die lokalen TICs geben Auskunft über Feriendomizile in ihrer Region.

Nicht ganz das Übliche bieten einige Organisationen, wie National Trust oder Landmark Trust: Eine große Anzahl von dekmalgeschützten Cottages, Häusern, Türmen, Taubenschlägen, Scheunen u. a. wurden vom National Trust zu Ferienunterkünften umfunktioniert. Jeder kann sich einmieten. Die Broschüre mit dem Titel ›Country Cottages and Holiday Accommodation‹ erhält man bei:

National Trust Enterprises Ltd.
Holiday Cottage Booking Office
PO Box, 536, Melksham,
Wiltshire, SN12 8SX, England
Tel. 00 44-8 70-458 44 11
www.nationaltrustcottages.co.uk

Landmark Trust
Shottesbrooke, Maidenhead
Berkshire SL6 3SW, England
Tel. 00 44-1628-825925, Fax 82 54 17, www.landmarktrust.co.uk

Distinctly Different
4 Masons Lane, Bradford-on-Avon, Wiltshire BA15 1QN, England
Tel. 00 44-12 25-86 68 42,
Fax 86 66 48
www.distinctlydifferent.co.uk

Jugendherbergen/Budget Hotels
Wie in Deutschland sind die Jugendherbergen (Youth Hostels) in England wie ein Netzwerk organisiert. Wer älter als 18 Jahre ist, zahlt in Jugendherbergen den vollen Preis (ca. £ 15), Jugendliche unter 18 zahlen ca. £ 10. Die Ausstattung ist unterschiedlich: In manchen *hostels* gibt es Familienzimmer, warme Mahlzeiten, Duschen, Kochgelegenheiten und Waschmaschinen, andere sind spartanischer ausgestattet, oft mit einfachen Waschräumen ohne Dusche. Man sollte sich vor der Anreise erkundigen, wann geschlossen wird (23 oder 23.45 Uhr), manche Jugendherbergen sind länger geöffnet. Ein Jugendherbergsausweis ist erforderlich!

Die größte Jugendherberge im West Country ist Exeter Youth Hostel, sie informiert über alle anderen in der Region, Tel. 013 92-87 33 29, exeter@yha.org.uk. Info über alle Jugendherbergen in England und Wales im Internet unter www.yha.org.uk.

Neben den dem internationalen JH-Verband angeschlossenen Häusern gibt es eine Reihe unabhängiger Herbergen oder *budget accommodation.* Sie bieten vor allem Rucksacktouristen preiswerte Unterkunft, häufig in Schlafsälen, aber auch in Doppelzimmern; Bestelladresse für ›The Independent Hostels Guide‹:
The Backpackers UK, 2 Rockview Cottages, Matlock Bath, Derbyshire, DE4 3PG, Tel. 00 44-16 29-58 04 27, www.backpackers.co.uk.

Verkehrsmittel

Bahn
Bahnfahren in Großbritannien ist kein reines Vergnügen und erfordert viel Geduld: Verspätungen sind an der Tagesordnung, das Schienennetz ist überlastet. Zudem ist die Bahn nicht unbedingt preiswert, wenn man aufgrund seiner Reiseplanung nicht auf die vielfältigen Sparangebote zurückgreifen kann, die die unterschiedlichen Eisenbahngesellschaften bieten: Supersaver, Apex (Buchung mind. sieben Tage im Voraus für einen bestimmten Zug) u. a. Tarife erfordern viel Flexibilität beim Reisenden.

Einen Überblick über die lokalen Betreiber öffentlicher Verkehrsmittel und Hilfen bei der **Reiseplanung** geben folgende Internet-Portale:
www.pti.org.uk und traveline.org.uk (für ganz Großbritannien)
www.carfreedaysout.com
(für Devon und Cornwall)

Bereits zu Hause gekaufte **Bahnpässe** ermöglichen dagegen freie Fahrt auf allen Linien an aufeinander folgenden Tagen (Consecutive Pass) oder an drei, vier oder mehr frei wählbaren Tagen innerhalb eines Monats (FlexiPass).

Z. B. kosten 3 Tage FlexiPass 2. Kl. für Erwachsene ab 26 Jahre 150 €.

Auch Bahntickets für Reisen auf bestimmten Strecken innerhalb Großbritanniens **(Point-to-point tickets)** bezieht man am günstigsten vorab von zu Hause aus. Diese Tickets sind wie die Pässe nur im Ausland, nicht in Großbritannien erhältlich. Sie ermöglichen bequemes Reisen, mit beliebigen Zwischenstopps, und sind zwei Monate gültig (z.B. London Paddington–Penzance hin/zurück 2. Kl. Erw. 113 €). Pässe und Point-to-point tickets sind bereits vor Abreise in Reisebüros bzw. bei der DB zu beziehen oder (aus Deutschland, Österreich und der Schweiz) bei:

Britain Direct GmbH
Ruhbergstr. 8
69242 Mühlhausen
Tel. 062 22-67 80 50, Fax 678 05 19,
www.britaindirect.com

außerdem in Österreich:
Bahn & Fähren Center
Dresdner Straße 81–85
1200 Wien
Tel. 01-58 80 05 45, Fax 58 80 05 70
bahn.faehren@verkehrsbuero.at,
www.bahnkarten.at

... in der Schweiz:
Falcon Travel
Militärstr. 52
8021 Zürich
Tel. 012 95 55 66, Fax 012 95 58 33
www.falcontravel.ch

Bus

Von London Victoria Station verkehren National Express Busse in alle Städte des Südwestens. Busse Richtung Exeter, Plymouth oder Penzance fahren etwa 10-mal täglich. Auch hier gilt, dass die Preise günstiger sind, wenn man eine Woche oder länger vorbestellt. Die Fahrtkosten sind um wenige Pfund geringer als mit der Bahn. Bei kurzfristiger Buchung ist die Busfahrt günstiger als die Zugfahrt. Auch für das Busnetz gibt es Pässe (Tourist Trail Pass), die unbegrenztes Reisen ermöglichen – günstig für Vielfahrer.

Informationen:
www.nationalexpress.co.uk,
Tel. 087 05 80 80 80 (innerhalb Großbritanniens)

Bezug in Deutschland:
Reisebüro Winkelmann
Schulstr. 2
29308 Winsen/Aller
Tel. 051 43-934 34, Fax 23 37
winkelmann-reisebuero@t-online.de

... in Österreich:
Eurolines
Invalidenstr. 5, Postfach 73
1003 Wien
Tel. 01-71204 53, Fax 71204 53 20
info@eurolines.at

... in der Schweiz:
Peco Tours
Agnesstr. 7
8406 Winterthur
Tel. 05 22 09 07 07,
Fax 05 22 09 07 00

Leihwagen

Die großen Leihwagenfirmen sind an Flughäfen präsent und lassen sich durch Reisebüros bereits von zu Hause buchen, unerlässlich in der Hochsaison (Ostern und Juli/August). Dazu braucht man in England eine Kreditkarte. Wer ein Auto mieten möchte, muss mindestens 21 Jahre alt sein und den Führerschein mehr als ein Jahr besitzen. Bezahlt wird im Voraus und per Kreditkarte, auch eine Kaution muss man hinterlegen.

Taxi

Ist man ohne Auto in ländlichen Gebieten unterwegs, ist das Taxi oft die einzige Möglichkeit, zuverlässig zum Ziel zu kommen. Taxis sind nicht billig und die Strecken oft weiter, als man vom Blick auf die Karte vermutet.

Zeit

Großbritannien gehört zur Zeitzone Greenwich Mean Time (GMT). Sie unterscheidet sich von der mitteleuropäischen Zeitrechnung um eine Stunde, das heißt, die Uhr muss bei der Ankunft um eine Stunde zurückgestellt werden. Diese Zeitdifferenz gilt sowohl in der Sommer- als auch in der Winterzeit.

Zeitungen

Deutschsprachige Zeitungen sind am Tag ihres Erscheinens nur in den großen Städten erhältlich. Die ›Western Morning News‹ ist die lokale Zeitung des West Country mit vielen Hinweisen auf aktuelle Veranstaltungen (www.westernmorningnews.co.uk). Zu den seriösen überregionalen Zeitungen gehören ›The Times‹, ›The Independent‹ und ›The Guardian‹ sowie deren Wochenendausgaben und die Sonntagszeitung ›The Observer‹.

SPRACHFÜHRER

Zahlen und Ordnungszahlen

1, 1.	one, first
2, 2.	two, second
3, 3.	three, third
4, 4.	four, fourth
5, 5.	five, fifth
6, 6.	six, sixth
7, 7.	seven, seventh
8, 8.	eight, eighth
9, 9.	nine, nineth
10, 10.	ten, tenth
11	eleven
12	twelve
13	thirteen
14	fourteen…usw.
20	twenty
25	twenty-five
30	thirty
40	forty
50	fifty
60	sixty
70	seventy
80	eighty
90	ninety
100	one hundred
200	two hundred
1000	a thousand

Zeitbegriffe

11 a.m. (am)	11 Uhr vormittag
3 p.m. (pm)	3 Uhr nachmittags
Montag	Monday
Dienstag	Tuesday
Mittwoch	Wednesday
Donnerstag	Thursday
Freitag	Friday
Samstag	Saturday
Sonntag	Sunday

Januar	January
Februar	February
März	March
April	April
Mai	Mai
Juni	June
Juli	July
August	August
September	september
Oktober	Oktober
November	November
Dezember	December

Minute	minute
Stunde	hour
Tag	day
Woche	week
Monat	month
Jahr	year
Feiertag	holiday
gestern	yesterday
heute	today
morgen	tomorrow

Begrüßung und Konversation

Guten Tag (bis 12/ nach 12 Uhr)	good morning / good afternoon
Guten Abend	good evening
Gute Nacht	good night
Auf Wiedersehen	(good)bye
Bis später	see you later
Wie geht's dir/ Ihnen?	How are you?
ja/nein	yes/no
Entschuldigung	sorry
Bitte (bittend)	please
Bitte (gebend)	here you are
Vielen Dank	Thank you very much/many thanks

Sprechen Sie Deutsch?	Do you speak German?
Ich verstehe nicht	I don't understand
Prost	cheers
Mein Name ist …	My name is …

Notfall

Notfall	emergency
Krankenwagen	ambulance
Unfall	accident
Feuerwehr	fire brigade
Polizei	police

Arzt/Apotheke

Arzt	doctor
Apotheke	pharmacy, chemist
Zahnarzt	dentist
Erste Hilfe	first aid
Medikament	drug
Rezept	prescription
Ich habe …	I have
… Husten	… a cough.
… Durchfall	… diarrhea.
… eine Erkältung	… a cold.
… Halsschmerzen	… a sore throat.
… Kopfschmerzen	… a headache.
… Zahnschmerzen	… toothache.

Weather report	**Wetterbericht**
sky	Himmel
cloudy	bewölkt
sunny	sonnig
thunderstorm	Gewitter
hail	Hagel
fog	Nebel
haze/mist	Dunst
rain	Regen
it's pouring with rain	es regnet heftig/ es schüttet
shower	Schauer
sleet	Graupel
sun	Sonne
sunrise	Sonnenaufgang
sunset	Sonnenuntergang
storm	Sturm
cloud	Wolke
wind	Wind
windy/breezy	windig
high tide	Flut
low tide	Ebbe

Post/Telefon

Postamt	post office
Briefkasten	letterbox
Telefon	telephone
Münztelefon	payphone
Telefonkarte	phonecard
Ansichtskarte	postcard
Brief	letter
Briefmarke	stamp
Briefumschlag	envelope
Handy	mobile (phone)

Unterkunft

Haben Sie freie Zimmer?	Do you have vacancies?
Ich habe ein Zimmer bestellt.	I have booked a room.
Ich habe ein Zimmer reserviert	I made a reservation.
Wieviel kostet das Zimmer pro Tag/Woche?	How much is the room? per night/week
Einzelzimmer	single
Doppelzimmer	double
Zweibettzimmer	twin-bedded room
Dusche	shower
mit Dusche/WC	ensuite

Unterwegs

Abfahrt	departure
Ankunft	arrival
Fahrkarte	ticket
einfache Fahrt	one-way

Rückfahrkarte	return ticket
Taxi	taxi, cab
Bus	bus
Bushaltestelle	bus stop
Flugzeug	airoplane
Flughafen	airport
Schiff	ship/ boat
Fähre	ferry/ boat
Hafen	harbour
Ich will nach …	I want to go to …
Pannenhilfe (Auto)	breakdown service
Reifen	tyre
Kreisverkehr	roundabout
Parkscheibe	parking disc
Vorfahrt achten	Give way

Speisekarte

Im Restaurant	
Speisekarte	menu
Ich bestelle …	I'll have …
Vorspeise	starter
Hauptgericht	main course
Nachspeise	dessert
Serviette	napkin
Teller	plate
Die Rechnung, bitte	The bill, please
Toiletten	toilets

Fish	**Fisch**
brill	Glattbutt
cod	Kabeljau, Dorsch
hake	Seehecht
halibut	Heilbutt
herring	Hering
lemon sole	Seezunge
mackerel	Makrele
monkfish	Anglerfisch
John Dorey	Heringskönig
plaice	Scholle
red mullet	Seebarbe
roe	Rogen
salmon	Lachs
sea bass	Seebarsch
squid	Tintenfisch
trout	Forelle
turbot	Steinbutt
whiting	Weißling

Seafood	**Meeresfrüchte**
chancre crab	Krabbe, Taschenkrebs
cockles	Herzmuscheln
lobster	Hummer
mussels (moules)	Miesmuschel
oysters	Austern
prawns	Krevetten
scallops	Jakobsmuscheln
shrimps	Krevetten
spider crab	Spinnenkrabbe
winkles	Strandschnecken
whelks	Wellhornschnecken

Vegetables	**Gemüse**
beans	Bohnen
cabbage	Kohl
carrots	Mohrrüben
cauliflower	Blumenkohl
chips	Pommes frites
crisps	Kartoffelchips
cucumber	Gurke
mushroom	Pilz
onions	Zwiebel
parsnips	Pastinaken
peas	Erbsen
peppers	Paprika
potatoes	Kartoffeln
tomato	Tomate

Herbs and spices	**Kräuter und Gewürze**
garlic	Knoblauch

ginger	Ingwer
soy sauce	Sojasauce
vinegar	Essig

Meat	**Fleisch**
beef	Rindfleisch
char grilled	vom Holzkohlen-grill
gammon	gekochtes Schweinefleisch
kidneys	Nieren
lamb	Lammfleisch
pan fried	fritiert
pork	Schweinefleisch
roast	Braten
sausage	Würstchen
sirloin steak	Rindersteak
veal	Kalbfleisch

Wildfowl	**Wild/Geflügel**
chicken	Huhn
duck	Ente
goose	Gans
guinea fowl	Perlhuhn
hare	Hase
pheasant	Fasan
quail	Wachtel
rabbit	Kaninchen
turkey	Pute
venison	Rehfleisch (Wild)

Fruit	**Obst**
apple	Apfel
blackberry	Brombeere
cherry	Kirsche
gooseberry	Stachelbeere
red/black currant	rote/schwarze Johannisbeere
peach	Pfirsich
pear	Birne
raspberry	Himbeere
strawberry	Erdbeere

Teatime	**Zum Tee**
scones	Rosinenbrötchen
cream	Sahne
bun	Hefegebäck

Drinks	**Getränke**
bottle	Flasche
glass	Glas
herbal tea	Kräutertee
water	Wasser
sparkling	mit Kohlensäure
wine	Weißwein
beer	Bier

Breakfast	**Frühstück**
coffee	Kaffee
tea	Tee (schwarzer)
juice	Saft
milk	Milch
cereals	z. B. Cornflakes, Haferflocken, Müsli
butter	Butter
bread	Brot
marmelade	Orangen-marmelade
fried egg	Spiegelei
poached egg	verlorenes Ei
scrambled egg	Rührei
bacon	gebratene Schinkenscheiben
kippers	geräucherter Bückling
baked beans	weiße Bohnen in Tomatensauce

REGISTER

ATLAS

CORNWALL • SOMERSET • DEVON • DORSET

LEGENDE

1 : 700.000

0 — 25 km

20 M5 Autobahn mit Anschluss und Ausfahrtnummer	Flughafen; Flugplatz
Schnellstraße	Burg, Schloss; Kloster
48 Fernstraße mit Nummer	Museum
Hauptstraße	Badestrand
Nebenstraße	Sehenswürdigkeit
Eisenbahn	Höhle; Wasserfall
Fähre	Berggipfel; Höhenpunkt
Nationalpark	Aussichtspunkt

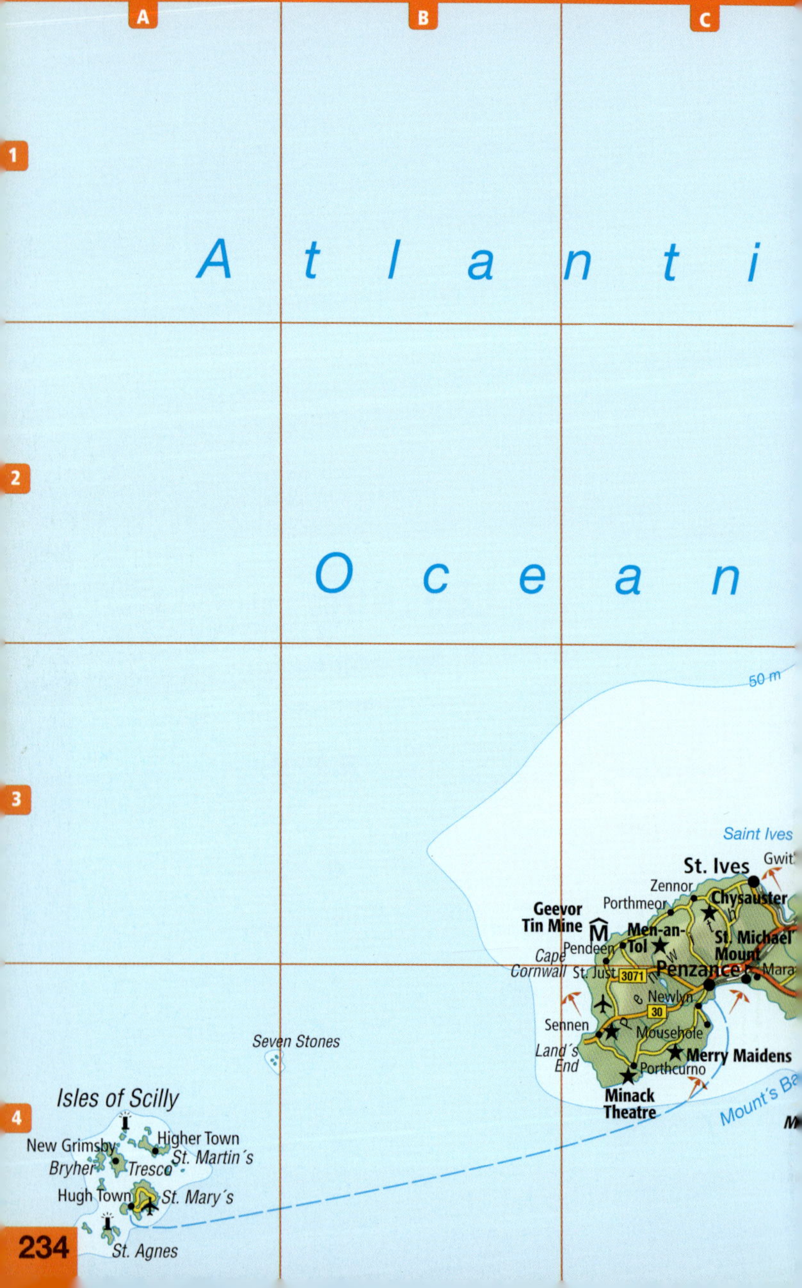
A
B
C
1
2
3
4
Atlantic Ocean
50 m
Saint Ives
St. Ives
Zennor
Porthmeor
Chysauster
Geevor Tin Mine
Pendeen
Men-an-Tol
St. Michael Mount
Cape Cornwall
St. Just
3071
Penzance
Newlyn
30
Sennen
Mousehole
Land´s End
Merry Maidens
Porthcurno
Minack Theatre
Seven Stones
Isles of Scilly
New Grimsby
Higher Town
St. Martin´s
Bryher
Tresco
Hugh Town
St. Mary´s
St. Agnes

D
E
F
S. 236
Woolfardisworthy
Morwenstow
217 m
Bradworthy
Coombe
Kilkhampton
Thornb
Bude Bay
Holsworthy Beacon
Bude
Stratton
1
3072
Holsworthy
202 m
Coppathorne
Whitstone
Clawton
39
Tamar
Wainhouse Corner
Roadford Res.
Chapmans Well
260 m
Boscastle
S. 236
388
King Arthur's Castle
Tintagel
Davidstow
Tintagel Head
395
Launceston
Lifton
Trebarwith Strand
British Cycling Museum
Camelford
Laneast
Brown Willy
Port Isaac
420 m
Altarnun
Coad's Green
3362
Polzeath
Camel
St. Minver
Bodmin Moor
Bolventor
Treburley
2
Trevose Head
Trevone
Padstow
CORNWALL
Upton Cross
Tavis
389
30
Jamaica Inn
Treyarnon
Colliford Res.
Callington
390
Bedruthan Steps
Wadebridge
389
Washaway
Cotehele House
39
St. Ive
Trenance
Bodmin
Watergate Bay
St. Columb Major
Fowey
Dobwalls
Lynher
Lanhydrock House
Liskeard
388
38
St. Columb Minor
Lanivet
East Taphouse
Landrake
Victoria
Newquay
Restormel Castle
391
Lostwithiel
Widegates
38
Kelsey Head
St. Dennis
Fraddon
3075
390
Antony House
Cubert
Sandplace
Torpoint
Summercourt
Stenalees
Golant
Perranporth
Brighton
St. Blazey
387
Looe
Downderry
Carland Cross
Fowey
Goonhavern
St. Stephen
Eden Project
Polperro
Whitsand Bay
Rame
St. Agnes Head
St. Austell
St. Agnes
St. Austell Bay
3
30
Probus
Trewithen House
Blackwater
Lost Gardens of Heligan
Tregony
Chacewater
390
Truro
Fal
Mevagissey
3078
Redruth
393
Trelissick Garden
Boswinger
Gorran Haven
Camborne
39
Portloe
Dodman Point
Trewithian
Penryn
Veryan Bay
Rame
St. Mawes
394
Praze-an-Beeble
Falmouth
Pendennis Castle
Mine
Trebah Garden
Helston
Gweek
Glendurgan Garden
Falmouth Bay
Trelowarren Estate
Helford R.
The Lizard
St. Keverne
Mullion
Coverack
4
3083
Cadgwith
Black Head
Lizard
Lizard Point
50 m
E
n

A
B
C
1
2
3
4
Lundy
Ilfracombe
Valley of Rocks
Lynton
Lynmouth
Lyn Gorge
Combe Martin
Morte Point
Woolacombe
Croyde
Baggy Point
Saunton
Braunton
Marwood
Patchole
Parracombe
Challacombe
Exmoor
Exe
Arlington Court
Simonsbath
Marwood Hill
493 m
Barnstaple
Brayford
National
Tarr Steps
Taw
Bray
Barnstaple or Bideford Bay
Appledore
Westward Ho!
Tapeley Park
Chapelton
Hartland Point
Hartland
Clovelly
Bideford
Umberleigh
South Molton
Elmscott
Fairy Cross
Monkleigh
Great Torrington
Rosemoor Garden
Meshaw
Woolfardisworthy
217 m
Morwenstow
Bradworthy
Stibb Cross
Beaford
Chulmleigh
Ashley
Coombe
Kilkhampton
Merton
Eggesford Station
Bude Bay
Bude
Stratton
Holsworthy Beacon
Thornbury
Torridge
Winkleigh
DEVON
Hatherleigh
Exbourne
204 m
Copplestone
Holsworthy
202 m
High-ampton
Bow
Coppathorne
Clawton
Sampford Courtenay
Whitstone
279 m
Tedburn St. Mary
Wainhouse Corner
Boasley Cross
Okehampton
South Zeal
Tamar
Roadford Res.
Boscastle
260 m
Chapmans Well
Sourton
High Willhays 621 m
Whiddon Down
Cheriton Bishop
Bridestowe
Gidleigh
Castle Drogo
Tintagel
Davidstow
Lewdown
Chagford
Moreton-hampstead
Launceston
Lifton
Dartmoor
Cycling Museum
Camelford
Laneast
Lydford
Lydford Gorge
North Bovey
Teign
Lustleigh
Brown Willy
420 m
Altarnun
Coad's Green
Milton Abbot
Postbridge
National
Haytor Rocks
Widecombe in the Moor
Bodmin Moor
Bolventor
Treburley
Bellever
Dartmeet
Buckland in the Moor
CORNWALL
Upton Cross
Tavistock
Princetown
Two Bridges
Poundsgate
Jamaica Inn
Colliford Res.
Gunnislake
Ryder's Hill 515 m
Ashburton
Callington
Yelverton
Bodmin
St. Ive
Cotehele House
Buckland Abbey
Buckfastleigh
Torbryan
Fowey
Dobwalls
Lynher
Park
Dartington
Liskeard
East Taphouse
Landrake
South Brent
Totnes
S. 235
Restormel Castle
Lostwithiel
Widegates
Saltash
PLYMOUTH
Ivybridge
Avonwick
Sandplace
Antony House
Torpoint
Ermington
Brownston
Golant
Looe
Saltram House
Fowey
Downderry
Yealmpton
Modbury
Dartmouth
Eden Project
Mt. Edgcumbe
St. Austell
Polperro
Whitsand Bay
Rame
The Sound
Loddiswell
St. Austell Bay
Newton Ferrers
Kingsbridge
Gardens of Heligan
Bigbury-on-Sea
Avon
Mevagissey
Burgh Island
Chillington
Salcombe
Portloe
131 m
Prawle Point
East Portlemouth

D
E
F
1
2
3
4
S. 238
S. 238
Bridgwater Bay
Minehead
Blue Anchor
Watchet
Kilve
Dunster
Washford
Cleeve Abbey
Williton
Nether Stowey
Cannington
Steart
Burnham on-Sea
Highbridge
Watchfield
Wedm
Wookey Hole
Wells
Green Ore
Oakhill
Norto
Shepton Mallet
Westhay
Glastonbury
Pilton
Evercree
Brue
Quantock Hills
Flaxpool
Elworthy
Wheddon Cross
Brendon Hills
384 m
392 m
North Petherton
Bridgwater
S O M E R S E T
Ashcott
Street
Baltonsborough
Butleigh
Othery
Parrett
Hestercombe Gardens
Combe Florey
Wiveliscombe
Bishops Lydeard
Castle Cary
Wincanton
Somerton
Kingsdon
Upton
Shillingford
Milverton
Taunton
Tone
Langport
Curry Rivel
Long Sutton
Sparkford
Cadbury Castle
Ilchester
Wellington
Bampton
Corfe
315 m
Black Down Hills
South Petherton
Montacute House
Yeovil
Sherborn
Canal
Culmstock
Hemyock
Ilminster
Chinnock
Bradford Abbas
Tiverton
Uffculme
Newcott
Combe St. Nicholas
Merriott
Crewkerne
Yetminster
Cullompton
261 m
283 m
Dunkeswell
Chard
Forde Abbey
Wayford
Misterton
Halstock
Minterne
Dulford
Culm
South Chard
Broadwindsor
Beaminster
Evershot
Holywell
Minterne Magna
Clyst Hydon
Dalwood
Bettiscombe
Mapperton
Mapperton House
Cerne Abbas
The Gian
Honiton
Axe
Axminster
Shute
Frampton
Broadclyst
Fairmile
Farway
Musbury
Chideock
Loders
Ottery St. Mary
Rockbeare
Blackbury Castle
Colyford
Lyme Regis
Bridport
Dorchester
Topsham
Beer
Seaton
Rousdon
Burton Bradstock
Martinstown
Maiden Castle
Woodbury
Branscombe
Sidmouth
Beer Head
Abbotsbury Gardens and Swannery
Abbotsbury
A La Ronde
Bicton Park
Budleigh Salterton
Chesil Beach
Exe
Exmouth
Weymouth
Ashcombe
Dawlish
Portland Castle
Lyme Bay
Fortuneswell
Teignmouth
Southwell
Isle of Portl
Torquay
Hope's Nose
Tor Bay
Berry Head
Brixham
50 m

A
B
C
1
2
3
4
Tredegar Park House
Severn Beach
Frampton Cotterell
Horton Court
Badminton House
St. Quintin
Yate
Acton Turville
Castle Combe
Avonmouth
Mouth of the Severn
Portishead
BRISTOL
Oldland
Marshfield
Chippenham
Calne
Corsham
Box
Lacock
Clevedon
Yatton
Backwell
Keynsham
Avon
Bath
Melksham
Devizes
Chew Magna
Pensford
Chew Valley Lake
Holt
Trowbridge
Westwood Manor
Weston-Super-Mare
Banwell
Churchill
Winscombe
West Harptree
Radstock
Axbridge
Mendip Hills
Cheddar Gorge
Cheddar
Chewton Mendip
Midsomer Norton
Beckington
230 m
Westbury
East Brent
Burnham-on-Sea
Axe
Wedmore
Wookey Hole
Green Ore
Wells
Oakhill
Frome
Longleat House
Warminster
Watchfield
Highbridge
Brue
Westhay
Shepton Mallet
Nunney
Heytesbury
Glastonbury
Pilton
Horningsham
Longbridge Deverill
SOMERSET
Evercreech
Bruton
Stourhead
Stourton
Chicklade
Bridgwater
North Petherton
Ashcott
Street
Baltonsborough
Butleigh
Othery
Parrett
Castle Cary
Wincanton
Mere
Fonthill Bishop
Chilmark
Fovant
80 m
Somerton
Kingsdon
S. 237
Langport
Long Sutton
Sparkford
Cadbury Castle
Gillingham
Shaftesbury
Tone
Curry Rivel
Ilchester
Milborne Port
East Stour
277 m
Corfe
South Petherton
Montacute House
Yeovil
Stalbridge
Stour
Fontmell Magna
Sixpenny Handley
Ilminster
Chinnock
Sherborne
Sturminster Newton
Farnham
Combe St. Nicholas
Merriott
Crewkerne
Bradford Abbas
Lydlinch
Kingston
Tarrant Hinton
Stourpaine
Tarrant Monkton
Chard
Forde Abbey
Misterton
Wayford
Yetminster
Halstock
Blackmoor
Dunthish
274 m
Blandford Forum
Badbury Rings
South Chard
Broadwindsor
Beaminster
Evershot
Minterne Gardens
Higher Ansty
Kingston Lacy
Dalwood
Bettiscombe
Mapperton
Holywell
Minterne Magna
Cerne Abbas
The Naked Giant
Cheselbourne
Milton Abbas
Winterborne Whitechurch
Wimborne Minster
Axminster
Mapperton House
Frampton
Musbury
Colyford
Lyme Regis
Chideock
Loders
Hardy's Cottage
Puddletown
Bere Regis
Athelhampton House
Bridport
Dorchester
Crossways
Frome
Bovington Camp
POOLE
Seaton
Rousdon
Burton Bradstock
Martinstown
Maiden Castle
Beer Head
Abbotsbury Gardens and Swannery
Abbotsbury
Osmington
Warmwell
Wool
Wareham
Corfe Castle
Preston
West Lulworth
East Creech
Chesil Beach
Tyneham
Kimmeridge
Weymouth
Weymouth Bay
St. Aldhelm's
Portland Castle
Lyme Bay
Fortuneswell
Southwell
Isle of Portland

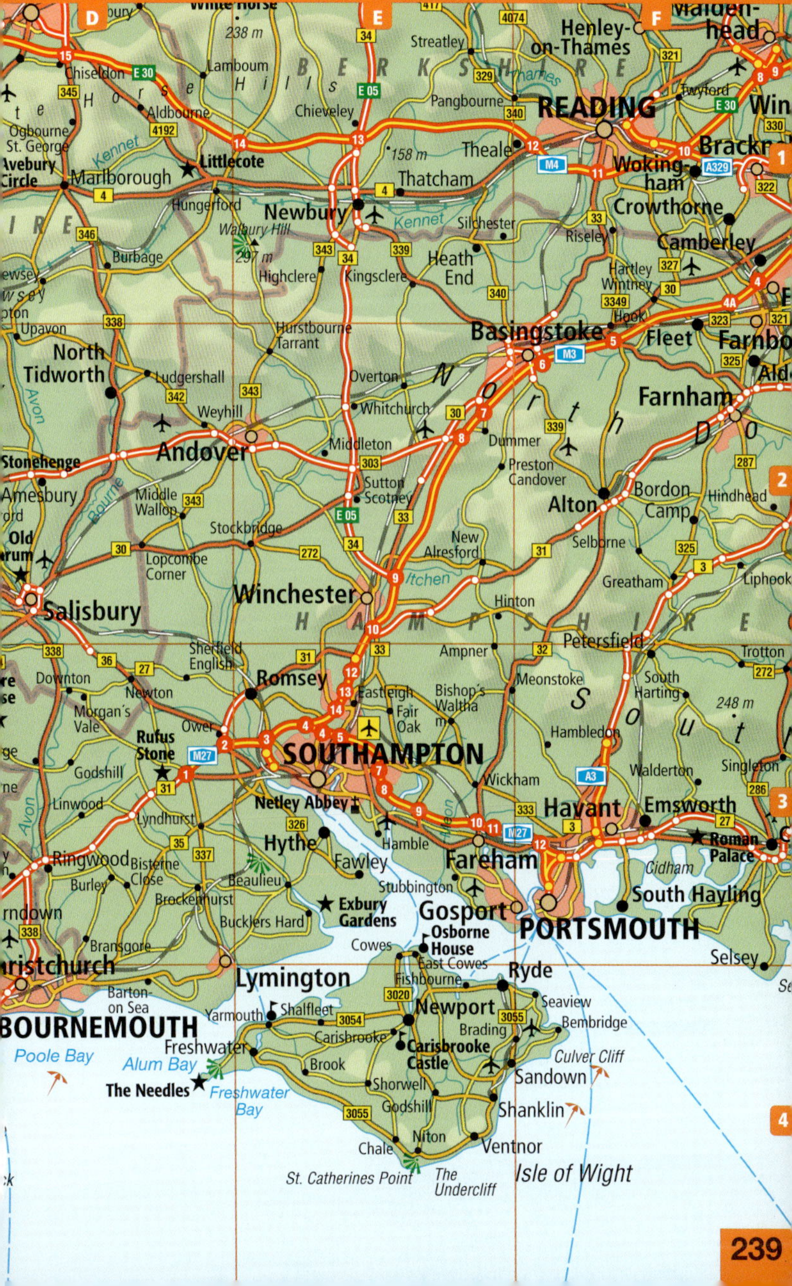
D
E
F
1
2
3
4
238 m
Lambourn
Chiseldon
Aldbourne
Ogbourne St. George
Marlborough
Littlecote
Chieveley
Streatley
Henley-on-Thames
Pangbourne
READING
Twyford
Theale
Thatcham
Newbury
Woking-ham
Crowthorne
Hungerford
Walbury Hill
297 m
Highclere
Kingsclere
Silchester
Heath End
Riseley
Camberley
Hartley Wintney
Hook
Burbage
Upavon
North Tidworth
Ludgershall
Hurstbourne Tarrant
Basingstoke
Fleet
Overton
Whitchurch
Farnham
Weyhill
Andover
Middleton
Dummer
Stonehenge
Amesbury
Sutton Scotney
Preston Candover
Alton
Bordon Camp
Hindhead
Middle Wallop
Stockbridge
New Alresford
Selborne
Lopcombe Corner
Winchester
Greatham
Liphook
Salisbury
Hinton
Petersfield
Sherfield English
Ampner
Trotton
Downton
Romsey
Meonstoke
South Harting
Newton
Eastleigh
Bishop's Waltham
248 m
Morgan's Vale
Ower
Fair Oak
Rufus Stone
Hambledon
Godshill
SOUTHAMPTON
Walderton
Singleton
Linwood
Netley Abbey
Wickham
Havant
Emsworth
Lyndhurst
Hythe
Hamble
Fareham
Roman Palace
Ringwood
Bisterne Close
Fawley
Burley
Beaulieu
Stubbington
Cidham
South Hayling
Brockenhurst
Exbury Gardens
Gosport
PORTSMOUTH
Bucklers Hard
Osborne House
Bransgore
Cowes
East Cowes
Selsey
Lymington
Fishbourne
Ryde
Barton-on Sea
Newport
Seaview
Yarmouth
Shalfleet
Bembridge
BOURNEMOUTH
Carisbrooke
Brading
Carisbrooke Castle
Freshwater
Culver Cliff
Poole Bay
Alum Bay
Brook
Sandown
The Needles
Freshwater Bay
Shorwell
Godshill
Shanklin
Niton
Chale
Ventnor
St. Catherines Point
The Undercliff
Isle of Wight
Kennet
Avon
Bourne
Itchen
Thames
E 30
E 05
M4
M3
M27
A3
A329
4A

Abbildungsnachweis:
Heinz-Dieter Falkenstein (Köln): S. 44, 94/95, 123, 162, 170/171, 185, 197
Miquel Gonzalez/laif (Köln): Titelbild, S. 1, 2/3, 10, 12, 18, 26, 30, 35, 41, 52, 65, 67, 68, 80/81, 90/91, 96, 100, 106, 110, 116/117, 119, 125, 127, 140, 150/151, 153, 164/165, 167, 189, 200, 204,
Hartmut Krinitz/laif (Köln): S. 192/193
David Lyons (Loughrigg, Ambleside/ England): S. 42, 50, 58/59, 74, 83, 87, 104, 134, 137, 146, 173, 174, 182, 206

Abbildungen:
Titelbild: Clovelly, Devon
S. 1: Skulptur vor dem National Marine Aquarium, Plymouth, Devon
S. 2/3: Exmoor, Somerset

Kartografie:
DuMont Reisekartografie
© DuMont Reiseverlag, Köln

Anzeigenverkauf:
KV Kommunalverlag GmbH & Co. KG,
Postfach 810565, 81905 München,
Tel. 089/92 80 96-34 oder -42,
Fax 089/92 80 96 38

2., aktualisierte Auflage 2001

Grafisches Konzept: Groschwitz, Hamburg
Druck: Rasch, Bramsche
Buchbinderische Verarbeitung: Bramscher Buchbinder Betriebe

Printed in Germany ISBN 3-7701-4753-7